A GUIDE TO PSEUDO-EVENTS IN AMERICA

THE IMAGE

幻☆象

偽真實的預製時代

丹尼爾・布爾斯汀 著　王翎 譯

Daniel J. Boorstin

目次

推薦序

逝去靈暈的墓誌銘

蕭育和
逢甲大學通識中心助理教授、台灣思想文化協會理事

當前的大眾有一種想讓事物「更近一些」的欲望，無論是空間上或人性上，如此的熱切，讓他們一意喜迎複製，以取代一切獨一無二的真實。

——華特·班雅明（Walter Benjamin），〈機械複製時代的藝術作品〉（Das Kunstwerk im Zeitalter seiner technischen Repeoduzierbarkeit）

知識最大的敵人並非無知，而是知識的幻見。

——丹尼爾·布爾斯汀，《發現者》（*The Discoverers*）

二〇二四年六月拜登與川普的辯論無疑是美國總統大選的轉捩點，川普儘管有所收斂仍不改其獨特風格；然而，拜登的數度結巴、答非所問以及胡言亂語，讓即便親民主黨的媒體也不得不以「災難」來總結。辯論結束後，拜登在各大預測網站的勝選機率雪崩式下跌，不僅讓人們質疑其健康狀況，更引發了後續的「換拜」風波。

讀者手上這本《幻象：偽真實的預製時代》緣起於上世紀家用電視普及後，所迎來的第一次大選辯論，用傳播業界的玩笑話來說，更上相的甘迺迪擊敗了尼克森。然而，布爾斯汀從這場似乎首次由視覺意象決定勝敗的大選辯論中，預見了支配未來世界的根本境況，即「偽事件」（pseudo-event）。

偽事件並不虛假（false），也非偽造（faked），它以事件的某個形象（image）為核心，再增殖出原則上無限的意象。偽事件與事件之間，並不像「瞎子摸象」故事中，大象身體各部位與大象本身的關係，象鼻與象腿無論如何都不會取代大象，然而，偽事件作為事件的複製（reproduction），卻足以「取代」事件，或者說，決定了我們如何感知事件。偽事件是「形象革命」（Graphic Revolution）的產物，所指的是人類透過各種媒介技術諸如印刷術、攝影與影音等等，導致形象前所未有的增生，形象的「逼真」（verisimilitude）模糊了事件與形象之間的區隔，進一步顛覆了我們對真實的感知。

在布爾斯汀看來，總統大選辯論正是一場偽事件的大雜燴。人們關心辯論的規則，能不能帶筆記、現場是否清空以及是否即時關麥等等，這些規則凸顯節目所設定的適格總統候選人形象，諸如能不能清楚闡述特定議題，或者回應攻擊等等，因此也決定了總統的公眾形象（是否已經有人注意到在進入電視時代後，再也沒有一位美國總統以戴著眼鏡的公開形象出現？），民眾與媒體評論則依據這些形象，再無限增殖出滿足其心中所向的種種意象。

總統大選是一場民眾評判與決定領導人的事件，大選的辯論則以節目的流程以及規則的設計複製出事件的各種形象，以偽事件取代事件。偽事件並「不假」，不若謊言需要反覆說一百遍才能成真，偽事件自始即因人們真心信以為真而能取代事件。曾經同樣經歷過數次總統大選的我們，可以回想我們對於總統適格與否的認知，是否也幾乎完全來自於媒體自一系列活動、造勢與辯論中所推播的種種形象堆疊？

偽事件之所以取代事件，是因為它自始就是面向大眾傳播的類戲劇性產物，用洛西可夫（Douglas Rushkoff）在本書〈代跋〉中的話來說，偽事件是「由媒體公關策動、過度戲劇化的新聞事件」。當然，它不僅僅存在於新聞產業，廣告以簡短的文本取代繁複的產品介紹，業者為了推銷實體服務而推出的各形各色公眾營銷。人們之所以喜迎偽事件，是因為它們「比現實本身更加生動鮮活，更有魅力，更令人印象深刻，也更有說服力」，甚至，偽事件更需要「創意」，因為謊言只需要簡化經驗，而偽事件卻需要「將經驗變得過度複雜」。

於是，形象革命更深刻的意涵在於，它徹底改變了人類的經驗模式。在布爾斯汀以「英雄」

與「名人」的對比中，前者需要世代口耳相傳的積澱，後者卻往往只需要一次撩動情緒的公眾宣傳，現代人因為形象革命之故經受了更強烈的情緒刺激，然而，其內涵卻愈加貧乏，複製品帶來的是班雅明所說的「事物的普遍平等感」，偶像團體的見面會與政治人物的造勢就其作為形象營銷的本質來說，並無不同。

在形象革命的狂歡背後，布爾斯汀敏銳觀察到現代生活的「隱密恐懼」。現代人難以理解笛卡兒所謂旅行「幾乎就是與生活在其他世紀的人對話」的意涵，對於恣意策馬遠行的年輕人，卡夫卡在短篇寓言中表達了不解：「就不擔心一生日常平安的光陰，是遠遠不夠一次遠行揮霍的嗎？」現代無風險的觀光以種種異地體驗的偽事件取代了旅行事件本具有的殊異感，當我們無論身處何地都能體驗現代舒適環境時，當遠與近再無所分別時，現代人就失去了近的庇護，「我們不再跟從前一樣在空間中移動，我們只有在時間中移動」。

布爾斯汀啟發了法國哲學家德波（Guy Debord）的《景觀社會》（*Society of the Spectacle*），其中「在真實世界變成純粹形象之時，純粹的形象就變成真實的存在」一語致敬了布爾斯汀；以「擬像」（simulacre）概念與「消費社會」聞名的法國社會學家布希亞（Jean Baudrillard）也承自《幻象》的影響，正是形象的可消費性定義了後現代社會。對於細心敏銳的讀者來說，在這本六十年前成書的作品中，一定可以感受到，當社群媒體、網紅與短影音已經取代書中過時的報章文摘、名人與廣告時，我們當代生活的文化景觀，是如何更加受到形象支配。

甚至，當代人已經開始習慣讓人工智慧代替我們理解、詮釋與感受事物。

被近乎無限形象包圍的當代人，幾乎無從擺脫偽事件，在這個人類歷史上最大規模的景觀世界中，徹底的退出只是造就了另一個動人的偽事件，例如拒絕大選辯論的匈牙利民粹強人奧班（Orbán Viktor），或者遠離社群媒體的矽谷菁英。當然，讀者難免憂傷的察覺到，我們的公眾生活似乎就只是對一個個偽事件的應激反應，愈是努力想成為「獲知資訊」的知情公民，「也就愈容易遭到偽事件掩蓋」。

《幻象》不僅僅是一本傳媒文化的批判之作，更是一部深刻反思人類境況之作，布爾斯汀筆下的「現代人」對於既有世界所能給予的一切毫不滿足，躁鬱過動地著手複製各種人造意象來「彌補這個世界的不足」，正是現代人的形象革命所帶來了一個創造力內爆的時代，只要有「創意」，沒有什麼事物不能成為社群媒體流量，二〇二四年的牛津年度字「腦腐」（brain rot）表述了當代人在被無限形象疲勞轟炸後的癱瘓處境。

班雅明曾言，原件的「靈暈」（aura）是複製品所無能複製，儘管布爾斯汀依然孜孜不倦警示人造形象的強大力量，但對當代讀者來說，或許再難想像現代人的回頭路，這本妙趣橫生卻透露無力的《幻象》，更像是為逝去的靈暈所寫下的墓誌銘。

導讀

從「偽事件」到「假新聞」的真實幻象

羅世宏
中正大學傳播系教授、台灣事實查核教育基金會董事長

亞伯拉罕．林肯（Abraham Lincoln）有一句家喻戶曉的名言：「你也許可以愚弄所有人一時，甚至可能永遠愚弄某些人，但你沒辦法永遠愚弄所有人。」直到最近，我們仍有理由相信林肯的話合情合理。這句話一直是美國民主的基本信念。這句富有感染力的名言是基於兩項根本的假設。第一，在虛假與真實之間，煽動家想要我們相信謊話與始終存在的真相之間，有著清楚可見的區別。第二，民眾通常偏好真實勝於虛假，如果要在簡單的真相和編造的假象之中擇一，他們會偏好真相。

以上兩項假設已與事實不再相符。

上面這兩段話，語出丹尼爾．布爾斯汀（Daniel J. Boorstin）一九六二年出版的《幻象：偽真實的預製時代》（*The Image: A Guide to Pseudo-Events in America*）。在這本探討媒體如何塑造公眾認知的劃時代傑作裡，布爾斯汀提出「偽事件」（pseudo-event）與「非現實」（unrealities）等概念，批判那些精心策畫、為媒體報導而設計，甚至與真實事件無關的新聞與資訊。

布爾斯汀開篇便指出，我們生活在一個我們自己製造的世界，一個由財富、學識、科技和進步所築起的假象。這個假象之所以席捲整個世界，乃是拜科技進步與資本主義發達所致：「美國提供了背景，給予了資源和機會，我們才得以完成全國大規模自我催眠的壯舉。我們的經驗在無數虛假幻象中淹沒，但是對虛假幻象的龐大市場需求就來自我們每一個人。」

雖然寫於六十多年前，但這些一針見血之論也完全適用當代情境。在社群媒體的影響下，我們所見的「現實」往往只是某種精心編排的影像或形象。我們所接觸的新聞報導，許多也只是預先策畫、經過包裝的資訊，而非出於實際經驗的現實。

從傳統報紙、廣播、電視到如今的Facebook、TikTok、Instagram、X平台（舊稱為Twitter），資訊在製造與消費方式的革命（亦即布爾斯汀所稱的「形象革命」）早已天翻地覆。當前，影響者（influencer）利用演算法塑造個人品牌，ＡＩ深偽技術（deepfake）能夠無中生有地創造「事實」，媒體生態系統不再只是布爾斯汀所說的「偽事件」，而是進入了一個包含大量虛假與不實訊息（mis- and dis-information）的「超現實」（hyper-reality）的時代。但重讀他在六十年前撰作的《幻象》一書，不僅有助於理解當代媒體環境的運作邏輯，也能讓我們反思：在真假難辨的時代，公眾該如何保有對真實的警覺？而且，值此川普再次上台後捲動著「讓美國再次偉大」（MAGA）運動的狂潮時刻，讀著布爾斯汀的文字也不得不拜服他的前瞻洞察：

> 於是，美國公民生活在一個幻想比現實更真實、形象比原始實體更尊貴的世界。我們幾乎不敢面對我們的迷茫錯亂，因為曖昧不明的經驗令我們目眩神迷、陶醉不已，而相信假造現實帶來的慰藉是如此真實。我們已經成為時代大騙局的熱心幫凶，設下的騙局就是要來騙我們自己。

「斜槓」的大師

丹尼爾・布爾斯汀（一九一四—二〇〇四）是美國著名的歷史學家與社會評論家，曾任美國國會圖書館館長（一九七五—一九八七）。他的研究領域涵蓋美國文化史與傳播現象，擅長以歷史視角解析現代社會問題。

他曾在芝加哥大學教授美國文明史，並出版多部探討美國社會與文化發展的經典著作，例如《美國人三部曲》（*The Americans: The Colonial Experience, The National Experience, The Democratic*

Experience），以及本書。他認為，二十世紀的美國社會已從強調「事實」的時代，轉變為強調「形象」（image）的時代，並且深刻影響著新聞媒體、政治與大眾文化。

為什麼當代讀者應該閱讀這本書？

這本書不僅是一本批判當代媒體文化的經典著作，更是一部能幫助我們理解當前資訊生態的指南。儘管它寫於六十多年前，但其核心觀點至今仍然或甚至更加有效。

全球新聞媒體的生態已經與一九六〇年代大不相同。這樣的轉變不僅改變新聞業的運作模式，也讓偽事件與假訊息的傳播速度與影響力遠遠超過布爾斯汀當時所能預見的範圍，但這不僅沒有減損本書的洞察力，反而更加凸顯其前瞻性。

過去的偽事件主要由報業、廣電媒體所推動，而現在，社群媒體已經成為主要資訊戰場，政治人物、公關機構與各類組織可以透過社交平台直接創造並散播偽事件與假訊息，幾乎無需傳統媒體的參與。在這樣的環境下，資訊不再經過傳統新聞媒體的過濾，而是直接透過數位演算法決定哪些內容應該獲得關注。

過去，偽事件的製造者多半是政治人物、企業公關部門或媒體機構，但今天，任何個人都可能成為偽事件的發動者。一則精心設計的推特貼文、一段短影音，甚至是ＡＩ生成的假新聞，都有可能瞬間引爆全球話題，形成一個大規模的偽事件。例如，二〇二四年美國總統大選期間，社群媒體上流傳著許多未經證實的選舉舞弊指控，這些指控往往不是基於具體證據，而是由政治陣營或網軍操作，使其成為媒體關注的焦點。這與布爾斯汀所描述的偽事件極為相似：事件的本質並不重要，重要的是它能夠製造新聞，引起公眾關注與討論。

在台灣，政治媒體生態同樣深受偽事件的影響。例如，每當選舉臨近，政黨候選人透過各種媒體平台製造聲量，進行各種造勢活動。這些事件的核心目的，往往不是廓清實質政策與政見，而是為了爭取媒體版面與選民注意力。類似的情況也發生在各種網紅經濟現象當中，許多品牌或個人透過炒作話題、製造爭議性內容，以期在演算法驅動的數位環境中占據主導地位。

布爾斯汀的分析特別有助於我們理解「新聞娛樂化」的趨勢。在傳統新聞價值觀中，媒體的職責是報導具有公共利益的真實事件，然而，當新聞媒體競爭日益激烈，點閱率和收視率成為衡量新聞價值的重要指標時，新聞逐漸變成一種娛樂產品。這導致許多媒體不再以真實性為優先，而是選擇報導那些最能吸引眼球的故事，甚至主動參與偽事件的製造。例如，在台灣的新聞環境中，我們經常看到政客或名人「開砲」、「大爆內幕」、「痛批對手」……這些吸睛的內容。

本書的另一價值在於，它提供了對抗偽事件的基本策略：公眾如何培養批判性思維、如何辨識被操弄的新聞、如何避免自身成為偽事件的工具，都是至關重要的課題。布爾斯汀並未提供簡單的答案，但他的分析提供一個思考框架，讓我們能夠更清楚地理解媒體如何運作，並學會如何在資訊戰的時代保持獨立思考。

偽事件的進化：從新聞製造到社群媒體的影響操控

布爾斯汀在書中以「從採集新聞到製造新聞」為題，揭露媒體如何從單純的新聞紀錄者，轉變為積極的新聞製造者。他指出，新聞的「需求」早已超過世界「真實事件」的供給，因此新聞機構、政客、公關公司開始刻意「製造新聞」，創造能夠吸引媒體注意的事件。

此一現象今天已不再局限於傳統媒體，而是擴展到社群媒體。影響者精心製造話題，策畫偽事件，以獲取流量和政治商業利益。政治人物和企業品牌則利用社群媒體的演算法，塑造刻意設計的「真相」與特定敘事。例如，企業透過「漂綠行銷」（greenwashing）或「文化挪用」（cultural appropriation）來迎合潮流，而政治人物則透過社群媒體操作群眾情緒，甚至散布假訊息來影響選舉。

布爾斯汀的「偽事件」概念，在今日已經轉化為更精密、更具影響力的「資訊操控」，而這一切都由社群媒體巨頭掌控，影響著我們對世界的理解。

「名人」的生產與「影響者」的崛起

布爾斯汀在書中探討「從英雄到名人」的演變，指出過去的英雄因為行動與成就而受人尊敬，而現代的名人則因為「名氣」而為人所知。他的那句「名人是以其名氣知名的人」成為經典，且在今日的社群媒體時代更為貼切。

書中寫道：名人就是「從前靠新聞造就名氣，如今自己製造新聞的人物。」布爾斯汀一語道破當代影響者文化（influencer culture）的關鍵。他們不需要真正的專業成就，而是透過高明的內容行銷、精心包裝的個人形象，甚至是ＡＩ生成的數位化身來累積粉絲，獲得經濟與社會影響力。

布爾斯汀曾預言，科技會讓我們更容易創造偽事件，並且讓我們更容易相信這些偽事件是真實的。在他那個時代，偽事件的製造需要人類的策畫與新聞媒體的配合，而今日的技術則讓這個過程完全自動化。ＡＩ深偽技術讓我們可以無中生有地創造「真實影像」，這些影片可以讓任何人「說」出從未講過的話，甚至創造從未發生的歷史。

經典之所以成為經典

本書之所以能夠成為傳播學的經典，正是因為它不僅精準地描述一九六〇年代的媒體環境，更預見未來世界（以及我們當前這個時代）的發展方向。在當前這個媒體操控日益細膩、資訊真假難辨的時代，布爾斯汀的分析比以往任何時候都更顯得重要！

重讀《幻象》一書，讓我們意識到一個殘酷的事實，也就是我們的資訊環境正變得更加複雜與危險。「那些淹沒我們意識的偽事件，已經不再是過去大家熟悉意義上的真實或虛假。美國各方面的進步既讓偽事件得以發生，也使得這些精心設計、假造或歪曲的幻象比現實本身更加生動鮮活，更有魅力，更令人印象深刻，也更有說服力。」布爾斯汀的話如同警鐘，提醒我們應該如何面對這個日益模糊的現實。

本書不僅是一部對傳播現象的批判之作，更是一面反思當代媒體環境的鏡子。身處於資訊超載的時代，當代讀者若能掌握布爾斯汀的核心概念，將能更具批判性地思考新聞報導與政治宣傳，避免淪為「偽事件」與「假新聞」的受害者。

獻給芝加哥大學（University of Chicago）

「光、自由與為學之地」

「我真的很不會管錢。你記不記得在婚禮之前，阿尼辛帶了一點新盧布和半盧布給我？其中一袋我藏了起來，剩下的和我自己的錢放在一起……但是我現在分不出來哪些是真錢幣，哪些是假錢幣了，看起來全都像假錢……我去車站買票的時候付了三盧布，然後我就想啊：那些是假錢嗎？我嚇壞了。我真的沒救了。」

——安東・契訶夫（Anton Chekhov），《山谷》（*The Hollow*）

二十五週年紀念版序

本書最初問世是在四分之一世紀前，當時電視仍然新奇迷人，公共關係仍在發展，尚未成為美國人生活中一股極度強大的力量。書中所謂「幻象」還未成為老生常談。美國人看待現實的態度發生了劇烈轉變，而本書是我對此種劇變的探索。在二十五週年版本中，我仍保留最早版本裡的例子，如此就能和讀者分享我當年那種有了新發現的感覺，也希望讀者能夠察知現今的潮流趨勢有其歷史根源。讀者不妨在日常生活中尋找新的例子，想來更能增添一點樂趣。

本書蔚為風行，大出我的意料。它最初上市時並非暢銷書，但長銷不墜，持續有人引用，也成為大學課堂指定讀物。本書已有西歐多個主要語言的譯本，日文版已印行到第三十刷。

比起在美國國內，本書至今在國外吸引了更廣泛也更熱情的讀者群，這一點或許不足為怪。因為只要暗示進步可能有其代價，我們美國人的反應就會很敏感。本書初版於一九六二年，那年我剛好旅外講課，不在國內。《時代雜誌》（*Time*）的書評中指稱此書詆毀美國，難怪作者要趕在出版之前出國。

除此之外，外界各方對於我們生活中的事實，並沒有太激烈的反應。許多人樂於採用書中提供的語彙，視為新的民主修辭。美國多部字典（和《牛津英語詞典》〔*Oxford English Dictionary*〕）都收錄了我在本書中首創的「偽事件」（pseudo-event）以及「名氣」（well-knownness），這兩個詞語在西歐也成為常用詞。「名人是以其名氣知名的人」（a person who is known for his well-knownness）——書中這句對「名人」的定義幾乎成為頻繁出現的引述。

同時，我們的科技進一步加強了本書中描述的趨勢。從錄影帶和有線電視到多不勝數、無從想像的後繼者——有哪一種新科技並未造成偽事件繁衍增生、蓬勃興旺？從隨身聽、行動電話和超音速飛機到它們的後繼者——有哪一種傳輸工具的演進不是在抹除交通與通訊之間的差異？每天看見和聽見他方，取代了身在他方。

話說回來，作者從來都無法真正得知自己作品的意義。尤其現今作者看待他自己做過的事時，就跟其他人一樣，眼前所見因為混雜了幻象和現實而模糊不清，眼科醫師稱這種疾患為「複視」（diplopia）。持平而論，本書仍持續令不少讀者或困惑，或惱怒，或興味盎然。但我在撰寫二十五週年紀念版序也強調了本書的名氣，不啻再次證明，無論你我，想要擺脫對偽事件的熱中談何容易，而這種渴求在可預見的未來將更加猛烈急切。

丹尼爾・布爾斯汀

一九八七年六月

初版序

這是一本關於「如何不」的指南，是關於我們如何自我欺騙，如何隱藏現實讓自己看不見的藝術。我們不需要是醫生，也知道自己病了；不需要是鞋匠，也知道鞋子會磨腳。我並不知道「現實」究竟為何，但不知何故，看到虛假幻象時，我確實辨認得出來。

如果要寫成一本薄薄的書，這是一個很大的主題。但要寫成一本大部頭，這個主題又太大了。我若是假裝藉由本書，就能綜觀審視或充分理解二十世紀美國生活所有令人入迷的「非現實」，那就是錯誤再現了這個牽涉層面極廣的主題。畢竟除魅（disenchantment）的任務並不是作者的，而是讀者的。完整地綜觀審視，必須由每一個美國人為自己親身實踐。

我之所以撰寫本書，源於一些個人理念。首先是我對美國的深切熱愛與驚奇之情：人生走過半個世紀，還有數段時間旅居國外，加上成年之後大部分的日子埋首研讀美國歷史，我對美國的熱愛和驚奇與日俱深。關於那些據說要為我們身陷複雜難解處境負責的惡人——舉凡檯面下的遊說者、服從體制的「組織人」（organization men）、麥迪遜大道廣告業、華府官僚、迂腐學究、反智分子、權力菁英等等等，我已經讀了很多——他們的惡形惡狀在我看來已不足為奇。但是二十世紀美國生活的複雜難解，讓我念茲在茲。長久以來我都懷疑，問題不是出在我們的弱點，而是出在我們的強項——識字率普及、財富增加，以及樂觀向上和追求進步的精神。

然而面對一個整體的問題，以為可以找到整體解決之道，這樣的想法有其謬誤。美國的宏大承諾從最開始就是敞開大門，讓大家試著自己解決自己的問題——未必要單打獨鬥，但是由大家選擇的社群各自努力，朝著心中嚮往但多半不太確定是什麼的目標邁進。

對於所有能解決國家集體不適感和漫無目的空虛感的大眾解方，我抱持懷疑態度。社群愈大，其中成員的「代表性」愈強，運作就需要愈多人合作推動，大眾解方能夠發揮療效的機會就愈低（除了緩解或壓住症狀）。「國家目標」的問題泰半是虛假幻象——不過也是我們這個時代極為盛行的虛假幻象。我們的真正問題出在個人。

藉由本書，我想為讀者舉出他的虛假幻象中一些具代表性的例子。其根據的是我與幾乎所有美國人共有的經驗。擾亂經驗、蒙蔽視野的「非現實」有許多新的種類，我在書中指出的只是其中數種。由於我無法描述「現實」，我心知自己在那些學問更高深的哲學家同儕眼中，恐怕就像個活靶。但我仍深信，主宰現今美國經驗的並不是現實。只願我能將迷霧撥開一些，或許讀者就更能理解自身複雜難解的處境。或許讀者就能將眼前地景看得更清楚，找出他自己選擇的那條道路。

前言

豪奢期望

本書描述的是我們製造出來的世界，是我們如何利用財富、學識、科技和進步，創造出如同重重密林般，阻絕在我們與生活中的事實之間的「非現實」。我將回顧歷史上的數股力量是如何造就前所未見的機會，讓我們能夠欺瞞自己，將自身的經驗感受變得混沌不明。

當然，美國提供了背景，給予了資源和機會，我們才得以完成全國大規模自我催眠的壯舉。我們的經驗在無數虛假幻象[1]中淹沒，但是對虛假幻象的龐大市場需求就來自我們每一個人。

1 譯註：本書中的「image」一詞含括意義較廣，視前後文意脈絡採用「幻象」、「形象」、「影像」等不同譯法；「illusion」譯為「虛假幻象」；「Graphic Revolution」則譯為「形象革命」（作者對於「形象革命」的闡述見本書第三十八頁）。

我們想要並深信這些虛假幻象，因為我們深受豪奢期望所折磨。我們對這個世界抱持過高的期望。我們懷抱的期望之豪奢，完全切合字典裡對於「豪奢」的釋義——「超過合理或適中程度」。豪奢就是過度不知節制。

早餐時間拿起報紙，我們期望——甚至要求——讀到前一夜發生的重要大事。開車上班途中打開車上的收音機，我們期望聽到早報刊印以後發生的「新聞」事件。晚上返家途中，我們期望自家房屋不僅要能遮風擋雨、冬暖夏涼，還要讓我們休息放鬆，讓我們自覺高貴可敬，提供柔和音樂和趣味休閒活動，房屋也要是樂園、劇院和酒吧。休假兩週，我們期望整個假期浪漫又充滿異國情調，便宜不花錢又輕鬆不費力。

如果是去鄰近的地點，我們期望一種去遠方的氣氛；如果是去遠方，我們期望的是一切舒適宜人、衛生乾淨且美國化的環境。我們期望每季都有新的英雄登場，每月都有一部文學巨作問世，每週都有精采絕倫的戲劇作品搬演，每晚都有千載難逢的刺激感動。我們期望所有人都能自由表達不同意見，但我們也期望所有人都忠貞愛國，不要找麻煩或援引憲法第五條修正案[2]。我們期望所有人都是虔誠信徒，但又期望大家不要輕視沒有信仰的人。我們期望我們的國家強盛偉大、廣闊多元，面對任何挑戰都做好萬全準備；但也期望我們的「國家目標」簡明易懂，能為將近兩億國民的生活提供指引，而且只要在路口雜貨店花一美元買本平裝書就能得到。

我們的期望無所不包，什麼都要。對於自相矛盾或絕無可能之事，我們照舊懷抱期望。我們期望買到空間寬大的小型車，還有經濟實惠的豪華轎車。我們期望自己富裕優渥又樂善好施，權勢滔天又慈悲為懷，積極活躍又安靜省思，爭強好勝又友好親切。我們期望在平凡中庸訴求的啟發之下「躋身頂尖」，期望透過蒙昧不智的訴求增進智識。我們期望大吃大喝又保持苗條，不斷搬家又要當好鄰居，去「自己選擇的」教堂又覺得自己蒙受感召，敬拜神又成為神。

現今人類對於自身所處環境的掌控能力之高，已經達到前所未見的程度。但一個民族失望受騙的感受之沉重，同樣前所未見。對於世界所能提供的，以前不曾有任何民族懷抱如此大的期望。

我們在兩方面受到豪奢期望的宰制：

（一）**一方面是對於世界上的萬事萬物**。對於世界上有多少新聞，有多少英雄，多麼頻繁推出傳世巨作，鄰近的地方有多麼充滿異國情調，陌異之地有多麼親切熟悉，甚至對於每個地方應該近在咫尺或在千里之遙，我們都抱著豪奢期望且受其宰制。

（二）**另一方面則是對於我們自己形塑世界的能力**。包括我們無中生有創造事件，製造出原

2　編註：美國憲法第五條修正案（the Fifth Amendment）規定任何人不得在刑事案件中被迫自證其罪，保障拒絕回答以免做出不利發言的權利。

本不存在的英雄，以及足不出戶卻能置身他處的能力。包括我們為求方便改造藝術形式，把小說轉化為電影或反其道而行，把交響樂用來營造氣氛的能力。缺乏國家目標的時候，我們自行創造，在創造出來之後奉行不悖。我們自己發明了準則，再將它們視為被揭示或被發現的金科玉律來遵行。

藉由懷抱、滋養甚至放大我們的豪奢期望，我們創造出對於虛假幻象的需求，用這些幻象欺瞞自己。我們還付錢請其他人製造幻象來欺瞞我們。

製造虛假幻象將我們的經驗淹沒，如今已經成了美國的專門事業，而且是最誠信可敬、不可或缺的事業。我想到的不只是廣告公關和政治修辭，而是所有以提供資訊、帶來撫慰、嘉惠改善、教育我們、讓我們有所提升為目的的活動——也就是最優秀的新聞工作者、最有企圖心的出版商、最有活力的製造商和貿易商、最成功的娛樂業從業人員、最稱職的國外旅行團導遊，還有外交關係上最具影響力的領袖人物在做的工作。我們為了滿足自己的豪奢期望而付出的每一分努力，純粹只是讓期望變得更加豪奢過度，讓虛假幻象更加美妙誘人。如何製造虛假幻象欺瞞我們自己的故事——「新聞幕後的新聞」——成了全世界最吸引人的新聞。

無論對於世界能夠給予什麼，或是對於能夠如何塑造世界，我們都抱持過高的期望，結果只是凌虐自己，讓自己大受打擊。凡是對我們發言、為我們書寫、替我們拍照、製作商品賣給我們的人，我們一律要求他們應與我們同活在充滿豪奢期望的世界。我們甚至對於外國各個民族也抱著同樣的期望。我們已經太習慣自己的虛假幻象，甚至誤認它們就是現實。我們索求虛假幻象，不僅要求愈來愈多，還要求這些幻象要更宏大、美好且生動。它們就是我們製造的世界：幻象的世界。

如今所有人都告訴我們，我們需要更多信念，需要更堅定深刻、更寬容包涵的信仰，需要對美國和對我們自己在做的事抱持信心。長遠來看，或許確實如此。但我們當下最迫切需要的，是讓自己幻滅。現今最讓我們苦惱的，不是我們對美國做了什麼，而是我們用什麼取代了美國。我們之所以受苦，主因並非我們為惡或軟弱，而是陷溺於虛假幻象。縈繞不去、陰魂不散的不是現實，而是我們用來取代現實的幻象。

即使認清眼前是虛假幻象，也無法解決這個世界的問題；但如果不認清它們，我們就永遠無法認清真正的問題。我們製造出來的世界充斥著鬼魅，即使驅逐它們，我們也無法因此獲得力量，無法去攻克現實世界的真正敵人，或是重造現實世界；但是這麼做或許有助於讓我們認清，我們不能照著自己的形象製造世界。如此將會帶來解放，讓我們的眼光更敏銳，將自身周遭的迷霧掃除一空，讓我們能夠面對這個我們與全人類共享的世界。

第一章
從採集新聞到製造新聞：偽事件洪流

一臉欽羡的友人：「天啊，你們家小寶寶好可愛！」
孩子的母親：「哦，沒什麼啦——你應該看看他的照片！」

認為世界上有無盡的新奇事物是我們的豪奢期望之中最單純的。從前在報紙上沒看到任何驚人消息時，讀者會評論道：「今天的世界真無趣！」現在讀者會說：「今天的報紙真無趣！」美國第一份報紙是《國內與國外時事報》（*Publick Occurrences Both Forreign and Domestick*），由班傑明．哈里斯（Benjamin Harris）於一六九〇年九月二十五日在波士頓發行。報社編輯承諾每月一次為讀者提供新聞時事，但他也說明「倘若發生太多時事」，每月出刊也可能超過一次。產製新聞的責任完全交給上帝——或者魔鬼。新聞工作者的任務只是「記述我們注意到的重大事件」。

雖然對於事件的看法背後所隱含之神學觀念很快就沒落，但看待新聞的觀念卻保留了下來。「高明老練且忠誠正派的記者，」詹姆斯・帕頓（James Parton）於一八六六年指出，「對於發生之事所留下精確有力的紀錄，是天意在對眾人發聲。」有一篇報導講述南北戰爭爆發之前，一名美南浸信會（Southern Baptist）神職人員在有人帶報紙進入室內時會說：「接下來數分鐘請將報紙先讓給我閱讀，待我見證至高無上的主是如何執掌世界。」十九世紀的美國傑出報紙編輯查爾斯・達納（Charles A. Dana）曾在《紐約太陽報》（the New York *Sun*）發表大量犯罪事件相關報導，並為此舉辯白：「我一直覺得只要是上帝准許發生之事，我絕不會自矜自重不屑去報導。」

當然，這種想法如今已經非常老派。亞瑟・麥奇文（Arthur MacEwen）是威廉・藍道夫・赫斯特（William Randolph Hearst）任命的《舊金山觀察家報》（the San Francisco *Examiner*）首任總編輯，或許借用麥奇文的定義來表達我們現今的觀點會更加適切：「任何會讓讀者『哇！』一聲驚呼的就是新聞。或者說得更坦白一點，『被稱職編輯選中、印刷出來的就是新聞。』」

不用研究神學也看得出來，我們把讓世界變有趣的責任從上帝轉移到新聞工作者身上。以前我們相信全世界的「大事」就這麼多，如果沒發生什麼耐人尋味或令人震驚的事件，也不是記者的錯。總不能期望記者報導根本沒發生過的事。

然而在過去數百年，尤其是進入二十世紀之後，一切都不復從前。我們期望報紙裡滿滿的全是新聞。如果沒有一望即知或普通民眾看得出來的新聞，我們還是期望有積極進取的記者能夠發掘新聞。一名成功的記者，即使在沒有發生地震或內戰，也沒有人遭到刺殺的時候，還是能找到新聞。如果找不到新聞，就得自己製造——可以去問公眾人物問題，從平凡無奇的事件中找出驚人或有趣的話題，或是揭露「新聞幕後的新聞」。如果前述方法都徒勞無功，那麼記者就必須給我們一篇「評述」(think piece)——可能是彙整已知事實，或是揣測即將發生的驚人大事。

我們看待「新聞」態度的這種改變，並不只是美國報業史上一項基本的事實。它是一種革命性變化的徵兆——表現在我們看待世上所發生之事的態度上，也表現在我們認為哪些事情是新鮮的、驚人的或重要的。對於如何為人生帶來活力，對於我們自己的力量，對於為我們提供資訊、教育和引導之人的力量，對於在缺乏自然發生的事件時製造事件作為補償之人的力量，我們的態度劇烈轉變。世界能夠給予的已經無法滿足我們，我們要求有誰來製造出一些東西，以彌補這個世界的不足。這只是我們要求虛假幻象的其中一個例子。

歷史上有許多股力量，皆有助於解釋我們的期望是如何發展到現今毫無節制的地步。然而，我們現今所期望的，或期望本身的豪奢過度，都相當明確無疑。所有美國人都知道當自己邊吃早餐邊拿起早報，或在吃晚餐前打開晚報，或駕駛長途車開廣播準時收聽整點新聞時，或打開電視收看新聞評論員解讀時事時，心中期望的是什麼。為了滿足我們這些期望，很多積極進取的美國人如今投身相關工作。要是我們忽然節制自己的期望，很多人可能會遭到解僱。但正是我們不斷提出需求、讓他們有事可做，於是他們在我們的腦海中塞滿各種奇事異聞，為我們扮演起上帝。

一

這種新近出現、排山倒海將我們經驗淹沒的人造奇事異聞，我稱之為「偽事件」（pseudo-event）。「pseudo」這個常見的前綴源自希臘語，意指假偽或有意瞞騙。在回顧歷史上那些促成偽事件出現，並且增進對偽事件之市場供需的力量之前，我先舉一個很平常的例子。

在公關理論先驅著作《透視民意》（*Crystallizing Public Opinion*；一九二三）中，作者愛德華·柏奈斯（Edward L. Bernays）舉了一例：飯店業者向公關顧問請益，他們想知道要如何讓飯店的名聲更為響亮，並藉此讓生意變好。在從前一切還沒有那麼複雜的年代，答案可能是聘僱一位新主廚、改善管道設備、重新粉刷客房牆壁，或是在飯店大廳裝設枝形水晶吊燈。公關顧問提供的手法比較迂迴，他建議管理階層籌辦一場慶祝飯店成立三十週年的活動。於是週年慶活動委員會成立，成員包括知名銀行家、社交圈名媛、知名律師及德高望重的牧師，他們計畫製造一個「事件」（event）（例如宴會活動）以吸引大眾注意該飯店長期為地方提供頂級服務。慶祝活動如期舉行，攝影師拍下照片，飯店新聞登上多家報紙，目的達成。這種場合就是一起偽事件，具備所有構成偽事件的重要特徵。

從一開始我們就知道，這場慶祝活動有一點（但並非完全）混淆視聽。要是飯店實際上不曾長期為地方提供服務，公關顧問大概也不可能順利邀集社會賢達組成委員會。但換個角度來看，要是飯店服務對地方上來說真的無比重要，或許根本就不需要公關顧問的推波助瀾。在慶祝活動舉辦完畢之後，活動本身就成了飯店確實是頂級飯店的證明。這樣的場合實際上賦予了飯店希望獲得的好名聲。

當然，對飯店業者來說，這場慶祝活動的價值也很明顯：飯店照片和相關報導能夠登上報紙、雜誌、新聞短片（newsreel）、廣播及電視。拜新聞報導之賜，活動（事件）會在潛在顧客的腦海中留下印象。籌畫一起可供報導的事件，這麼做的力量就等同製造經驗感受的力量。於是我們聯想到後人杜撰的拿破崙名言——據說在手下將軍認為局勢對己方不利而反對出兵時，拿破崙答以：「呸，局勢由我打造！」現代公關顧問——當然，他只是二十世紀無數偽事件製造者之一——幾乎實現了拿破崙的浮誇空話。「公關顧問不僅知道新聞的價值所在，」柏奈斯先生如此說明，「而且正因為他知道這一點，從而能夠讓新聞發生。他是事件的創造者。」

然而現代的情況耐人尋味之處恰恰在於，現代的新聞製造者不再是上帝。製造出來的新聞，以及創造出的事件，總令人感覺不那麼真實。人造事件和神造事件之間，就是有一種引人玩味的差異。

所以說，偽事件是具有以下特徵的事件：

（一）並非自然而然發生，而是因為有人安排、布置或策動而發生。通常是採訪，不是火車事故或地震。

（二）主要（未必僅限於此）是為了能夠被報導或再製畫面廣傳而布置。因此，事件的出現與安排會特別方便記者報導或不同媒體再製。事件成功與否取決於相關報導是否廣為傳播。事件發生時序通常是憑空杜撰或刻意編排；公告是為了「待之後發布」而預先製作的，對於該事件的敘述則彷彿事件發生在過去。「是不是真的？」這個問題已不重要，更重要的問題是：「有沒有新聞價值？」

（三）與檯面下真實情況的關係曖昧不明。偽事件的吸引力，主要就來自這種模糊性。就偽事件而言，「具有什麼意義？」這個問題有了新的面向。一般人對於火車事故新聞有興趣，是因為想知道發生了什麼事以及真實情況為何；而對於訪談內容有興趣，某方面來說，則往往是因為想知道是不是真的發生過那件事，以及動機可能為何。這個聲明真的就是字面上的意思嗎？如果少了幾分這樣的曖昧不明，偽事件就不可能有趣。

（四）通常旨在實現設計好的「自證預言」（self-fulfilling prophecy）。飯店藉由舉辦三十週年慶祝活動宣傳飯店提供頂級服務，實際上則透過這場慶祝活動成為一家頂級飯店。

二

在過去半個世紀，我們的經驗感受、我們的所讀、所見和所聞，已有愈來愈大比例是由偽事件所構成。我們期望接收更多這樣的偽事件，確實也獲得了更多。偽事件排山倒海而來，淹沒我們的意識。偽事件在美國不斷增生，速度之快超過了其他地方，甚至連成長的幅度也與日俱增。無論在教育、消費或人際關係方面皆是如此，在我於此章述及的公共關係領域尤然。

如果要完整說明偽事件的根源和興起，絕不亞於撰寫一部現代美國史。就我們當前的目標而言，回顧近期數次較具革命性的發展已經足夠。

現代新聞供需的大幅成長始於十九世紀初期。當時剽竊或版權保護的相關規範尚未完善，各家報紙的版面多半填滿了鬆散乏味的旁人轉述，或是過時的國內外新聞轉載。大多數報紙上的文章基本上是藉機宣傳特定政治立場、宣布船班出發和抵達時刻、提供小品文和日常生活建議，或是發布商務、法律相關公告。

直到近一百五十年前，報紙才開始刊登由目擊證人或親臨現場的專業記者撰寫的最新公共事件報導。電報技術在一八三〇至四〇年代臻於完善，並應用於新聞報導：兩位報界人士——《費城公眾報》（Philadelphia *Public Ledger*）的威廉·史溫（William M. Swain）與來自肯塔基州法蘭克福（Frankfort）的亞莫斯·肯德爾（Amos Kendall）——是全國電報網的建置者。詹姆斯·

波爾克（James Knox Polk）於一八四六年的致詞是史上首份以電報傳遞的總統致詞。隨著美聯社（Associated Press）於一八四八年創立後，新聞成了可買賣的商品。接著輪轉印刷機問世，能夠在連續供應的捲筒紙上同時雙面印刷。《紐約論壇報》（New York *Tribune*）於一八七〇年代開始使用高速印刷機，每小時能印一萬八千份報紙。南北戰爭以及之後的美西戰爭（Spanish-American War），提供了鮮活的新聞素材和爭相提供現場即時報導的動力。在詹姆斯・戈登・貝內特（James Gordon Bennett）、約瑟夫・普立茲（Joseph Pulitzer）和威廉・藍道夫・赫斯特等膽識過人的業界巨頭互別苗頭之下，報紙的發行量大增，新聞界的競逐也由此展開。

這些事件皆是無比盛大卻幾乎無人注意的革命的一部分——我稱之為「形象革命」（Graphic Revolution）。人類製造、保存、傳遞和散布清楚圖像的能力——包括印刷出來的圖像、人物、風景和事件的影像，以及個人和群眾聲音的影音形象——如今正以不可思議的速度增長。印刷速度的提高本身就極具革命性。然而，更具革命性的是直接產製自然影像的嶄新技術。攝影術問世之後，注定很快就會讓印刷品退居配角。美國人在不到一個世紀的時間裡，以巨大飛躍跨越了從銀版攝影到彩色電視時代的鴻溝。乾版攝影於一八七三年問世；貝爾（Bell）於一八七六年取得電話專利權；一八七七年開始有了留聲機；一八八四年出現底片膠捲；一八八八年伊士曼柯達公司（Eastman Kodak Company）開始生產「柯達一號」相機（Kodak No. 1）；一八九一年愛迪生取得一項無線電報技術的專利權；一九〇〇年前後出現了電影並首次開始以無線電傳輸聲音；一九二八年美國的全國黨代表大會首度開始向全國多地廣播；電視機於一九四 年成為重要商品，彩色電視則要到了較晚近才更加普遍。

「逼真」（verisimilitude）有了全新的涵義。如今不僅能夠將富蘭克林．德拉諾．羅斯福（Franklin Delano Roosevelt）真實的嗓音和手勢向全國發送，還能讓全國人民感受到前所未有的真實和親近。與生動形象相比，現實顯得黯然失色。美國第 批觀看有聲彩色電影的觀眾以為喬治．亞利斯才是本尊，而班傑明．迪斯雷利只是年代早一點的模仿者[1]；就如同後來某個世代的電視觀眾看到任何西部牛仔，都覺得他們是約翰．韋恩的拙劣仿冒品[2]。甚至連大峽谷（Grand Canyon）本身也成了柯達原版彩色正片（Kodachrome）的一個令人失望的複製品。

報導和呈現所發生之事的全新力量成了一種新的誘惑，誘使新聞工作者產製出似模似樣的影像，或是在預期的事件發生之前就寫好報導。如同過往太多的例子，人們開始誤以為自己掌握的力量是必需品。閱聽大眾的喜好很快就顯露無遺——比起即興自然的報導，他們更喜歡鮮明生動的敘述和「真誠直率」的照片。

---

1 編註：班傑明．迪斯雷利（Benjamin Disraeli，一八〇四—一八八一），英國保守黨政治家、作家和貴族，曾兩度擔任首相。喬治．亞利斯（George Arliss，一八六八—一九四六），英國演員、作家、劇作家和電影製作人，曾飾演迪斯雷利。

2 編註：約翰．韋恩（John Wayne，一九〇七—一九七九），美國電影演員，以出演西部片、戰爭片聞名。

接著出現了全天候營運的新聞媒體。發送新聞報導的時間間隔快速縮減，為了讓每一份新印行的報紙或每一則新發布的廣播都有「新聞」，就必須預作規畫，分配好每個階段有哪些新聞可放。繼週報和日報之後，還出現了「號外」（extra）和無數定期發送的報刊，《費城晚報》（Philadelphia *Evening Bulletin*）印行的版數很快就增加至每天七版。報業人員一刻也不得休息，不僅有更多版面要填滿，填版面的速度還得愈來愈快。為了證明確實需要這麼多版，新聞必須推陳出新，或至少看起來有點變化。廣播節目在日間持續播放，新聞工作環境也愈來愈嚴峻。每小時都有整點新聞，有時還有半點新聞，節目中還可能隨時插播新聞快報。如何避免新聞報導千篇一律，不讓世界看起來好像什麼事都沒發生、記者好像在睡覺，或新聞敏銳度顯得不如競爭對手？印刷報紙及播報新聞的成本節節攀升，基於財務考量，終於有必要讓印刷機日以繼夜運轉，電視螢幕永遠熱鬧滾滾。迫於愈來愈大的壓力，製造偽事件也就無可避免。採集新聞成了製造新聞。

隨著形象革命發生，「訪談」這種全新的新聞製造方式應運而生。後來衍生出廣播和邀請公眾人物擔任來賓的論壇和機智問答節目，以及說東道西三小時的談話節目。訪談的技巧也許不言自明，最原始的形式甚至可以追溯至蘇格拉底（Socrates）的時代，但現代新聞學中所謂「訪談」則偏向美國用語。《波士頓時事通訊》（Boston *News-Letter*）中海盜「黑鬍子」（Blackbeard the Pirate）的死訊報導（一七一九年三月二日號），顯然是根據和某位船長的訪談寫成。最早的現代訪談——有些作者認為是最早的一篇——由膽大浮誇的《紐約先鋒報》（New York *Herald*）編輯詹姆斯・戈登・貝內特執筆（一八三六年四月十六日號），是關於羅賓森涉嫌殺害朱伊特一案的報導。在某家妓院工作的妓女海倫・朱伊特（Helen Jewett）被發現遭人用斧頭砍死，上流社交圈的年輕紈褲子弟理察・羅賓森（Richard P. Robinson）遭控涉嫌謀殺。貝內特為了增加《紐約先鋒報》發行量，把握機會舞文弄墨寫出聳動煽情的報導，《紐約先鋒報》很快就印量吃緊，供不應求。他在撰寫報導時施展渾身解數，其中一招是安排到妓院實地訪談老鴇羅希娜・湯生（Rosina Townsend）。

根據新聞史學者的研究，史上第一場訪問知名公眾人物的完整現代訪談可以追溯到一八五九年七月十三日，當天霍勒斯・格里利（Horace Greeley）於鹽湖城（Salt Lake City）訪問楊百翰[3]，向他提出許多與公眾利益有關的問題，之後將楊百翰的回覆逐字稿刊載於《紐約論壇報》（一八五九年八月二十日號）。約莫在此時期，大眾開始普遍使用具備現代美國意義的「訪談」一詞。這一機制很早就獲得「刻意造作」的名聲。「現今安排所謂『訪談』，」《國家》雜誌（*The Nation*）（一八六九年一月二十八日號）曾經抱怨，「通常是某個不入流政客的鬼話和某個記者的鬼話摻在一起製成的產品。」數年後，另一家雜誌編輯如此形容「訪談」：「迄今為止最

3　編註：楊百翰（Brigham Young，一八〇一—一八七七），耶穌基督後期聖徒教會領導者。

為完美的工具，使新聞業成為令人厭惡、凡是為人正派者都會覺得臭不可聞的事物。」許多人對這種作法並不苟同，認為是侵犯隱私。英法兩國的新聞工作者也效法美國開始安排訪談，但在發展上比美國緩慢許多。

即使在發明訪談之前，美國的新聞業就已經獲得了新的崇高地位，同時也成了一股足以構成威脅的力量。湯瑪斯・麥考萊（Thomas Babington Macaulay）於一八二八年將英國國會的記者旁聽席形容為「第四階級」（fourth estate of the realm）[4]，但他絕對無法想像記者在二十世紀的美國有多麼聲望崇隆。長久以來，記者已經將自己塑造成民意領袖。記者理論上公正獨立、無黨無派，能言善道且下筆成章，與不同消息來源互動密切，能夠持續與所有公民直接接觸，因此也成了人民的顧問。外國時政觀察者看到我們的華府記者團，或許會對他們握有近乎「憲法權力」的力量而大為驚愕——記者團的力量或許說是「超憲法」（supra-constitutional）也不為過。

自現代的總統記者會於一九三三年前後興起以來，華府記者就擁有定期與總統面對面提問的權力，他們可以質問、挑釁、讓總統困窘難堪，迫使總統公開表態採取或拒絕某個立場。總統可能會表示不方便與反對他的參議員或眾議員會面，但很少敢於拒絕媒體訪問。拒絕受訪這件事本身就會成為新聞。不過直到晚近，隨著面對記者的壓力愈來愈大，受訪者開始用一句「無可奉告」來表達事關重大。新聞工作者如今除了報社人員還包括廣播電台、電視台及雜誌社從業人員，他們向來以能夠提出高明刁鑽的問題讓政治人物無可迴避著稱——媒體能否維持生計全看公眾人物是否願意配合。早在一九五〇年之前，華府就已有大約一千五百名記者，政府機關內則有大約三千名新聞事務人員隨時準備為記者效勞。

除了定期召開的正式記者會，還有《會晤新聞界》（*Meet the Press*）和《面對全國》（*Face the Nation*）等諸多全國性節目，在在展現新聞工作者的權力。一九六〇年，時任蘇聯領導人的赫魯雪夫（Nikita Khrushchev）登上深夜談話節目《開放式》（*Open End*），與主持人大衛・薩斯坎（David Susskind）對談三小時。同一年舉行總統候選人「大選辯論會」（Great Debates）期間，主導全局的是新聞媒體。

總統記者會的現場轉播，始於甘迺迪總統（President Kennedy）於一九六一年就任後不久，總統記者會的性質於是在某種程度上有了轉變。總統的話語不再只能由扮演中間人的記者轉述，記者的角色也就不再那麼重要。但這種新形式卻賦予了記者會新的賣點，成了戲劇化的表演。人民已經在家裡或在辦公室看過總統在記者會上的表現，他們更想聽的是資深新聞評論員各自的解讀。新聞評論員傳統上扮演解讀時事的角色，如今更以劇評人的姿態展現另一種魅力。即使記者會改變形式，提出問題的仍然是新聞媒體，他們依舊是民意領袖。

4　編註：本義指神職人員、貴族、平民以外的另一階級；新聞媒體掌握行政、立法、司法以外的「第四權」（the fourth power）說法亦源於此。

三

我們常聽說英國憲法是自中世紀以來累積的素材所形塑而成，之所以能夠運作，只是因為英國人民願意忍受大量的法律擬制[5]，君主政體不過是其中最為顯著的一項。而我們美國人則藉由產生大量偽事件，以及發展出各種在幫忙製造偽事件的同時也幫忙加以解讀的專業，將我們的十八世紀憲法調整至能夠順應二十世紀的科技。一名知情公民需要知道與能夠得知的資訊之間原本就不成比例，如今情況更為嚴重，原因就在於官方遮掩隱瞞和謀畫設計的權力與日俱增。新聞記者為了因應，選擇性報導、虛構杜撰和預先布置的需求也隨之增加，於是整個公共資訊體系無可避免地不斷產製出更多「包裝過的」新聞、更多偽事件。

我們美國人是如何偏好偽事件，《國會記錄》（*Congressional Record*）裡早已出現了一個瑣碎卻能預示未來的例子。出人意料的是，英法兩國國會議事錄中，都詳實記錄了各自的國會議員在院會上的發言；然而，自從美國國會議事錄於一八七三年開始以《國會記錄》為標題編纂出版，這份表面上完整記錄國會發生之事的報告，和國會上實際的發言內容其實只有極少部分若合符節。儘管偶爾有些微弱的抗議之聲，美國的《國會記錄》依然是龐雜浩繁的大雜燴，其中實際的發言紀錄被未發表的講稿及大量無人閱讀、無從讀起的文字所掩蓋。至於為何我們美國人願意忍受，唯一的解釋是全國人民都缺乏幽默感——或者太有幽默感。或許這同樣能解釋，為什麼一名在一八八四年試圖推動《國會記錄》改革卻大受挫折的議員，在參議院院會上會說：「美國大眾普遍將國會的議事錄當成某種綜藝表演，在那裡，唯一會被認為是真實的只有薪水。」

每天從白宮發言人、參眾議員辦公室，以及各家公司企業、慈善組織和大學的媒體關係部門發出的大量「新聞稿」（news release），可說是一種涵蓋美國人生活所有層面的「國會記錄」，而且是關於自然發生之事的稍微不那麼準確的紀錄。為了確保事件的「新聞曝光量」（尤其是該事件幾無新聞點可言的情況下），主事單位必須以適當的形式發布「新聞稿」。「發布新聞稿」的說法（顯然是由美國發明，於一九〇七年首次記載）是直到晚近才普遍為人所使用。將其稱為「新聞稿」似乎是某種歪理悖論，或許稱為「新聞延後稿」（news holdback）會更為確切，因為發新聞稿的目的是提供一些消息，等到了未來特定日了再予以公開。報業界俗稱新聞稿為「handout」（意為「施捨物」），這個代稱略帶貶義，原指有人到家門口乞討時，施捨給對方的一些不新鮮食物。雖然如今新聞工作者普遍使用此俗稱，但相關用法直到近年才出現，因此尚未被收錄於字典中。

新聞稿是事先「預製」的新聞，理論上要等到預定時間才發布。業界通用的新聞稿格式會註明日期（通常用蠟紙油印〔mimeographed〕方式謄寫），比如印上三月一日，並且標明：「供

5 編註：legal fiction，指法律上將某些現實、情況假定視同其他情況，以實現某些法律效果或目的。

二月十五日晚報刊登。」新聞稿內容是用過去式寫成，但通常是描述在發新聞稿時還未發生的事件。如何運用和解讀新聞稿內容，就成了記者工作中很重要的一部分。華府的全國記者俱樂部（National Press Club）裡設有一座偌大的架子，架上每天都會放滿最新的新聞稿，記者甚至不用分頭造訪各個發稿單位。及至一九四七年，公家單位負責準備新聞稿的人員人數，已是負責採集新聞的記者人數的兩倍之多。

大眾已經對這套作法習以為常，如果官員在發言時沒有照本宣科，即使只是稍微脫稿演出，都有可能「變成新聞」。甘迺迪總統於一九六一年四月二十八日晚上在芝加哥發表談話，隔天的早報（前一晚就印好，待清晨送到訂戶家裡）裡的報導是依照預先發給記者的新聞稿撰寫而成。總統當晚發言時並未採用準備好的講稿，隔天稍晚才印行的《芝加哥太陽報》（*Chicago Sun-Times*）即以「甘迺迪總統即興發言……」為頭條，報導中強調甘迺迪總統發言時並未依照預先準備的講稿，以同樣多的篇幅講述總統即興講演以及並未發表的內容。最具有新聞價值的事實，顯然是總統的脫稿演出。

我們開始感到困惑，究竟什麼才是事件的真實「原貌」。新聞原本是要真確記錄「發生」或據聞發生了什麼事，卻愈來愈像是預先寫好後發送的報導。愈來愈多新聞事件成了戲劇表演，「新聞中的人物」只是照著寫好的劇本演出，演技有好有壞。預先寫好「待之後發布」的新聞報導開始具有某種真確性，其真確程度甚至不亞於實際在預定日期發生的事件經過。

近年來美國最成功的政治人物，全是最擅長運用新聞媒體和其他手段製造偽事件的大師。富蘭克林．德拉諾．羅斯福總統是第一位現代媒體大師，海伍德．布朗（Heywood Broun）形容他是「當過美國總統的一流新聞工作者」。儘管報社老闆在報紙上幾乎沒人曾讀的社論裡大唱反調，小羅斯福總統卻在友善的華府記者群配合之下，善用頭版頭條製造出所有人都會讀到的新聞。社論主筆只是發表意見，而小羅斯福總統在製造「事實」——偽事件。關於他如何放話測試輿論風向，如何極盡所能利用非正式談話的新聞倫理，如何將白宮記者會從無趣儀式變成之後歷任總統莫敢不尊的重要國家體制，以及如何首創「爐邊談話」，至今大家都已耳熟能詳。他深知記者依賴新聞維生，並幫助他們製造新聞。他對於製造新聞的技巧也知之甚詳，能夠引導記者寫出符合自己需求的報導。

例如一九三九年二月十八日，當時歐洲氣氛緊張，戰火一觸即發。小羅斯福總統前往佛羅里達州一處平民保育團（Civilian Conservation Corps）營地參訪，在記者會上如此表示：

> 我想要傳達一件事，不過不要明著寫。換句話說，這件事我不能直接談論，不過是一種背景資訊。要是由我來寫報導的話——各位都知道我很常這麼做——假如由我來寫，我會這麼下筆，公式各位都知道了：當總統被問到何時回去〔華府〕，他暗示說無法告知明確日期；因為呢，雖然總統希望能一直待到三月三日或四日，但仍不斷收到與國際情勢有關的

消息，而且一直是令人不安的消息，因此總統或許有必要在三月三日或四日之前回去（華府）。據了解，與這個消息有關聯的，是某些國家可能重新提出一些要求，而且不會經由正常外交管道來強力要求，而是透過比較新近建立的關係；換句話說，是利用對於侵略的恐懼。

小羅斯福總統是一位溫暖親民、態度自然不做作，而且言詞簡潔有力的人，每次公開發言無不讓國人感到前所未有的親近。然而弔詭的是，正是在他執政期間，美國總統的談話內容變得比從前更為巧妙幽微、精心鋪陳。他的文膽團隊中除了報社記者，還有詩人、劇作家，以及一群撰寫講稿的固定班底。多人協作不僅並未削弱總統展現的效率，反而透過營造一種坦誠直率、懇切自然的形象，額外提供了具有新聞價值的題材。這一句或那一句是羅伯特．謝伍德（Robert Sherwood）還是山繆．羅森曼法官（Judge Samuel Rosenman）貢獻的？總統看到撰稿團隊寫的草稿以後修改了多少？人民不僅對特定的演講內容有興趣，對於講稿是如何寫出來的也幾乎一樣感興趣。小羅斯福總統演講時，幾乎所有人都心知肚明，眼前上演的是一場經過長期策畫的集體創作，而總統只是明星演員。

當然，小羅斯福總統做出許多偉大的決定，也為他所處的轟轟烈烈時代增添了撼動人心的篇章。但政治人物確實有可能完全以偽事件為基礎建立自己的政治生涯，已故的麥卡錫（Joseph R. McCarthy）就是一例。麥卡錫於一九四七年到一九五七年間擔任威斯康辛州參議員，要是沒有我先前所述不停運作、驚心磨削的龐大複雜「新聞」機器，或許麥卡錫就不可能發展出他的政治生涯。麥卡錫天生就是創造新聞事件的天才，而這些事件與現實之間的關係曖昧且耐人尋味。一位於麥卡錫掌權年代待過華府的記者理查・洛維拉（Richard Rovere）如此回憶：

他甚至在那些創造力枯竭、無事可編的罕有場合，仍然知道如何讓自己進入新聞版面。比如他首創了在早上特地召開一場記者會，只為了宣布下午要開記者會。記者們會到場——他們在這個時期活像帕夫洛夫（Pavlov）的狗，聽到鈴聲就會出現制約反應——麥卡錫會說他只是想通知大家一聲，他預計當天稍晚會發布驚天動地的消息，準備刊登於隔天的早報。於是他順利登上當天下午出刊的晚報頭條：「麥卡錫的最新宣示將於華府揭曉。」如果確實有什麼新消息，麥卡錫就會在下午宣布，不過往往沒有任何消息，但幾乎不會有人在意。他只要聲稱他準備得不夠周全，或是在取得某些必要「文件」的過程中遇到困難，或後來發現「證人」很難掌握。於是次日的早報頭條則是：「麥卡錫進度受挫——現正追查神祕證人。」

麥卡錫有一種似邪如魔的魅力，令那些飢渴追逐新聞的記者彷彿被催眠般對他言聽計從。就算有點心不甘情不願，他們還是感激麥卡錫終究成了他們的產品。明明只有少得可憐的素材，麥卡錫卻能製造出無數新聞，令所有記者瞠目結舌。很多人厭惡他；但所有人都幫了他。他們全都成了其中一名記者所稱「盲目的客觀」（indiscriminate objectivity）的受害者。換言之，麥卡錫和記者都是靠著同一種人造商品興旺發達。

麥卡錫參議員能夠在政治上步步高升，那些自認與他敵對的記者所提供的助力功不可沒，幾乎不遜於極少數與麥卡錫友好的記者。沒有了所有記者的積極協助，麥卡錫絕對不可能製造出那些讓他博得權力和惡名的偽事件。報紙總編義正辭嚴抨擊麥卡錫的「協力者」，到頭來不僅無助於打擊他的地位，甚至造成反效果。即使他們在內頁的社論裡大力抨擊，以麥卡錫為主角的頭版新聞卻還是在替他拉抬聲勢。新聞媒體是麥卡錫最強大的盟友，因為他們就是偽事件的協力製造者，他們陷困在自己織出的網裡。誠信正直的記者和不擇手段的參議員麥卡錫經營的是同一門生意，只是分屬不同部門。

在新聞工作者的傳統語彙中，一般會區分出「硬性新聞」和「軟性新聞」。理論上，硬性新聞是關於政治、經濟、國際關係、社會福利、科學發展等重大事務實事求是的嚴肅報導；軟性新聞則是對大眾來說新奇有趣或具娛樂性的報導，包括聳動的地方新聞、醜聞八卦、連環漫畫、電影明星的情史緋聞，及最近發生的命案報導。記者兼社會評論家紛紛批判現今美國各家報紙不夠「嚴肅」，硬性新聞愈來愈少，軟性新聞占的版面卻愈來愈大。

但偽事件蔚為風行之後，硬性與軟性新聞之間的區隔從此煙消雲散。下述之事即為一例：一九六〇年六月二十一日，艾森豪總統（President Eisenhower）正在檀香山，準備前往遠東地區拜會南韓、菲律賓等國領袖。《芝加哥每日新聞報》（Chicago *Daily News*）以跨七欄的頭條標題為讀者呈現以下資訊：「艾克[6]此行有何感想？幕僚噤聲」、「未見憂色」、「訪團官員不滿記者提問」。接著以跨兩欄的報導開場：

> **檀香山訊**——艾森豪總統此次出訪遠東行程的心得與他的高爾夫桿數一樣保密到家。當總統在帕利丘坡（Pali hills）迎風面的卡內奧赫（Kaneohe）海軍陸戰隊基地暫歇，瀕臨蔚藍的太平洋及一座十八洞高爾夫球場時，或許就在結算此趟出訪亞洲的得與失。目前尚無相關證據。對於媒體頻頻關切白宮如何評判此次出訪的整體經驗，尤其是問起總統訪日行程告吹後引發的批判聲浪，訪團官員表示不滿。

報導最後以此句作結：「但遲早要面對現實，而且可能不會太遲。」

如今一名成功的記者必須是催生新聞的助產士，更常見的是自己當孕母「生出」新聞。藉由善用採訪技巧，記者誘使公眾人物說出一些聽起來像新聞的話語。這種技巧在二十世紀演變為一種狡詐手段，在老練記者的運用之下，甚至能夠左右國家政策的制定。

6 譯註：艾克（Ike）是艾森豪總統的暱稱。

迫於時間壓力及源源不絕產出新聞供應媒體的需求，駐華府特派員及其他記者利用採訪等技巧製造偽事件的方式變本加厲、招數推陳出新之外，也愈來愈陰險取巧。對於駐華府的通訊社記者而言，有一件事關係重大——即美國的晚報數量遠遠超過早報。美國東岸下午出刊的晚報是在上午十點左右印刷，而那時當天自然發生的新聞事件還來不及發生。「這意味著，」在道格拉斯．卡特（Douglass Cater）的傑作《政府第四部門》（*Fourth Branch of Government*，一九五九）中，一名敬業的駐華府特派員如此坦言，「通訊社特派員不得不造假，來一篇『隔夜新聞』（overnight）——報導是前一天晚上就寫好，但要在隔天下午出刊時呈現報導了當天事件的假象。」

從參議院為了簽署一九五五年《奧地利國家條約》（Austrian Treaty of 1955）而展開辯論時，某位努力想把工作做好、維持生計的勤奮記者所承受的苦難折磨，我們可以看到這種撰寫「隔夜新聞」的作法在特定情況下可能意味了什麼。簽署條約雖然在國內和國際都是重要大事，但同意簽署已是先前的決議，沒有什麼能上新聞的新資訊。為了產製一篇報導，該名記者於是訪問了時任參議院外交委員會（Senate Foreign Relations Committee）主席的參議員華特．喬治（Walter George），從他口中問出一段話，大意是根據條約，奧地利將不會收到任何金錢或軍事援助，但長遠來看會因此受惠。「這段話就成了我那篇報導的導言。我做到一名記者該做的事，也就是寫出一篇看起來像是隔天新聞的報導。」該記者回憶道。

隔天，參議院對簽署條約一事展開辯論。辯論過程枯燥無味，很難寫出什麼有新聞價值的報導。然而，幸運的是，參議員詹納（Senator Jenner）以毒辣言詞嘲諷艾森豪總統，於是記者（在考量其他撰寫相關報導的通訊社記者可能的作法之後）在報導中以「插補」方式加入這一段。當天下午三點半過後不久，參議院通過簽署《奧地利國家條約》。於是參議院公報上就有了一條快訊，而辯論相關報導的導言也需要改寫。但是到了這個時候，讓記者焦頭爛額煩惱的，是怎麼寫出隔天早報要刊登的另一篇新報導。

但是我的工作還沒完。通過簽署條約的公報太晚發布，東岸很多家晚報都來不及刊登，除了像《費城晚報》這樣有七版的大城市晚報。我不得不重新找一個新聞角度去寫，以便將下一篇隔夜新聞放在這些來不及刊出條約相關報導的晚報上。

報社不會想刊出已經隔了一天且只記述參院辯論過程的報導，他們希望加一點「新料」。所以，說得直白一點，我去找參議員泰耶，問到他認為詹納的舉動有損總統權威的評論。事實上，泰耶的指控比關於條約的新聞段落更有意思，揭露了共和黨參議員彼此之間的衝突。寫這篇報導的初衷是我需要找一個新的引子，並不是泰耶方面主動發言。為了一句對詹納的評論，我先前還聯絡了其他七名參議員，最後才在泰耶那裡問到。對於這樣的作法，我認為應該給予公允的評價。這些參議員沒有來找我，是我打電話聯絡他們的。某方面來說，新聞是我產出的。拜記者的想像力所賜，參議員可能會想到一些自己原本沒有想到的替代方案。

這種作法可能非常普遍。一名通訊社記者為了國際貿易相關問題，每天纏著參議員華特・喬治追問，終於問到喬治開口建議日本應該停止傾銷紡織品至美國市場，改為與赤色中國（Red China）通商。該記者接著直接去找參議員威廉・諾蘭（Senator Knowland），讓諾蘭出言駁斥前述建議。於是造就了一篇出色的新聞報導，對於一項原本可能無從辯論起的次要政策，也引發了相關討論。「隔夜新聞」是通訊社刊登試探性質報導的絕佳專門場域，或許可以形容為是用來「榨取新聞」。

該記者精明地補充說明，當今他們這一行的任務，很少是以閃電般的速度記述最新發生的事件；相反地，他們的工作更像是由「包裝問題」所主導。他表示：「我們的工作是報導新聞，但也是確保一直有新聞產出。例如每週六早上都會去採訪國會領袖，我們可以把開完記者會寫好的報導全都刊登在週日早報，但我們不會這麼做。我們學到了要將報導排程，平均分配到週日和週一的報紙版面。」

天真的旁觀者或許會期待，電視和現場新聞播報的興起會形成一股壓力，讓更多新聞從業者致力於對自然發生的事件的真實報導。諷刺的是，這些技術的進步——就如同早期那些精確再現的技術進步造成的影響——仍然只是促成了更大量、更精良的偽事件。

一九五一年四月十一日，正值韓戰（Korean War）期間，道格拉斯・麥克阿瑟將軍（General

Douglas MacArthur）接獲杜魯門總統（President Truman）解除其在遠東地區所有職務的命令，之後他返回美國並展開巡迴全國的「凱旋」之旅。芝加哥市議會決議將一九五一年四月二十六日定為「麥克阿瑟日」，並在這一天邀請麥克阿瑟前往芝加哥共同慶祝。市政府安排了盛大的慶祝活動，包括舉辦遊行，電視台也會到現場採訪錄影。

芝加哥大學三十一位社會學家組成研究團隊，在庫特・朗恩（Kurt Lang）富有創意的帶領之下，於遊行路線沿線的戰略據點各就各位。他們的目的是要記錄群眾的反應，並將現場觀眾看到的（或聲稱看到的）景象與從電視上可能看到的景象相互比較。這項研究設計別出心裁，而研究結果可以為我的觀察提供佐證，即我們愈來愈傾向在自己的經驗裡填滿人為安排的內容。各家報紙當然已經為民眾預告空前盛況，例如《芝加哥論壇報》（*Chicago Tribune*）一早就預告「獻給凱旋歸國的英雄——中西部有史以來最盛大熱烈的歡迎儀式」。當天現場擠得水洩不通，實際到場的觀眾抱怨什麼都看不太到；有些地方的觀眾等了好幾個小時，很幸運能夠一睹將軍本人的風采。

但是電視提供的視角就大為不同。電視觀眾的優勢在於，可透過分散各處的攝影鏡頭觀看。電視於是以獨特的方式將事件排序，呈現迥異於亂哄哄現場的景象。攝影鏡頭在精心調度下聚焦於「重大」事件，也就是突顯戲劇張力的場面。對於電視觀眾來說，自從麥克阿瑟將軍在下午兩點二十一分出現在遊行現場，直到下午三點時電視訊號突然中斷為止，他始終是全場關注的焦點。播報員一再強調此次活動盛況空前（字幕出現超過十五次明確的字眼），是「本市有史以來最熱烈盛大的迎賓活動」。電視機前的觀眾接收到的，是遊行開始前、進行中和結束後，群眾興高采烈、瘋狂歡呼的印象。攝影鏡頭當然是特別對準群眾揮手的熱鬧「動作」場景，然而大多數情況下，群眾歡呼、揮手和尖叫其實是因為看到攝影鏡頭，不是因為看到將軍。實際來到現場的觀眾卻是枯等好幾個小時，站到雙腳痠痛。有好幾群人表情漠然。電視機前的觀眾看到的若不是將軍，就是興奮的群眾，耳裡聽到的只有上氣不接下氣拚命強調群眾和名人互動的播報員話聲，腦海中留下的必定是遊行全程盛大精采的印象。

這些社會學家做出了最重要的結論：相較於現場觀看，事件在電視上的呈現「從開始到結尾都符合預期，依據觀眾期望演繹整個過程……電視轉播片段的製作，是以符合觀眾期望的模式來演繹。」實際在現場的觀眾經歷了加倍的失望，因為他們從站立的位置能看到的不多（而且是驚鴻一瞥），而且他們知道自己錯過了電視上所呈現的更好看（那裡有更多他們所期待的戲劇性）的場面。他們的怨言幾乎如出一轍：「我敢說我老婆在電視上看到的還比較好看！」「早知道就待在家看電視轉播。」現場民眾羨慕待在家收看偽事件的觀眾，但電視機前的觀眾還是會聽到播報員再三強調「實際到場」有多麼熱鬧刺激。

但就如芝加哥社會學家所指出，對於很多現場民眾來說，當天其中一件最令人興奮的事是有機會上電視。就如同所有人都想看到報紙上出現自己的姓名，幾乎所有人都希望自己有機會上電視（有錄影帶更好，這樣就能真的在電視上看到自己）。無獨有偶，在一九六〇年總統大選期間，跟著候選人甘迺迪和尼克森（Nixon）巡迴全美的記者也注意到，群眾中有很多「支持者」會參加競選造勢活動，其實是因為想要上電視鏡頭。

電視轉播讓我們每個人都能發揮本身的演員特質。最近我在芝加哥人學校園裡信步閒逛，剛好看到一場學生的拔河比賽。男子隊被女子隊拉得落入植物學池塘（Botany Pond），浸得渾身溼透，令人發笑。各大新聞網的記者齊聚現場。女子隊的勝利在我看來似乎過於輕而易舉，我不禁心中起疑。我百思不得其解，直到後來才聽說這一場根本不是正式比賽，真正的拔河比賽是在一、兩天前舉辦，那天電視轉播出了一點狀況。這一場是為了電視鏡頭重新搬演。

一九六〇年十二月二日，紐奧良市為了校園種族隔離存廢爆發示威活動，市長德勒賽普·莫里森（de Lesseps S. Morrison）寫信給新聞媒體，提議連續三天暫停刊登或播報任何與爭議有關的新聞。他主張報紙和廣播電視的報導過於誇大，已對紐奧良市的聲譽和觀光業造成打擊。他指稱參與示威抗議的人士僅占全市人口的百分之零點一，但新聞卻讓大眾誤以為到處都發生暴力示威。但他也指出，只要有媒體轉播設備出現在現場，就是在製造動亂。「由許多例子可知，」他如此分析，「這些人去現場只是為了上電視露一下臉，然後趕回家等著看下午和晚間新聞。」至少有兩名電視台記者走進人群，向示威人士提出一些煽動性的問題，例如：「你為什麼反對跨種族通婚？」莫里森市長坦言自己曾親眼見到一名電視台攝影記者「布置好場景」，然後說服一群大學生負責當「啦啦隊」，一收到暗示就大吼大叫表達抗議。嚴謹敬業的記者們義憤填膺，拒絕市長暫時封鎖新聞的提議，他們表示「新聞自由」已岌岌可危。新聞自由曾經是為了維護公眾利益而保有的體制，如今卻經常淪為記者維護自己產製人造商品特權時的委婉說詞。

四

偽事件的興起在許多細微層面上，混淆了我們身為演員和身為觀眾的角色——或者哲學家會說是混淆了「客體」和「主體」。如今我們可以在兩種角色之間擺盪。「唯有拍電影這一行，」威爾．羅傑斯（Will Rogers）曾說，「讓你可以在觀眾席為自己鼓掌。」如今不需要當職業演員，就能享受這種滿足感。我們只要擠進示威人群，回家就可以看到自己上電視。難怪我們開始分不清楚什麼是自然發生的事，什麼是外界真實發生的事！

新形態的偽事件，尤其在政治界，讓政治人物和新聞工作者都陷入一種前所未見的迷茫錯亂。某方面來說，政治人物（所舉例子中的小羅斯福總統，或任何召開記者會的人）本人產出了報導；記者（先前引述的通訊社記者，或任何煽動受訪者說出挑釁話語的新聞工作者）本人則生成了事件。當參與者自己也經常沒辦法確定究竟是誰在行動、誰在報導時，基本上也無法期待他們能夠評估現實。誰是歷史本身，誰又是歷史的記錄者？

關於主體與客體、歷史與歷史學家、行動者與報導者的糾纏混淆，有一個絕佳的例子是所謂的「洩漏消息」（leak）。如今「洩漏消息」已經成為美國政治上行之有年的重要體制，事實上更成為政府官員將重要資訊向大眾傳播的主要手段之一。

要理解民眾世界所面對的新的「非現實」，線索之一是「洩漏消息」現在被賦予的悖謬反常的全新涵義。根據字典釋義，「leak」的意思是「不小心讓液態物質流出去或流進來，例如：船隻漏水。」洩漏消息在現今，卻成了一種為了散布消息而精心設計的方法。當然，這是一種政府官員為了某個明確目的，藉由洩漏消息來公布某項資訊，或者提出問題或建議（但比起直接宣布，洩漏消息比較可能是別有用心）的手段。與其說是洩漏消息，或許比較貼切的說法是「祕密公布」（*sub rosa* announcement）、「間接陳述」或「放風聲式報導」（cloaked news）。

洩漏消息是最出類拔萃的偽事件。洩漏消息之舉的根源和發展，彰顯了偽事件世界的另一項公理：偽事件會孳生更多偽事件。關於這一點，我之後會再進一步說明。

隨著華府的新聞採集作業愈來愈繁複精細，諸如事先安排並定期召開的記者會、預先備妥的發言稿和新聞稿等等不計其數的作法，約定成俗的新聞常規逐漸鞏固。政府官員和記者都覺得，雙方之間需要更有彈性、更曖昧不明的溝通模式。白宮記者會本身最初其實就是一種洩漏消息的管道。林肯・史蒂芬斯（Lincoln Steffens）一度獲得西奧多・羅斯福總統（Theodore Roosevelt）准許，在總統的刮鬍理容時間進行採訪。其他總統會三不五時接受自己特別青睞的特派員獨家專訪，也會給予關係友好的記者一些暗示。同理，現行洩漏消息的體制最初是源自政府官員偶一為之的作法，藉由暗中透露尚未向外界公開的消息來幫忙特定記者。然而，洩漏消息在現今幾乎比照正式記者會，已經高度組織化且受到常規的嚴格約束。由於充滿曖昧性質，加上暢所欲言的氣氛和心照不宣的默契，對於官員和記者都更具吸引力。洩漏消息之舉在體制化以後，無論對於政府官員和記者都形成龐大壓力，雙方被迫開始裝腔作勢、虛應故事。

如今在華府，洩漏消息的慣例已經發展成政府要員與新聞界特定代表的固定晚間聚餐；其他地方的情況也相似，但規模較小。這類晚餐餐會通常以小酌數杯開場，在此之前，大家會一起營造和樂融融的氣氛。所有人都清楚規矩：這裡是不公開的場合，凡是席間透露的消息，之後要報導就必須照規矩來，一律使用符合專業的適切語彙。用餐完畢後，某位次長或高階將領會接受提問。他可能會講起過去新聞背後的「事實」、談論未來計畫或宣布政策。即使對於官員的坦率程度並無把握，出席記者至少可以確定同行都會遵守行規。所有人都明白引述每句話時可指出消息來源的明確程度：哪一句可以直接引用（假如有的話），哪一句來自「背景」，哪一句來自「深度背景」（deep background），哪一句的來源必須是「發言人」抑或「知情人士」，哪一句要寫「推測」、「傳聞」或「不排除有可能」。

諸如此類的場合和衍生的報導充滿了不確定性。記者本人往往無法確定，他聽到的究竟是單純的事實、新拍板的政策、行政機關的希望，或者只是刻意散播的不實內容，目的是消弭大眾對於真正事實的擔憂。政府官員本人（有時不過是發言人）可能也無法確定。記者的工作是想辦法穿針引線，將絲絲縷縷的「非現實」織成一篇讀者無法認出其實沒一句實話的報導。有些人批判洩漏消息的體制是一種國內的反情報活動，認為共和國裡有這種體制並不恰當。然而此種體制的地位愈來愈重要，更成為現今政治界許多最重大報導的消息來源。

僅舉一例就能充分說明。一九五五年三月二十六日的《紐約時報》（*The New York Times*）頭版刊出跨三欄標題：「憂中國紅軍四月攻擊沿海諸島，美衡量全力防衛」。三天後，頭版上同樣的位置出現完全矛盾的標題：「艾森豪認為目前中國沿海諸島不會發生戰事」。兩個標題下方各接著一篇很長的報導，但皆未指出看似事實的消息是由何人提供。以下是當時並未披露的來龍去脈（數個月後由道格拉斯．卡特記述）。在第一例中，海軍軍令部長羅伯特．卡尼上將（Admiral Robert B. Carney）與數名記者共進晚餐，即談話不可公開引用的「『背景』採訪」場合。席間，卡尼上將告訴記者一些他們（和報紙讀者）認為是事實的事。由於報導中的消息來源「不具名」，因此記者不能隨意提及一些高度相關的事實，例如：這僅僅是卡尼上將個人的意見；或卡尼上將一直以來的看法就是亞洲終將發生戰事，而華府許多人（包括美國參謀首長聯席會議〔Joint Chiefs of Staff〕成員在內）並不認同他的看法。根據基本行規，在報紙上刊出的第一篇報導只能寫消息來自官方，營造出看似口徑一致的官方意見。隨後，第二篇與前一篇相互扞格的報導並非總統本人的談話，而是白宮發言人詹姆斯．哈格蒂（James Hagerty）讀到報紙後大吃一驚，迅速召開第二場「背景」餐會，在席間否認前一場餐會衍生報導中的內容。假如這一切真的有什麼意義，那麼到底是什麼意義呢？除了卡尼上將和詹姆斯．哈格蒂意見不合之外，其中真的有任何一丁點新聞成分嗎？然而這卻是記者無法寫在報導裡的事實。

由偽事件孳生的其他偽事件會以等比級數增長，原因之一是每一種（安排好的）偽事件通常會演變成儀式，本身就具備成為僵固常規的特質。當每一種偽事件漸漸趨向僵固，就開始出現衍生不同形態偽事件的壓力，進而催生更為變化多端、更誘人，且因為含混曖昧而更有趣味的偽事件。所以說，當記者會（本身即為偽事件）變得流於形式，體制化的洩漏消息之舉應運而生。等到洩漏消息之舉也變得流於形式，將來還會出現其他的手段作法。當然，精明狡詐的政治人物或汲汲營營的新聞記者對此都心知肚明，也知道要如何善加利用。他們這麼做很少是為了明目張膽欺騙大眾，往往只是想要製造更多「新聞」，提供更多「消息」，或是「加強溝通」。

以一場內容不可公開引用的「背景採訪」記者會為例，如果真正目的只是試探輿論風向或當成一種外交手段（國務卿約翰．福斯特．杜勒斯〔John Foster Dulles〕有時會這麼做），這一場非正式記者會就能為後續官方「否認」和「駁斥」、專欄主筆和新聞評論員揣測解讀，以及參眾議員和其他政府官員上電視受訪或接受其他專訪鋪路。在大眾眼中，任何人的聲明或不予評論，都可能成為其他人提出反駁或拒絕評論的基礎。無論聲明或不予評論，最初即發生在曖昧不明的場合，上述種種因素又讓非正式場合的曖昧性變得更為複雜。

如今華府記者面對的考驗，往往不是報導是否用字精確、妙筆生花，而是能否掌握旁敲側擊、話中有話的技巧。如果想要持續經營個人的新聞事業，記者必須累積專門的詞庫語彙，並發展出一套獨家風格，既能將消息來源保密，又能模糊假定事件或聲明其與基本事實之間的關係，同時乍看好像提供了可靠的事實。記者賴以生存的大部分資本，來自他自己及其他人對他所報導內容真實性的推測。他生活在事實與幻想之間的半陰影區——他幫忙創造出一種需要由他的報導來揭曉的隱晦不明，而他的報導也因此有了存在的必要。現今老練的官員也必須具備類似技能，必須熟稔「否認真相又不說謊話的技巧」。

這些排山倒海將我們意識淹沒的偽事件，必須與政治宣傳（propaganda）有所區隔。兩者確實有一些共通的特徵。但我們如今面對的特殊難題，就在於偽事件在某些層面上與在極權國家稱霸的政治宣傳正好相反。政治宣傳——如希特勒在《我的奮鬥》（*Mein Kampf*）中所制定——是刻意偏頗的消息，其效果主要取決於感性訴求。偽事件是曖昧含糊的真相，政治宣傳則是吸引人的謊言。偽事件能夠興盛昌旺，依賴的是我們由衷渴望獲知消息，想要「所有事實」，想要的甚至比實際存在的事實還要多；而政治宣傳餵養的則是我們想要受到煽動的意願。偽事件訴諸我們接受教育的責任感，政治宣傳訴諸我們接受挑動鼓舞的渴望。政治宣傳用意見取代事實，偽事件則是以「人造事實」間接鼓動民眾。偽事件藉由提供「事實性」基礎來讓民眾據以形成觀點，政治宣傳則是藉由明確代替民眾做出判斷來直接鼓動民眾。

在極權主義社會，所有人都被懷有特定目的的謊言淹沒，真正的事實當然會遭到曲解，但呈現出來的解讀本身並非曖昧不明。政治宣傳的謊言會被當成「真相」宣揚，目的是引導民眾相信「真相」比實際上更加簡單易懂。「所以說政治宣傳的目的，」希特勒解釋道，「不是持續為少數百無聊賴的小雇主帶來有趣的變化，而是要去說服，意思就是要去說服大眾。然而大眾有惰性，他們總是需要一段時間作好準備，然後才會注意到某件事，接著他們的記憶裡就只會留下已重複上千次的那些最簡單的概念。」但在我們的社會，偽事件讓簡單的事實看起來好像比實際上更加隱晦微妙、曖昧不明，更沒有真憑實據。政治宣傳將經驗過度簡化，而偽事件將經驗變得過度複雜。

起初，偽事件的興起似乎與新聞專業倫理的發展有所矛盾，因為這種職業道德要求新聞工作者自律，不在報導敘述中加入意見評論或個人判斷。但正是在製造偽事件的過程中，現今新聞工作者找到了得以發揮獨特性和想像力的廣闊空間。

在像我們這樣的民主社會之中——尤其是在識字率高、富裕優渥、競爭激烈且科技進步的社會裡——人民可能會被偽事件淹沒。對我們來說，言論自由、新聞自由與通訊傳播自由也含括製造偽事件的自由。相互競爭的政治人物、新聞工作者和各家新聞媒體，全都參與了這場製造偽事件大賽。他們互相比拚較勁，搶著提供關於這個世界最迷人且「資訊豐富」的敘述和影像。他們可以根據事實推論，催生出新的事實，再要求要有人回答他們自己編造的問題，這是他們的自由。在我們的「意見自由市場」（free market place of ideas），大眾會面對相互競爭的偽事件，而且可以評判這些偽事件，這才是我們講到讓大眾「知情」時真正想表達的意思。

五

亞伯拉罕．林肯（Abraham Lincoln）有一句家喻戶曉的名言：「你也許可以愚弄所有人一時，甚至可能永遠愚弄某些人，但你沒辦法永遠愚弄所有人。」一直到最近，我們仍有理由相信林肯的話合情合理。這句話一直是美國民主的基本信念。這句富有感染力的名言是基於兩項根本的假設。第一，在虛假與真實之間，煽動家想要我們相信謊話與始終存在的真相之間，有著清楚可見的區別。第二，民眾通常偏好真實勝於虛假，如果要在簡單的真相和精心編造的假象之中擇一，他們會偏好真相。

以上兩項假設已與事實不再相符。不是因為民眾變得比較不聰明或不誠實，而是因為意料之外的劇烈轉變——美國文明的大幅進步，造成現實的邊界趨於模糊。那些淹沒我們意識的偽事件，已經不再是過去大家熟悉意義上的真實或虛假。美國各方面的進步既讓偽事件得以發生，也使得這些精心設計、假造或歪曲的形象比現實本身更加生動鮮活，更有魅力，更令人印象深刻，也更有說服力。

我們不能說我們被愚弄了。如果說我們「獲知資訊」，也不能說不正確。這個曖昧不明的世界，正是那些相信自己正在教導我們的人、那些最優秀的公僕創造的，而我們也和他們同心協力。我們的問題比較難解決，是因為製造問題的並非煽動家或騙子，也不是抱有陰謀詭計或有什麼邪惡目的，而是由一群勤懇認真、從事正當工作的人所推動。以優良效率大量製造各種偽事件——無論是以黑白、彩色、文字及其他成百上千種形式包裝——是我們整個社會機器運作的產物，是懷著善意的人每天的產品。一定要提供消息給媒體！一定要讓民眾知情！因此，對於「更多資訊」的需求大多數都是誤導性的。只要我們將資訊定義為得悉偽事件，「更多資訊」就只會造成更多症狀，而疾病永遠都治不好。

於是，美國公民生活在一個幻想比現實更真實、形象比原始實體更尊貴的世界。我們幾乎不敢面對自己的迷茫錯亂，因為曖昧不明的經驗令我們目眩神迷、陶醉不已，而相信假造現實帶來的慰藉是如此真實。我們已經成為時代大騙局的熱心幫凶，設下的騙局就是要來騙我們自己。

偽事件就本質而言，通常比自然發生的事件更加有趣迷人。因此在現今美國的公共生活中，偽事件通常會占據我們的意識，排擠其他各種事件或至少讓它們相形失色。認真的知情公民很少會注意到，他們對於自然發生事件的經驗已經遭到偽事件掩蓋。然而現今，愈是努力想要「獲知資訊」成為知情者，他們的經驗也就愈容易遭到偽事件掩蓋。

在一九二二年問世至今已成經典著作的《民意》（*Public Opinion*）中，沃爾特・李普曼（Walter Lippmann）首先區隔「外在世界與我們心中的印象」。他對「刻板印象」（stereotype）加以定義，視為一種能夠幫助在我們在世界上找尋意義的過度簡化模式。接著他舉了數個粗略的例子說明好幾大群很不一樣的人「在我們心中的刻板印象」，像是「德國人」、「南歐人」、「黑人」、「哈佛校友」、「滋事者」等等。李普曼說明，刻板印象看似讓混亂無序的日常經驗看起來確定一致，藉此滿足了我們的需求，幫助我們維護自己的偏見。當然，某方面來說，刻板印象——對某個種族、某國人或某個宗教團體過度簡化卻很好懂的形象——僅僅是偽事件的又一例。然而，一般而言，刻板印象比較接近政治宣傳，因為它們傾向簡化而非複雜化。刻板印象以一種感性上令人滿足的方式，將經驗加以窄化限制；而偽事件則是以一種有趣的方式將經驗戲劇化和裝飾美化。這一點就讓偽事件顯得更為誘人，在知識層面上不僅更站得住腳，也更為複雜且引人入勝。揭開刻板印象是如何造成——揭露政治宣傳的來源——就能減損刻板印象的可信程度。但揭露偽事件是如何安排布置的資訊，反而會讓偽事件更具吸引力。

李普曼對於刻板印象的敘述在那個年代很有幫助，但偽事件在他寫書的年代還未成氣候。新聞攝影（photographic journalism）當時仍在萌芽階段，世界影像庫（Wide World Photos）甫由《紐約時報》於一九一九年成立。第一張引起大眾注意的有線電傳真照片由美國電話電報公司（American Telephone and Telegraph Company）於一九二四年傳送至《紐約時報》，是克里夫蘭的共和黨全國代表大會正式提名卡爾文・柯立芝（Calvin Coolidge）為總統候選人的現場照片。美聯社於一九二八年開辦「圖片服務」（Picture Service）。第一本廣為流通的圖文新聞週刊《生活》雜誌（*Life*）於一九三六年創刊，發行量在一年內達到一百萬份，兩年內成長至兩百萬份。繼之而起的《展望》雜誌（*Look*）則於一九三七年創刊。直到一九一〇年，美國才開始仿效製作由法國百代電影公司（Pathé）首創的新聞短片。李普曼於一九二二年寫書時，廣播還未用於向消費者播放新聞，電視更是聞所未聞。

近年來，新聞媒體的數量和規模不斷增長，各家新聞報導都在比速度和生動程度，再加上大眾對新聞的渴望日益強烈，以致李普曼對於刻板印象的分析固然精闢，在現今卻成了一個比較單純年代留下的遺緒。原因在於，刻板印象讓經驗變得易於理解，但偽事件會讓經驗變得難以捉摸，同時又帶來新奇和滿足感。威爾．厄文（Will Irwin）於一九一一年為《科利爾週刊》（*Collier's*）撰文，形容大眾在新時代對於新聞的需求不斷增加，是「原初心智匱乏在不斷渴求，有如身體的飢餓感」。對新聞的狂熱，是一種期望大到遠遠超越自然界能滿足程度之下的症狀。這種狂熱只有人造產品能夠滿足，它會激發一種不理性且無差別的飢渴感，渴求更絢麗、更多變的東西。刻板印象從以前就存在，以後也會一直存在，但它們只會將吸收資訊的感受變得麻木遲鈍，與吸鴉片無異；偽事件則會刺激胃口，在滿足大眾需求的同時又激起大眾對更多新聞的渴望。

在偽事件時代讓我們迷茫困惑的，與其說是以人為方式簡化，不如說是以人為方式將經驗複雜化。如果在民眾的腦海裡，有屬於相同領域的偽事件和自然發生事件爭搶注意力，偽事件通常會占上風。與電視螢幕上的事件相較，在鏡頭以外發生的事件相形失色。當然，在此我關注的不是個人的世界，而是公共事務的世界。

以下列舉一些偽事件的特徵，這些特徵使自然發生的事件相形失色：

（一）偽事件更有戲劇張力。比起候選人偶然碰頭，或各自安排好接連上場的正式演講，電視辯論會可以安排得更緊張刺激（例如，將一些問題留待伺機提問）。

（二）偽事件是為了向大眾散播而特別設計的，本身即易於散播，而且能打造得精采生動。參與者皆經過挑選，具有新聞價值和戲劇化的趣味。

（三）偽事件可以任意重複搬演，藉此加深留給大眾的印象。

（四）製造偽事件需要花錢；因此有人會想要將偽事件當成值得觀看或相信的事件來傳播、放大、宣傳和頌揚。所以偽事件會預先宣傳，為了確保錢花得值得也會重新搬演。

（五）偽事件是為了易於理解而設計的，因此更清楚好懂，也比較令人安心。即便無法明智地討論候選人是否具備資格或探討複雜的議題，我們至少可以評判一場電視節目表演的效果。能夠多少弄懂一點政治的事，感覺好安心！

（六）偽事件比較親民且容易成為話題，也比較方便見證。偽事件的發生，是為了我們的方便而安排的。報紙週日版會在我們懶洋洋的早晨送到；電視節目則會在我們端好一杯啤酒的時候播放。隔天早上進了辦公室，最熱門的話題會是傑克．帕爾（**Jack Paar**）（或其他任何明星）的固定時段深夜脫口秀節目內容，不會是某個好不容易搶到新聞版面的突發事件。

（七）得悉偽事件——知道報導了什麼事件，或是做了何種布置以及如何安排——成了是否獲知資訊或「知情」的考驗。新聞雜誌定期提供一些小測驗，要考的不是發生了什麼事件，而是「新聞裡的名字」，也就是考新聞雜誌報導了什麼。偽事件開始提供「共通話語」，正是我的一些老派朋友一直希望能在經典巨著（Great Books）裡讀到的。

（八）最後，由偽事件孳生的其他偽事件會以等比級數增加。偽事件占據了我們的腦海，理由很簡單，因為偽事件多到難以計數，而且愈來愈多。

美國的公共生活於是有了新的格雷欣定律（Gresham's law），或稱為劣幣驅逐良幣定律——自然發生的事件通常會被偽事件排擠以至被驅逐出流通範圍。美國總統一職的權力和威望之所以增加，除了因為其職務權力的擴張和快速決策的需求，還歸因於新聞採集和報導的集中化，以及華府記者團的陣容日漸龐大。總統與偽事件的世界之間，接觸管道比起從前任何時候都更為便捷、頻繁且集中。國會調查委員會為何在近年聲勢大漲，其中道理也類似。

在很多情況下，這些委員會基本上沒有立法的動機，有時甚至沒有與立法相關的任務。但是委員會確實掌握一種幾乎前所未見的製造新聞的權力，在現今的聯邦政府除了總統以外，沒有其他人擁有同樣的權力。記者支持委員會，因為委員會供給養分餵養記者：雙方形成互利共生，皆大歡喜。華府各個機構的權力之爭，成了一場誰能決定公民所接收之政府相關資訊的競賽。藉由製造偽事件，多半能夠輕易獲勝。

要探究偽事件如何居於主宰地位，最近大受歡迎的益智問答節目模式就是絕佳的例子。這種模式能夠吸引觀眾，並不是因為要考驗聰明才智（或裝糊塗技巧），而是因為情境經過精心布置，包括單人隔間、保護獎金的佩槍警衛等等，而且聲稱目的是要讓觀眾獲知資訊。

另一個例子就是一九六〇年總統大選時，將益智問答節目模式應用於舉辦候選人之間的「大選辯論會」。在各家新聞網堂而皇之的浮誇宣傳之下，四場大選辯論無比成功地將重要的國政議題簡化至僅剩瑣碎層面。稱呼大選辯論會為「四十萬大富翁」（獎品：年薪十萬美元的工作，為期四年）或許粗俗，但一點也不為過。四場大選辯論堪稱偽事件的臨床案例，呈現偽事件如何製造、為何吸引人，以及對於美國民主的影響。

從大選辯論會一開始，政治人物與新聞媒體就在混亂的狀況下展開合作。民眾的關注點集中在偽事件本身：燈光、妝髮、辯論規則、能不能帶筆記等等。比起辯論內容，民眾更關心的是表演呈現。大選辯論會後續孳生的偽事件可說不計其數。觀眾看完大選辯論會以後，不僅更熱中閱讀相關報導，並渴望聆聽各個新聞評論員的解讀。針對大選辯論會最可能造成的影響，兩黨代表各自「表述」。為了探究兩黨發言的意思，進一步製播的相關訪談和政論節目多不勝數。透過民調結果，我們接著獲知自己的反應和其他人的反應之間有什麼細微差異。各種推論繁衍增生。就連一個是否應該舉辦第五場辯論的問題，都一度成為熱烈討論的「議題」。

整齣辯論會大戲的重點大多似是而非，或者至少與主要（但遭遺忘）的議題——哪一位候選人最有資格當總統——有著極為曖昧不明的關聯。當然，當一個人站在攝影棚燈光下，手邊沒有筆記，要在兩分半鐘之內回答一個保密到當場才提出的問題時，他所展現的能力好壞，與此人是否真的有資格擔當總統大任，並在幕僚群建議之下對長久存在的公共事務問題做出決策，幾乎沒有任何關聯——即使有，也相當令人存疑。我們歷史上所有偉大總統（或許小羅斯福總統是例外）在這種情境下的表現可能慘不忍睹，但最惡名昭彰的煽動家的表現可能精采絕倫。大選辯論製造出數個令人激動的偽事件——例如金門馬祖議題（Quemoy-Matsu issue）[7]。但這同樣是偽事件的絕佳例子：金門馬祖議題是被特別製造出來加以報導的，涉及的是當時已被擱置的議題。這其實是以最為虛假瑣碎的方式，來解讀一個真正重大而真實的議題——美國與共產中國之間的關係。

電視媒體在許多重要的層面上，形塑了這種新形態的政治益智問答節目。白修德（Theodore H. White）在著作《總統的誕生：一九六〇》（*The Making of the President: 1960*，一九六一）中以大量細節證明了這一點。相比古老的「辯論」一詞，以及昔日「林肯與道格拉斯競選辯論」（Lincoln-Douglas Debates）帶給人的聯想，一九六〇年總統大選辯論會這場競選活動的各方面遠比以前新奇。根據白修德所述，甘迺迪在重要的首場辯論的優勢，在於他其實完全沒有在「辯論」，而是把握機會向全國人民發言；而尼克森則是緊追對手拋出的議題，逐一予以反駁。再者，尼克森苦於一項缺陷，而且只有上電視時特別嚴重：他的膚色蒼白，近乎透明。在一般拍照用的光學投影鏡頭前，這樣的膚色很上相。但電視攝影機鏡頭是運用電子原理投影，所用的「光電顯像管」會有類似X光的效果。電視攝影機鏡頭穿透尼克森蒼白透明的面容，連長在毛囊裡最細小的汗毛（即使剛剛刮完鬍子）都一覽無遺。為了決定性的首場辯論，尼克森臉上塗抹了「懶漢剃鬚粉」（Lazy Shave），但在這種情況下並未發揮任何效果。於是尼克森一臉蒼白憔悴、滿臉鬍渣；相較之下，甘迺迪看起來整潔俐落、爽朗可喜。

美國歷史上藉由辯論重大競選議題來教育選民的絕佳機會毀於一旦，白修德認為主因是媒體的強迫症行為。「電視和廣播節目的本性是痛恨冷場和『空檔』。所有電視和廣播談話性節目都不得不你來我往、快問快答，把所有參賽者當成在打一場智識上的網球賽。所有經驗豐富的新聞工作者和提問人都知道，對於任何有難度的問題，只有經過長時間的停頓，才能得到最深思熟慮且針對問題的答覆，而停頓的時間愈長，回答者的想法也就愈發人深省。儘管如此，停頓時間只要超過五秒，廣電媒體就無法忍受；播出時若出現停頓三十秒的空檔，就漫長得像是沒有盡頭。於是兩名候選人對著鏡頭和人民，只能以你來我往每兩分半鐘拋出一個答案的方式反應，他們根本無法思考。」只要發現腦海中冒出的，是無法在兩分鐘內講完的深刻想法，候選人就會立刻打消念頭，並回到最簡單的話題。最後，電視機前的選民並不是根據他們深思熟慮後探討的議題來

7　譯註：金門馬祖議題是一九六〇年美國總統大選辯論重點之一，甘迺迪認為金門和馬祖對於防衛臺灣的影響不大，尼克森則主張必須保衛金馬。

判斷兩名候選人的高下，而是兩方在面對攝影鏡頭的壓力下相對的能力表現。

偽事件於是造就了偽資格，又是一個自證預言。如果我們透過電視上的益智問答節目考驗總統候選人的才能，當然我們就會選出符合這些資格的總統。在民主國家中，現實通常會順應偽事件。正如自然模仿藝術。

我們百般努力想要公開揭露偽事件，付出的努力卻讓我們大受挫折。每次描述燈光、妝髮、攝影棚布景、排演等等，卻只是讓大眾更感興趣。聽完一名新聞界人士的解讀，就讓我們迫不及待想聽另一個人的說法。聽到一名新聞評論員推論辯論會的影響可能微乎其微，我們就更好奇想知道其他新聞評論員是否抱持不同的意見。

當然，偽事件確實助長了我們對世界有所掌控的虛假幻象，也就是所謂美國人無所不能的幻象。我們開始以為，也許世界上的問題真的可以靠著「陳述」、領袖「峰會」、「聲望」之爭、讓現實為之失色的影音形象及政治益智問答節目來解決。

一旦我們嘗過偽事件的迷人魅力，我們很容易就會相信，只有偽事件才是重要事件。各方面的進步，卻毒害了經驗的源頭。而毒藥如此甜美，讓我們對顯而易見的事實再也提不起興趣。我們擁有看似能滿足自己誇張期望的能力，卻因此忘記這些全是豪奢誇大的期望。

第二章

從英雄到名人：人類偽事件

「他是最偉大的！」——不知名人士發布（變成大家的共識）。

過去半個世紀以來，我們誤導了自己——不僅誤以為世界上有無數新奇事物，對於人類本身偉大不凡的程度也有所誤解。人類的古老願景之一，就是看見偉人閃現神性的光輝。偉人的出現似乎出於常人無法理解的緣由，而成就其偉大的箇中祕密則足屬於神的奧祕。與偉人同世代的常人為了其存在感謝神，就像見到天降甘霖、大峽谷或馬特洪峰（Matterhorn）或遭逢船難時獲救一樣感恩戴德。

然而，自從形象革命發生後，我們對於偉大不凡的概念已經與從前人為不同。兩百年前，當世界上出現一個偉人，民眾會想在他身上找到神的旨意；時至今日，我們會想找他的發言人。有一句耳熟能詳的莎劇台詞將偉人分成三種：生而偉大者，成就偉大功業者，以及被賦予偉大者。莎士比亞從未想到要提到這一種：有些人僱用媒體公關專家和發言人，讓自己看起來很偉大。如今大眾甚至幾乎遺忘「名人堂」（Hall of Fame）以前只是一個比喻，列名者是由難以捉摸的歷史遞嬗過程挑選，而非由獲指派的人成立專門的委員會，選出傳播媒體上最知名的人物。

我們的問題的根源，或者說這些誇大期望的社會源頭，在於讓人獲得名氣的新奇力量。當然，無論古今，「名氣」與「偉大」之間從來就不能畫上等號。但直到晚近，名人和偉人幾乎可說是同樣的一群人。「名氣，」彌爾頓（John Milton）曾寫道，「是激發清朗精神的馬刺，而不是生在俗壤凡土的草木。」除非以某種方式展現出偉大不凡，否則一個人的名字不太可能變得家喻戶曉。他或許如拿破崙一般權勢滔天，如J．P．摩根（J. P. Morgan）一般富可敵國，如聖方濟各（St. Francis）一般德高望重，或如藍鬍子一般罪大惡極。一個人的名聲若是傳遍整個民族，通常具備某種英雄特質；如字典釋義告訴我們的，英雄是「因其英勇表現、品行高貴或壯舉偉業而受到景仰」之人。原型人物是戰爭英雄，因為戰事考驗了品格操守，也為英勇舉動提供了舞台。

在形象革命發生之前，成名通常是以「自然」的方式慢慢為人所知。當然也有一些例外，例如古埃及法老、奧古斯都（Augustus）和沙賈汗（Shah Jahan）這樣的人物，他們在自己的時代大興土木修建紀念建築，以此留名青史。然而，能夠獲得整個民族崇拜景仰的紀念建築工程浩大，絕非一蹴可幾。因此偉人如同名人，其名聲是慢慢傳遍大街小巷，深入人心。偉人的名望一點一滴累積的過程神祕難解，與神主宰人類世世代代的過程一樣神祕。往昔成了偉人的自然棲地。無論哪個時代，上了年紀的人共同的哀嘆，不外乎偉人英雄已然過時。

所以大眾一直相信，如《創世紀》（Genesis）中所稱「那時候有偉人在地上」——指的是大洪水來臨以前的日子。之後每個時代的人都相信，英雄——偉人——大多是前一個時代的人物。在傳世經典《論英雄與英雄崇拜》（*Heroes, Hero-Worship, and the Heroic in History*；一八四一）中，湯瑪斯．卡萊爾（Thomas Carlyle）哀嘆拿破崙是「我們的最後一位偉人！」小亞瑟．史列辛格（Arthur M. Schlesinger, Jr.）於四十歲時（時年一九五八年，與我們同時代）也憂心忡忡地指出，在他年輕時：「偉人似乎主宰了我們的生活，形塑了我們的命運」，而「現今在我們這個狹窄的世界，已無巨人巍然雄據；如今世間已無偉人……」這種偉大衰弱的傳統信念展現了社會上一項很單純的事實：偉大等於名氣，而一夕成名是不可能的事情。

在上個世紀，尤其是一九〇〇年以後，我們似乎發現了打造名氣的過程。現今，至少在美國，一個人的名字有可能在一夜之間家喻戶曉。形象革命突然帶給我們許多東西，其中就包括打造名氣的手段。我們發現自己（電視和電影觀眾、廣播聽眾及報章雜誌讀者）以及為我們服務的人（廣播電視節目和電影製播者、報章雜誌編輯與廣告文案寫手）能夠很快、很有效地賦予一個人「名氣」，於是我們心甘情願讓自己被誤導，相信名氣——廣為大眾所知——仍然是偉人的典型特徵。有了在自己腦中塞滿愈來愈多「響亮大名」（big names）的力量之後，我們對於「大人物」（Big Names）的需求與日俱增，也更樂意將「知名人物」與「偉大人物」混為一談。於是我們再次將力量錯認為必需品，讓我們的世界充斥著人為打造的名氣。

當然，我們並不想相信自己將欽佩景仰之情，投注在一個大部分為人造的產品之上。在製造出名人，又在無可奈何之下讓名人成為我們的注目焦點、引領大眾注意力的指路明燈之後，我們很容易就會相信，名人絕對不是人為打造，而是不知怎麼的仍然是天選英雄，只是如今渾身充滿神奇的現代豪奢之氣。

關於偉人的民間傳說一直流傳至今。我們仍然相信席德尼・史密斯（Sydney Smith）於十九世紀初寫下的：「偉人讓整個民族與有榮焉，讓所有同時代的人歡欣振奮。」我們也贊同卡萊爾所說：「渺小，最悲哀的證明莫過於不相信偉大的人物……難道每個真正的人不會感覺到，通過對真正高於自己的事物表達敬意，他自己也變得更高尚嗎？」[1]無論講道台上的宣講、國會裡的發言、電視螢幕或報紙社論，仍一再告訴我們，所有偉人的人生「都在提醒我們可以讓人生變得更高尚偉大。」即使在充滿質疑困惑的二十世紀，當道德本身也聲名狼藉，我們仍然竭盡全力相信人類的偉大。比起明確的道德訓誨，人類楷模更生動鮮活，也更有說服力。憤世嫉俗者和知識分子看到各種道德論就會立刻提出質疑，但不會輕易質疑英雄的偉大。不可知論者和無神論者也許會否認神的存在，但卻很少否認偉大不可知論者和無神論者的神性。

雖然崇拜英雄的民間傳說、對英雄的熱切尋索，以及從崇敬英雄中獲得的樂趣持續存在，但英雄本身卻在消解。除了極少數例外，我們認知中無數家喻戶曉的知名人物，絕對稱不上是英雄，只是人造的新產品——形象革命的產品，用來因應我們的誇大期望。我們愈是輕易製造出知名人物，知名人物的數量愈多，他們就愈不值得我們崇拜景仰。我們可以製造名氣，可以任意（不過通常要付出可觀代價）將一個男人或女人變得遠近馳名；但是我們沒辦法讓一個人變成偉人。我們可以製造出名人，但是永遠製造不出英雄。就如今幾乎遭人遺忘的意義而言，所有英雄都是自創自造。

名人崇拜與英雄崇拜不應混為一談。但我們每天都會混淆兩者，而且這麼做有著莫大風險，我們很可能讓自己失去所有堪為表率的真正楷模。有些男人和女人不是因為有名才看起來偉大，而是因為偉大而有名，但我們卻忽視了他們。我們愈來愈傾向將名氣一律貶抑為惡名。

過去半個世紀，舊有的英雄人物楷模被打破，新的楷模被製造出來。其實新的楷模根本是在我們要求下製造出來的，可銷售的人物楷模——現代「英雄」——可以大量生產並滿足市場需求，過程順利無礙。現今一個男人或女人往往具備某些特徵，才能成為「可向全國宣傳」的品牌，而這些特徵實際上是新出現的一種人的空虛感。形塑這種新楷模的，並不是我們熟悉的那一套道德觀，甚至不是以前我們熟悉的現實。這一切究竟是如何發生？

1　譯註：此句引自湯瑪斯．卡萊爾著，洪世民譯，《英雄與英雄崇拜》（商周出版，二〇二三）。

一

傳統的英雄類型含括形形色色的人物，包括摩西（Moses）、奧德修斯（Ulysses）、伊尼亞斯（Aeneas）、耶穌、凱撒（Caesar）、穆罕默德（Mohammed）、聖女貞德（Joan of Arc）、莎士比亞、喬治．華盛頓（Washington）、拿破崙和林肯。依據我們的目的，可將英雄定義為在某方面成就偉大功業的人物（歷史上真有其人，或虛構人物，或兩者兼是），如此定義已經足夠。換言之，英雄是有著偉大成就的男人或女人。

當然，這樣的人物依然存在。但是，如果調查一下全國人民心目中的眾多偉大人物——無論是在幾乎全世界的人或所有美國人腦海中，神奇地同時浮現的所有偉人——如今我們會發現，屬於老派楷模的那些真正的英雄人物，所占的比例遠比從前來得低。這背後有許多原因。

首先，民主思想的發展以及關於人類行為的科學新發現，不免讓過往觀念中的英雄人物光環漸褪。大眾相信一般人有能力自治，也因此對於人人平等抱持熱情，隨之而來的則是不再相信個人的英勇偉大，或至少有所懷疑。對於一個民主的民族來說，憂心群眾將領導者奉為品德超群的完人，或將整個民族的成功一味歸功於領導者，都是很合理的擔憂。在墨索里尼主義、希特勒主義、史達林主義及其他各種極權主義於二十世紀陸續興起之下，任何輕信「偉大領袖」力量的民族所陷入的危險處境更是令人怵目驚心。由於我們這個時代看到的暴政，是以領袖（the

Duce）、元首（the Fuhrer）、無所不知且品德高尚的政委（Commissar）或無產階級的獨裁專政之名蓬勃發展，以至於我們甚至誤信，若要維繫民主制度，就絕不能有偉大領袖。

然而，早在希特勒或史達林的年代之前，對於英雄人物的狂熱崇拜之中，就帶著一絲對民主的輕蔑。自柏拉圖以降至卡萊爾，往往將英雄崇拜視為一種反民主教條。貴族階級，即使是大不列顛王國（Great Britain）現存最溫文衰頹的一批貴族，皆自然而然偏好崇奉英雄。一個人如果習慣了王室、女王及上議院（House of Lords）的存在，向任何具體展現的偉大不凡屈膝下跪時，就比較不容易察覺自己遭到貶低。無論何種形式的政府，依賴的是大眾相信一些閃現神性光輝的天選之人；但是，如此具有領袖魅力的存在卻令美國民主窘迫難安。軍閥、半神和獨裁者，都讓我們心生恐懼。如果說我們的偉人沒有其他民族那麼多，也許是因為我們不想要，或不容許自己擁有那麼多。美國人最景仰的民族英雄如班傑明・富蘭克林（Benjamin Franklin）、華盛頓和林肯，一般都認為他們具備「平易近人」的特質。我們尊敬他們，不是因為他們擁有領袖魅力、天賜神恩，或某項上帝賦予的美德或才能，而是因為他們具體展現平常的美德。我們景仰他們，不是因為他們彰顯了神性，而是因為他們彰顯並提升了自己。

這些民主思想持續普及，民選政府也在美國蓬勃昌旺；另一方面，社會科學的發展給了我們更多的理由對英雄持懷疑態度，並對英雄的偉大本質予以繁複全面的考量。如今我們將英雄視為所有社會的普遍現象。近年曾任皇家人類學會（Royal Anthropological Institute）理事長的拉格蘭爵士（Lord Raglan）於《英雄》（*The Hero*，一九三六）一書中告訴我們：「傳統從來不是歷史性的。」他檢視數名鼎鼎大名的傳統英雄之後作出結論：「沒有任何正當理由能讓人相信這些英雄是真實存在的人，或他們的事蹟有任何歷史根據……這些英雄，即便真的是傳統的英雄，他們最初並不是凡人，而是神祇……他們的故事記述的並非事實，而是儀式——亦即神話。」或者喬瑟夫·坎伯（Joseph Campbell）也在《千面英雄》（*The Hero with a Thousand Faces*，一九四九）一書中告訴我們，所有英雄——不論東方或西方，遠古、古代或現代——皆是「為了我們喬裝改扮成宗教和神話人物的真理」的不同形式表現。坎伯依循佛洛伊德（Freud）的理論，說明所有英雄都是偉大「單一神話」（monomyth）的具體呈現。所有的英雄旅程都可分成以下數個階段：（一）分離或啟程；（二）啟蒙之試煉與勝利；（三）回歸並與社會重新結合。如今，我們究竟將英雄視為一種普遍的謊言，還是一種普遍的真理，都已經無關緊要。無論如何，現在我們從自身中抽離。我們將偉大不凡看成虛假幻象；或者，要是偉大不凡確實存在，我們就疑心自己摸透了箇中祕密。從前我們景仰體現偉大不凡的歷史人物，如今想到以前的景仰之情，我們心中只有看破一切的幻滅失望。

就如同現今在開明的基督教會和猶太會堂中，《聖經》被廣泛視為一部彙編記錄過時民間信仰的文件；儘管如此，它依然因其能帶來「精神啟迪」並具備「文學價值」而受到重視——民俗英雄也是同理。我們不再天真地以為英雄冠絕群倫。對於自己對所有偉大不凡楷模的景仰之情，我們開始有了自覺。雖然不明就裡，但我們知道英雄其實不是他們看起來的樣子，他們只是單純示範了社會的虛假幻象法則。

「科學的」批判史（critical history）及隨侍在側的批判性傳記（critical biography）的興起，也產生同樣的效應。反觀日本，由於禁止任何批判性傳記以天皇為題材，天皇的神格得以保留。即使是推動明治維新和日本現代化的明治天皇（Meiji Emperor），雖然寫了鉅細靡遺的日記，留有許多會令西方傳記作家大喜過望的素材，迄今仍未見任何詳實描摹天皇本人的著述。而在美國，直到二十世紀，有不少公眾人物的傳記是由景仰他們的人執筆。這類傳記通常是紀念文辭，緬懷傳主與作傳者的友誼、為家庭奉獻或忠貞愛國之情。從前即使是較優秀的傳記作品，也不外乎此類。老亨利・卡伯特・洛奇（Henry Cabot Lodge, Sr.）為亞歷山大・漢彌爾頓（Alexander Hamilton）作傳；艾伯特・貝佛里奇（Albert J. Beveridge）記述了約翰・馬歇爾（John Marshall）的生平事蹟；道格拉斯・紹索爾・佛里曼（Douglas Southall Freeman）寫下「李將軍」羅伯特・李（Robert E. Lee）輝煌的一生；而卡爾・桑德堡（Carl Sandburg）為林肯所作的傳記無異於立下紀念碑。如今情況大為不同。原因之一是專門揭露真面目的新興傳記流派興起（代表作包括凡・維克・布魯克斯〔Van Wyck Brooks〕的《馬克・吐溫傳》〔*Mark Twain*；一九二〇〕和《亨利・詹姆斯傳》〔*Henry James*；一九二五〕，以及伍德沃德（W. E. Woodward）的《喬治　華盛頓傳》〔*George Washington*；一九二六〕和《格蘭特將軍傳》〔*General Grant*；一九二八〕），這些作品在偏激狹隘的一九二〇年代蔚為風行。美國史於二十世紀初期成為學術界認可的研究專長，隨之湧現新一波傳記書寫風潮，其中只有極少數是基於個人仰慕之情而執筆立傳。他們多半只是做研究的學者，單純運使他們的工具，最後的結果就順其自然。於是，我們對於民族英雄的了解無比深入，遠遠超過前幾個世代的人願意達到的程度。

同時，卡爾・馬克思（Karl Marx）思想帶來的影響、經濟決定論的興起，以及經濟史和社會史相關知識的開展累積，加上社會上的各種力量逐漸獲得重視，個別領袖不再顯得那麼重要。如今我們聽到的是，創建殖民地的「朝聖先輩」（Pilgrim Fathers）只是躁動不安的中產階級的代表，他們的思想彰顯了新興的「基督新教倫理」（Protestant Ethic），而新教倫理正是預示現代資本主義來臨的真先知。查爾斯・比爾德（Charles A. Beard）等人皆曾指出，「制憲之父」（Founding Fathers of the Constitution）不過是特定資產利益的代言人。崛起的西部可以有許多代表人物，安德魯・傑克森（Andrew Jackson）僅僅是其中之一。英雄不再是人，而是「邊疆」（the Frontier）本身。各種「主義」、「力量」和「階級」昭示著，在我們的歷史文獻中，英雄已死。

在心理學和社會學的嚴厲檢視之下，英雄人物的英勇特質消解破滅，成了揉雜社會環境影響和心理適應不良的一團混沌。例如激進廢奴主義者、麻薩諸塞州參議員查爾斯・索姆奈（Charles Sumner），曾因其激烈主張而遭南卡羅萊納州眾議員普雷斯頓・布魯克斯（Preston S. Brooks）以拐杖重擊頭部，堪稱代表北方主張的烈士。然而，根據歷史學家大衛・唐諾（David Donald）於一九六〇年出版的傑出傳記，索姆奈的高貴形象蕩然無存。他被描繪為一位努力逃離不幸青春的難民。他的雄心壯志在如今看來，似乎源於他在年少時作為私生子及麻州劍橋社會的邊緣人而生的不安全感。他晚年堅守的原則（以及遭到痛毆後有數個月拒絕出席參議院會議的舉動）所代表的，也不再是革命志士的真摯熱情。亨利・魏茲渥斯・朗費羅（Henry Wadsworth Longfellow）曾作詩頌讚索姆奈：

偉人故去已久，
物換星移幾度，
留下榮光依舊，
照亮後人路途。

然而如今在大衛・唐諾嚴謹專業的字句中，索姆奈晚年的行為成了一種「創傷後壓力症候群」（post-traumatic syndrome）。

到了二十世紀中葉的數十年，英雄在虛構作品中幾乎消失不存。所有嚴肅作品的主要人物都比較像是受害者。不論是田納西・威廉斯（Tennessee Williams）或亞瑟・米勒（Arthur Miller）

的劇作，厄內斯特．海明威（Ernest Hemingway）、威廉．福克納（William Faulkner）或約翰．奧哈拉（John O'Hara）的小說，主要角色皆是因外在環境而受苦受難的人物。面對現今試圖召喚人類偉大不凡的種種努力，就連小說家的想像力也拙於應對。

如今每個美國人不分老少，所見所聞的姓名、面孔和嗓音之多，遠遠超過從前任何一個時代或其他國家的人民。報紙、雜誌、郵遞報章雜誌（second-class mail）、書籍、廣播節目、電視節目、電話、留聲機唱片——無數媒介乘載成千上萬的姓名、人物或人物的軼聞瑣事送到我們面前。我們的腦海中永遠塞了太多人物，英雄在心目中的重要性逐年遞減。報章雜誌讀者和廣播電視觀眾如今不僅可以看到總統、第一夫人和他們的家人的臉孔，聽到他們的嗓音，也能看到和聽到內閣部會首長、次長、參議員、眾議員以及他們各自妻小的臉孔和嗓音。國民教育程度的提升，加上新近發生的事件最受高度重視，造成大眾腦海中的印象漸漸淡化。當我們漸漸不再以書籍為獲取資訊最主要的管道，那些如巨人般的英雄人物如今就只是成千上萬名字中的其中一個。隨著情況加劇，英雄就如同自然發生的事件，迷失在擁擠壅塞的偽事件之中。

二

於是，歷史上的英雄如今在我們眼前破滅，或逐漸湮沒，消失在我們的視線範圍。我們發現要找到能取代舊英雄的新英雄愈來愈難，或許只有戰爭時期例外。

我們的科學、科技和社會科學突飛猛進的同時，也為我們自己帶來出乎意料的阻礙。現今這個時代的偉業壯舉，是在**我們無法理解的邊疆**達成。從前的英雄偉業大多發生在戰場或個人之間的決鬥場上，所有人都明白他們的英勇或偉大行為。不論是烈士激起的景仰之情，或藍鬍子引發的驚恐懼怖，都很容易理解。偉大的成就如果是發明白熾燈泡、蒸汽引擎、電報機或汽車，所有人都能理解該位偉人的成就為何。但這一點已不再適用。現今的偉業壯舉發生在實驗室，圍繞著迴旋加速器（cyclotron）和β加速器（betatron），這些儀器的名稱本身就是科學奧祕的熱門代名詞。即使是最為劇力萬鈞、大張旗鼓宣傳的太空探險行動，也幾乎位於我們理解範圍的邊緣。當然仍有一些罕見的例外，例如史懷哲博士（Dr. Albert Schweitzer）或湯瑪斯．杜里醫師（Dr. Tom Dooley），我們可以理解他們的偉大之處。但這些例外也說明了，如今大眾能夠理解的偉業壯舉，幾乎專屬於聖人型或烈士型的英雄。數千年來，聖人和烈士的領域並沒有太大進展。在科學、科技和社會科學等人類持續進展的數個廣大領域，二十世紀的英勇開創者孜孜不倦，埋首於大眾所能理解極限之外的晦蒙。某種程度上，確實一直如此：大思想家的深奧思想，外行民眾之中僅有極少人能得一知半解——但從未像今天這樣極端。

儘管有聰穎認真的記者不遺餘力投入科學報導（現已成為一門專業），我們的發明家和發現者仍舊處在半陰影區。當科技不斷進步，國民教育追之不及，每過十年就落後更多。艾薩克・牛頓爵士（Sir Isaac Newton）的《自然哲學的數學原理》（*Philosophioe Naturalis Principia Mathematica*）曾被簡化為「眾位淑女紳士」得以一窺堂奧的簡易觀念，因此受到歡迎。然而，就算只是講個粗淺大略，有多少講師能夠解說愛因斯坦（Einstein）的相對論？現今能吸引我們的，主要是各種新發現的箇中奧祕。我們的想像力著重在種種神奇的可能性，但不會為求甚解而殫精慮竭。不用真的了解尤里・加加林（Yuri Gagarin）和艾倫・雪帕德（Alan Shepard）的航程代表的意義，我們也能為他們成功進入太空歡呼。

不只科學，其他領域的最新發展也漸趨晦澀難懂。佛羅倫斯大多數的藝術愛好者，可能都能領略契馬布埃（Cimabue）或喬托（Giotto）畫作之美。但如今，又有多少紐約人看得懂傑克遜・波洛克（Jackson Pollock）或羅斯科（Rothko）的畫作？

我們奉為偶像的作家著作也很深奧難懂。有多少人讀詹姆斯・喬伊斯（James Joyce）的《尤利西斯》（*Ulysses*）或《芬尼根守靈》（*Finnegans Wake*）不會讀得一頭霧水？幾乎所有受過教育的讀者，讀了我們最推崇的文人著作仍是似懂非懂。有多少人能讀懂艾略特（T. S. Eliot）、威廉・福克納，或是聖約翰・佩斯（St. John Perse）或薩瓦多雷・夸西莫多（Salvatore Quasimodo）的詩作？偉大的藝術家在我們難以繪出的地景上奮戰，用的是我們難以理解的武器，與我們覺得不真實的敵人對抗。我們要如何將他們奉為英雄？

科學、文學與社會科學領域愈來愈多團隊合作的成果，我們也愈來愈難區別出值得欽佩景仰的個別英雄人物。第一次核連鎖反應（使原子彈與核能成為可能）的成功產生，是由 個分散各地的龐大組織合力完成。誰是完成這項偉業的英雄？是愛因斯坦嗎？如果沒有他的大膽理論，就不可能有後續的發展；或是格羅夫斯將軍（General Groves）？或是恩里科．費米（Enrico Fermi）？社會科學領域的研究也成了多人合作的計畫：探討黑人與美國民主的巨著《美國的困境》（*An American Dilemma*）結合了數十項個別學者或多人團隊的研究成果，經費則是由卡內基公司（Carnegie Corporation）贊助；貢納爾．默達爾（Gunnar Myrdal）是這項研究計畫的主持者和該書主要作者，扮演類似大企業董事長的角色。現今美國社會上觸及人數最多的文字作品是廣告文案和政治講稿，兩者在一般認知中都是集體作品。競選演說內容可圈可點的候選人人受推崇，是因為他具備行政管理的長才，麾下聚集了一群優秀的講稿寫手。我們在閱讀公眾人物的著作時，即使是自傳和最私密的回憶錄，都免不了感受到代筆作家的影響。

一言以蔽之，我們看到如今在美國，「民俗」或「民間」（folk）式微，「大眾」（mass）興起。雖然通常不識字的民間百姓本身未曾意識到，但他們自有獨樹一格的創意。典型的民俗產品是口耳相傳的民間傳說，以及藉由動作和樂曲來傳承的民俗舞蹈與歌謠。民俗表現的是自身。民俗產品是一種聲音，至今仍有學者、古文物研究者和愛國愛鄉人士致力蒐集。但是在我們這個大眾媒體與大量發行的世界，「大眾」是箭靶而非箭頭，是耳朵而非聲音。大眾是其他人想要觸及的目標——途徑可能是印刷品、照片、影像或聲音。民間創造英雄，而大眾只能張望和打聽英雄何在。大眾在等待有誰來展示給他們看，講給他們聽。我們的社會固然與蘇聯所謂「群眾」（masses）的概念並無關聯，但仍受到我們自己對大眾的概念所主宰。民間創造出的世界自成天地，那裡有巨人和矮人，有魔法師和巫婆。大眾則生活在一個充滿偽事件的奇幻世界，與前者大異其趣。觸及大眾的文字和影像，為大眾召喚出這些大人物，但在過程中也讓大眾對他們的幻想破滅。

三

我們的時代孕育出一種新形態的超群出眾者。這種超群出眾者是我們的文化和這個世紀所專屬，就如同西元前六世紀的希臘眾神，或是中世紀的騎士精神和宮廷愛情。超群出眾者還未將英雄、聖人或烈士完全逐出我們的腦海，但每隔十年，都讓英雄、聖人或烈士相形之下更顯失色。所有傳統的偉大形式，如今只能在這種新形態的陰影底下苟延殘喘。這種新的超群出眾者是「名人」（celebrity）。

「celebrity」源自拉丁文中意指「眾多」或「名聲」的「celebritas」，以及意為「時常造訪」、「人口眾多」、「知名」的「celeber」；此字原本指的不是人，而是一種狀態——如《牛津英語詞典》（*Oxford English Dictionary*）中的釋義：「廣為人所討論的狀態；名聲遠播或惡名昭彰」，這種用法最早可追溯至十七世紀初。即使在從前，「celebrity」的意思仍不及「fame」（名聲）或「renown」（著稱）那麼強烈。例如十九世紀的馬修・阿諾德（Matthew Arnold）曾描述哲學家史賓諾莎（Spinoza）的追隨者「廣為人知」（celebrity），而史賓諾莎本人則「有名望」（fame）。

然而對我們來說，「celebrity」主要用來指稱人——「名人」。這種用法主要始自形象革命初期，第一例出現在一八五〇年前後：愛默生（Emerson）於一八四八年述及「時髦多金的名人」。現今美國字典則將此字定義為「著名或廣為大眾所知的人」。

具有獨特現代意義的「名人」不可能存在於更早之前的年代，也不可能存在於形象革命發生之前的美國。**名人是以其名氣知名的人。**

其人的特質——或者說缺乏特質——說明了我們的獨特問題。他既不好，也不壞，既不偉大，也不卑微。他是人類偽事件。他是為了滿足我們對於人類偉大不凡的誇大期望而專門製造出來的。他在道德上是中立的。他不是任何居心叵測、推崇罪惡或虛無的團體打造的產物，而是由嚴守專業倫理、正直勤奮，認真盡責想教育我們、讓我們「知情」的人士所打造。他是由我們所有人共同打造，包括所有樂意讀到他，想要在電視上看到他，購買錄有他嗓音的唱片，以及會和朋友聊到他的人。他與道德的關係，甚至與現實的關係，都相當曖昧不明。他就像艾莉諾・格林（Elinor Glyn）小說裡頭的女人，在描述另一個女人時會說：「她就像艾莉諾・格林小說裡頭的角色。」

厄爾・布萊威爾（Earl Blackwell）和克里夫蘭・艾莫理（Cleveland Amory）編纂的大部頭《名人錄》（*Celebrity Register*，一九五九）收錄了超過兩千兩百個人物的生平事蹟，為「名人」一字提供了考據周全的定義。兩位作者如此說明：「我們自認採用的評判標準比起《社交名流錄》（*Social Register*）、《人名錄》（*Who's Who*）或其他類似書籍更勝一籌。我們的重點在於，就算真的有人關心，要詳列一個人的社會地位也不可能精確無誤；要詳列每個人的成就或價值，不可能完全精確；但是你可以判斷一個人是不是名人——只要將有他出現的所有剪報秤重即可。」《名人錄》依照姓氏開頭字母順序編排：莫提默・艾德勒（Mortimer Adler）後面是波莉・艾德勒（Polly Adler），達賴喇嘛與電視喜劇演員達格瑪（Dagmar）並列，艾森豪總統排在安妮塔・艾格寶（Anita Ekberg）前面，前總統赫伯特・胡佛（Herbert Hoover）排在曾是悲傷情歌歌手的麗比・霍曼（Libby Holman）後面，教宗若望二十三世（Pope John XXIII）前面是帽飾設計師約翰先生（Mr. John），而排在伯特蘭・羅素（Bertrand Russell）後面的是珍・羅素（Jane Russell）。他們全是名人。名人的共通點是名氣，而名氣讓其他一切黯然失色。

廣告行銷的世界證明了名人的市場魅力。這些名人在行話中稱為「大人物」。代言廣告不僅利用名人，也幫忙製造名人。凡是有助於讓知名人物的名號更加響亮的事物，就會自動將該人物的地位升級成名人。藉由「國王陛下指定御用」（By Appointment to His Majesty）的短語來宣揚產品的聲譽，是在十九世紀之前就行之有年的作法，當然也是一種代言推薦的運用。然而，國王當然是一位偉人，擁有豪貴顯赫的出身，握有實際上和象徵性質的無上權力。國王並不是收受酬勞的代言人，而且他很可能非高級產品不用。他不僅僅是名人——因為成為名人的唯一標準就只是「有名氣」。

針對通俗雜誌所刊載傳記文章的研究顯示，這類刊物的編輯（可能還有讀者），在不久之前就已對老派英雄人物失去興趣。他們有興趣的傳記主角，不再是有某種嚴肅成就的著名人士，而是新近打造出來的名人。在一九〇一至一九一四年間五個年份的樣本裡，出現在《週六晚郵報》（*Saturday Evening Post*）及現已停刊的《科利爾週刊》所有傳記文章主角之中，政界、商業界和不同專業人士占了百分之七十四。但在大約一九二二年之後，超過半數的傳記主角來自藝文娛樂界。即使是藝文娛樂界人士，從事嚴肅藝術工作如文學、美術、音樂、舞蹈和戲劇相關人士所占比例逐漸下降，來自輕娛樂、運動以及夜總會表演領域的人士比例則持續攀升（直到近年上升至幾乎百分之百）。在比較早期，例如一戰之前，主流傳記人物包括美國總統、參議員、州長、財政部長、銀行家J・P・摩根、鐵路大亨詹姆斯・希爾（James J. Hill）、航空業先驅人物、魚雷發明人、黑人教育家、移民科學家、歌劇演唱家、著名詩人及大眾小說作家。及至一九四〇年代，拳擊手傑克・強森（Jack Johnson）、克拉克・蓋博（Clark Gable）、鮑比・瓊斯（Bobby Jones）、電影女星布蘭妲・喬伊絲（Brenda Joyce）和布蘭達・馬歇爾（Brenda Marshall）、女鬥牛士康琪塔・辛特隆（Conchita Cintron）、夜總會歌手艾德蕾・莫菲特（Adelaide Moffett）及大猩猩托托（Toto）成為主流。有些分析指出，這種轉變主要顯現了大眾注意力的重心從生產轉移至消費。這種說法過於隱諱。

另一種說法比較簡單，認為資訊機器催生了英雄的替代品——名人，其主要特徵就是有名。在偽事件的民主體制中，只要能上新聞並且持續占據版面，任何人都可以成為名人。藝文娛樂界和體育界人物最有可能廣為大眾所知。如果演員非常成功，他們所扮演的人物反而相形失色。相較於耀眼的喬治·亞利斯、費雯麗（Vivian Leigh）和費斯·帕克（Fess Parker），班傑明·迪斯雷利、郝思嘉（Scarlett O'Hara）和大衛·克羅（Davy Crockett）顯得黯淡無光。他們賣的就是名氣，也最可能有精力充沛的媒體公關持續幫忙他們吸引大眾注意。

報章雜誌讀者不再覺得英雄的人生能帶來啟迪教化，也就不足為奇了。通俗傳記文章提供的可靠資訊少得可憐，因為傳記人物本身就是由媒體虛構假造。他們的人生如果平淡無奇或毫無功業建樹可言，也是意料中事，因為他們不是以高潮迭起的人生或驚人成就而著稱。他們是名人，而他們之所以有名，靠的就是名氣本身。他們是因為惡名在外，才會惡名昭彰。若說這樣令人迷惑或匪夷所思，或者只是套套邏輯，絕不會比我們其餘大部分的經驗更令人迷惑、匪夷所思或陷入套套邏輯。我們的經驗陷入套套邏輯的程度日益加劇——只是不必要地重覆以不同字詞和形象包裝的相同事物。讓我們苦惱的與其說是一種罪惡，不如說是「虛無」。而我們焦慮地用機械裝置以人為方式奮力將之填滿，實際上讓這種空無變得更為空虛。真正值得注意的不只是我們企圖在經驗中填入如此多的空無，還有我們竟能夠為這種空無賦予如此吸引人的多樣性。

我們可以聽見自己奮力拚搏。「他是最棒的！」我們對於名人的描述中，充滿了各種形容詞最高級。在通俗雜誌的傳記文章中，我們讀到某位布林克利醫師（Dr. Brinkley）是「全美知名度最高的醫師」；某位演員是「當今電影圈最幸運的男人」；玲玲馬戲團（Ringling）某位成員「不只是最頂尖的，還是玲玲家族第一位有真本事的馬戲團演員」；某位將軍是「足以媲美愛因斯坦的最傑出數學家之一」；某位專欄作家有一段追求經驗「堪稱古怪之最」；某位政治人物做的是「全世界最刺激的工作」；某位體育選手「聲音最大且無疑最會謾罵」；某位記者是「全國一路走來最為憤恨不平的男人之一」；某位國王的前情婦是「古往今來最不幸的女人之一」。儘管為人物貼上各種「之最」的稱號，內容卻相當普通。如里歐・羅文塔（Leo Lowenthal）所指出，我們想讀到的名人人生只是一份「逆境」和「機遇」的目錄，這些有名的男人和女人只是「經過證實的普通人樣本」。

這些新式「英雄」不再是讓我們心中充滿使命感的外在來源，而是我們挹注自己漫無目的空虛感的容器。他們只不過是我們自己在放大鏡裡的倒影。也因此，這些藝文娛樂界名人的人生無助於拓展我們的視野。占滿我們視野的名人，全是我們早已熟知的男男女女。或者就如《名人錄》廣告所精闢形容，名人就是「從前靠新聞造就名氣，如今自己製造新聞的人物。」名人是由單純的熟知程度所造就，而熟知程度是藉由向大眾宣傳來培養並加強。所以說，名人是套套邏輯最完美的體現：最為大眾所熟知的，就是大眾最熟悉的。

四

英雄以其成就著稱，名人則以其形象或專屬特徵著稱。英雄靠自己的力量打響名號，名人的名號則由媒體創造。英雄是偉大人物；名人的名氣很大。

從前的公眾人物需要一名**私人**祕書擋在他和大眾之間。現今的公眾人物需要一名**公關**發言人，以便讓自己合宜適當地呈現在大眾眼前。在形象革命之前的美國（以及在其他尚未經歷形象革命的國家），凡是背景顯赫、有頭有臉的人士或家族，絕對會避免上新聞。若是一名自認出身名門望族的女性，姓名只應見報三次：出生、結婚以及辭世時。而如今「社會名流」的定義，就是一翻開報紙就會看到名字的那些家族。從前認為真正被譽為英雄的人物，理應具備對名氣不屑一顧的特質。他的力量來自他的品格或成就，不會大肆宣揚。

在美國南方，媒體發展的速度比其他地區緩慢，城市的興起發展也比較晚，鄉村生活仍是主流，名人也出現得比較慢。老派英雄被賦予浪漫化的形象。就這方面以及其他許多方面而言，南方邦聯的李將軍可說是其中一位最後倖存的舊時代美國人物楷模。李將軍有許多特質皆令人景仰，而南方人民最欽佩的莫過於他退出公眾視野。他最為人所稱道的其中一點，就是不曾接受任何報社訪談。他也堅持不撰寫回憶錄。「這樣是在利用弟兄們的鮮血。」他說。較晚近還有一個更顯時代錯置的例子：喬治．馬歇爾將軍（George C. Marshall）；在其他高層將領的受訪內容於報紙上連載的時代，他同樣避免上新聞且拒不撰寫回憶錄。然而在馬歇爾將軍的時代，已鮮少有人認為寡言含蓄是一種擇善固執。作風老派的他不願搶新聞、搏版面，最後卻淪為參議員麥卡錫等人汙衊中傷的受害者。

時勢造英雄——英雄的誕生需要經歷至少一個世代的醞釀期，就如俗話所說「歷經時代的考驗」。英雄既是傳統的締造者，本身也是由傳統所締造。數個世代過去，世人會在他身上發現新的美德，並將新的功勞歸諸於他，英雄於是持續成長。隨著英雄遁入模糊不清的過去，他的英雄光環不但不會褪色，反而會更加耀眼。英雄的臉孔或形貌不需要有著清晰銳利的輪廓，也不需要寫滿註腳的人生。當然世間不可能留有他的照片，而且往往不曾留下任何形式的肖像。上個世紀的人物比當代的人物更有英雄氣概；古典時期人物的英雄氣概是後人所遠遠不及；史前時代人物則具有半神的地位。從某方面來說，英雄總是與古人相提並論。

名人則恰好相反，名人永遠是當代人。英雄是在民間故事、神聖典籍和史書中創生，但名人是流言蜚語、大眾輿論、報章雜誌以及電影電視上稍縱即逝影像的產物。遞嬗的時光創造英雄並確立其地位，但卻摧毀了名人。在一再重覆之中，英雄受造誕生，名人則遭抹滅勾銷。名人在每天的報紙中問世，轉瞬即逝的出身是他的印記，自始至終無法擺脫。

最初製造出名人的機構，長遠而言也無可避免會將名人摧毀。名人因知名度而生，也毀於知名度。報紙製造出名人，又將他抹滅——不是謀殺致死，而是斷絕空氣或養分供應。遭到大眾最徹底遺忘的，莫過於上個世代的名人。這一點說明了報紙為何會出現以「昔日……如今竟……？」為主題的報導，以從前的名人如今沒沒無聞的記述來娛樂大眾。要是有誰刻意提及曾經家喻戶曉，但在過去二、三十年已失去名氣的人，諸如梅・布希（Mae Busch）、威廉・哈特（William S. Hart）或克拉拉・鮑（Clara Bow），保證會引來一陣笑聲。女人一說出知道的名人，就會洩露年紀。

名人的淪落甚至不含任何悲劇成分，不過是重回籍籍無名的普通人地位。依照大家熟悉的亞里斯多德（Aristotle）定義，「悲劇英雄」是自崇高偉大地位墮落的人物，是具有悲劇瑕疵的偉人。悲劇英雄某方面可說是成了自身偉大不凡的受害者。然而，昔日的名人只是被放回符合原本平凡身分地位的普通人，原因並不是他本身有什麼過錯，而是時間本身。

逝去的英雄永垂不朽——隨著時光推移，他反而更加鮮活昂揚；名人即使在世時就已經過氣，成了無關緊要的局外人。最初賦予他虛華榮光的熾熱聚光燈，也會很快就讓他消融殆盡。這種現象在只有報章雜誌能提供版面打知名度的時代就已發生，如今有了一天二十四小時運作毫不懈怠的廣播和電視媒體，更是如此。如今媒體每天都能將名人的聲音和影像送到家家戶戶的客廳，不僅製造名人的速度比從前更快，名人消亡的速度也比從前更快。娛樂圈名人和政治人物皆認知到這一點。富蘭克林．德拉諾．羅斯福總統刻意避免將爐邊談話安排得太過密集，以免國民看多了疲乏厭膩。有些喜劇演員（例如一九五〇年代中葉的傑基．葛里森〔Jackie Gleason〕）發現，每週播出節目時，知名度會很快竄升，也能賺進可觀酬勞，但自己的形象很快就消耗一空。為了延續名人生涯，他們在供應影音形象時就比較節制——從每週一次改為每個月或每兩個月播映一次。

英雄的個性與名人的人格特質之間，還有一種更加細膩幽微的差異。這兩類人物似乎在某些方面會逐漸同化，但同化的方式截然不同。代表偉大不凡的傳統模式英雄，隨著時間推移，通常會變得俗濫乏味。那些最偉大的英雄人物，其面容形貌往往也最為模糊難辨。就如同描繪神的形象時會做的，我們可能會為他們加上鬍鬚，以表示對他們的敬重。然而，我們發現自己很難去想像摩西或耶穌具有其他特殊的臉部特徵。遭到偶像化和普遍化之後，英雄失去了個體性。喬治．華盛頓其實並非個性鮮明特出的人物，而這一點反而有助於他成為民族英雄和美國國父。常愛默生說每個偉大英雄終究會變得大為無趣，或許就是要表達這個意思。成為偉大英雄其實就是從此毫無生氣，成為硬幣或郵票上的一張臉孔，成為吉伯特．史都華（Gilbert Stuart）畫筆下的華盛頓。然而，當代人以及由他們製造出的名人則為個人特質所苦。太過生動活潑、鮮明特出的人，沒辦法整飾成對稱的古希臘雕像。當形象革命的攝影棚燈光打在不同人物的頭臉和身體上，他們的形象會更加鮮明獨特。單是這樣的形象呈現，就讓他們失去成為英雄或半神的資格。

由於具備高尚單純的品德，英雄彼此之間會趨於同化；而名人則是因個人特質的細微差異而能夠區分開來。你若能以個人特質為大眾所知，其實就證明了你是名人。「名人」的同義詞即為「有個性的人」（a personality）。所以藝人最有資格成為名人，因為他們很擅長呈現個人特質中的細微特出之處。所有藝人本質上大同小異，但藝人能夠以高明的技巧成功展現自己與眾不同，諸如善用扭曲表情、手勢姿態、口語用字、腔調聲線等微小細節。我們看到鼻子就能認出是「大鼻子」吉米．杜蘭特（Jimmy "Schnozzola" Durante），最記得鮑伯．霍伯（Bob Hope）臉上那抹笑容、傑克．班尼（Jack Benny）的吝嗇小氣、傑克．帕爾的粗魯無禮、傑基．葛里森走路搖搖擺擺的樣子，和依瑪潔．科卡（Imogene Coca）的劉海。

隨著偽事件如雨後春筍繁茂增生，名人通常也會催生出更多名人。名人會互相頌揚舉薦，彼此拉抬宣傳。他們主要以名氣而知名，單是向大眾宣傳彼此之間沾親帶故，就有助於強化他們的名人形象。名人可說是以某種共生關係相互依存。不論是經常成為另一個名人的笑柄或閒聊的題材，或與另一個名人傳出緋聞、成為另一名人的前妻，或甚至只是遭到另一名人冷落，某個名人都會因此名氣攀升。伊莉莎白．泰勒（Elizabeth Taylor）一直以來名氣不墜，與她本人的表演才華或許比較無關，反而與她和其他名人如尼克．希爾頓（Nick Hilton）、邁克．托德（Mike Todd）和艾迪．費雪（Eddie Fisher）的關係大有關聯。劇作家亞瑟．米勒則是在與瑪麗蓮．夢露（Marilyn Monroe）結婚後，才成為「真」名人。我們讀寫或討論名人時，會將重點放在他們的婚姻性事，以及對於菸酒、服裝、跑車或居家裝潢的品味，因為我們迫切想要在無從區辨的名人之中區分出誰是誰。那些與我們一樣普通的人（只是拜媒體所賜而偶然成為名人），是如何被塑造得看起來比我們更有趣或更大膽？

五

正如同現今的各種偽事件往往讓自然發生的事件相形失色，名人（即人類偽事件）往往會讓英雄黯然失色。名人更具時代性，在全國知名度更高，比較可能有發言人，而且名人的數量遠遠超過英雄。名人消亡的速度很快，但是汰舊換新的速度更快。每年我們遇到的名人數量都比前一年更多。

就如同真實事件通常會套用偽事件的模子來打造，在我們的社會中，英雄也藉由汲取名人的特質才得以倖存。最廣為宣傳的經驗，似乎才是最真正道地的經驗。現今如果有人做出某種英勇舉動，所有公共資訊機器如報紙、教會講壇和廣播電視，很快就會讓此人搖身一變成為名人。如果他們沒能做到，這名準英雄就會消失在大眾的視野裡。

查爾斯．林白（Charles A. Lindbergh）的事業就是相當戲劇化的悲劇案例。他單槍匹馬完成二十世紀最具英雄色彩的偉大壯舉之一，創下堪稱史詩等級的英雄成就。但他卻淪落為一個名人，不再是那些他原本以其壯舉而有資格成為的高尚品德化身。他的人生只剩下虛無，之後就完全銷聲匿跡。這一切究竟是如何發生？

一九二七年五月二十一日，查爾斯・林白獨自駕駛聖路易精神號（*Spirit of St. Louis*）單翼飛機，完成史上首次紐約羅斯福機場（Roosevelt Field）到巴黎勒布爾熱機場（Le Bourget Air Field）的單人不落地橫渡大西洋的航程。這無疑是古典意義上的英雄行為——獨自一人對抗自然天候的英勇壯舉。在那個英雄氣概不存的陰沉十年裡，林白的飛行如同劈下的一道閃電，展現了個人勇氣的光芒。撇開飛行上的傑出成就，林白本人平凡無奇。他在底特律出生，在明尼蘇達州長大，那一年他二十五歲。他既不是偉大發明家，也不是領袖人物。無論智識、口才或巧思創意，他都沒有特別出眾之處。他只是跟那個年代的很多年輕人一樣，是飛行的狂熱愛好者。在空中飛時，他如魚得水，他在飛行領域展現了高超技巧和無匹勇氣，甚至到了魯莽蠻勇的程度。

他是貨真價實的英雄，但這樣還不夠——或者說，也許是過頭了。因為他注定只會被打造成一個名人，他將會成為傑出的美國名人。肯尼斯・戴維斯（Kenneth S. Davis）所著的傳記中，以優美筆法寫出英雄林白的大起大落，所面對的難關和經歷的轉變，以及成為名人後的浮沉起落。

林白自己也預料到，達成壯舉之後會成為新聞人物。在離開紐約之前，他就將該次飛行的獨家新聞賣給《紐約時報》。這名想來應該天真靦腆的男孩飛抵巴黎，於美國駐法大使麥倫・赫瑞克（Myron T. Herrick）的官邸的記者會上立刻面對大批報社記者，但他保持緘默，直到獲得《紐約時報》的代表准許之後才開口。其實他已經向一家剪報（clipping）服務社預訂，他們會蒐集相關剪報後郵寄給他當時在明尼蘇達州教書的母親。不過出於某種異乎尋常的先見之明，他在訂閱時設定僅限額度五十美元以內的剪報。（即使如此，這家無疑想要錢與名氣兼得的剪報服務社，以林白並未支付超出額度的費用為由向他提告。）要是林白當初沒有設下額度限制，後半輩子賺的錢恐怕都要拿來訂購關於自己的新聞剪報了。

報紙上的林白報導引發空前轟動。林白完成航空壯舉隔日，嚴肅新聞事業的典範《紐約時報》從第一版到第五版全是相關報導，僅有第五版刊登了少許廣告。其他家報紙給了一樣甚至更多的版面，廣播上每小時都有新聞評論員在討論林白。然而，實際上並沒有太多硬性新聞可供刊登。林白的這次航空任務相對單純，為時僅三十三小時又三十分鐘。在巴黎的記者會上，林白就幾乎把能講的話都講完了。他過去二十五年的人生相對而言平淡無奇，他的面容、身材和個性並無任何特異之處，大眾對他的為人所知甚少。有些年輕女性形容他「高人英俊」，但他的外貌身材普通到令人吃驚。他就是個鄰家男孩。為了講述這個年輕人的事蹟，全國報社在他航程隔天的白報紙用量比平常多出兩萬五千英噸。許多地方的報紙銷量躍升至平常的二到五倍，如果印刷廠能夠生產更多報紙，銷量數字可能會更高。

林白於一九二七年六月十三日回到紐約，翌日的《紐約時報》從頭版開始整整十六版幾乎都是他的新聞。在准將飯店（Hotel Commodore）一場向林白致敬的慶功晚宴上（據稱是「現代史上」最盛大的單場宴會），曾任國務卿、即將就任美國首席大法官的查爾斯・休斯（Charles Evans Hughes）以華美的詞藻大大頌揚其壯舉。休斯在無意之間精準形容了這位「英雄變成的美國名人」：「我們評量英雄跟評量船隻一樣，看的是排水量；林白上校的分量可說是排山倒海。」

林白是現代迄今最大的人類偽事件。正因為他的壯舉達成得如此俐落，又如此驚人地單純，幾乎不曾提供任何自然發生的新聞。關於林白最大的新聞，就是他本人竟然是這麼大的新聞。偽事件這回的增長遠超過平常的等比級數，而林白的名氣來得猝不及防，一下子鋪天蓋地。寫出林白是如何聲名大噪的報導無比容易：一名數天前還沒沒無聞的青年如何變得家喻戶曉，蒙獲各國總統、國王及多位主教接見。其他幾乎沒有什麼可提的。林白那一次令人印象深刻的英雄壯舉，很快就因為他更令人印象深刻的名氣而大為失色。如果名人是由名氣所造就，那麼林白就是最偉大的名人。獨自駕機橫渡大西洋當然是引人注目的成就，但更引人注目的是能夠獨霸新聞版面。相較於他的名人聲望，他的英雄聲望根本不值一提，尤其他確確實實是在一夕之間名滿天下。

大部分的新聞內容，很快就全是關於林白本人對於「新聞」以及名氣竄升的反應。大眾將重點放在林白於名氣竄升時的反應如何令人欽佩，以及他如何優雅大方地接受了名人的角色。坊間開始出現「搶快跟風型」傳記，基本上就是將林白遊訪歐洲多國及美國首都時鋪天蓋地、大肆宣傳的報導彙編而成的文摘。這就是英雄林白「轉世」成為名人林白後的人生，而名人的套套邏輯由此可見一斑。

接下來數年，林白持續留在大眾視野，主要因為兩件事而能維繫其名人身分。第一起事件是他在一九二九年五月二十七日與安妮・莫羅（Anne Morrow）結婚，新娘容貌美麗且受過良好教育，其父德懷特・莫羅（Dwight Morrow）時任駐墨西哥大使，是J・P・摩根公司的合夥人。「孤鷹」（Lone Eagle）林白如今有了伴侶，新婚的他成了比從前更具吸引力的新聞素材。從前種種偽事件之外，又多了賺人熱淚的浪漫戀曲偽事件。林白的新聞價值死灰復燃，他已經無處可逃。無所畏懼的記者屢次約訪林白遭拒，手邊又缺乏可靠事實，索性把林白竭力避免上新聞的事寫成報導！有些記者欠缺可供揣測推論的素材，尖酸地暗示林白一再躲避記者是居心叵測，目的是讓自己的新聞引來更多注意。林白表示他會和嚴肅可敬的報社合作，婉謝其他報社，那些遭到回絕的記者於是針對他拒絕受訪一事小題大作，新聞版面甚至蓋過他本人的發言。

第二起讓林白的名人生涯得以延續的事件，是他仍在襁褓中的兒子遭到綁架。事件發生在一九三二年三月一日夜裡，地點在林白夫婦位於紐澤西州霍普威爾（Hopewell）的新建鄉間別墅。此後近五年以來，「林白」成了一個空洞的容器，新聞製造者將各種配料——或極盡甜膩或煽情，或奉為傳奇，或詆毀中傷，也有些全是憑空杜撰——全都灌注其中。等到所有製造新聞的可能性似乎都耗盡，林白全家也被消耗殆盡。其中的來龍去脈著實精采。如肯尼斯・戴維斯所稱，這是一場獻給知名度神祇的「血祭」。由於綁架案最終並未完全釐清，儘管據認是綁匪的犯人遭到處決，但我們已經無從得知，如果當初媒體和大眾的反應有所不同，孩子到底有沒有可能平安回家。但媒體（在無能警方的配合之下）無意間破壞了真正的線索，還製造無數假線索並亂放消息，沒有對案情提供任何實質幫助。他們費了比平常更多的心力，極盡剝削利用林白個人生活中的慘劇。

林白之子綁架案以其獨有的方式，與林白飛越大西洋的壯舉同樣轟動一時。這兩起事件都沒有太多硬性新聞的成分，但並不妨礙各家報社將相關報導填滿版面。各個城市報社的編輯一聲令下，綁架案新聞的篇幅沒有限制。「我無法想像還有什麼新聞能夠與之相比，」合眾社（United Press）主管一般新聞部門的經理指出：「除非美國參加一場戰爭。」赫斯特的國際新聞社（INS）照片服務部門出動所有人員。他們包下的兩輛救護車響著尖銳的警笛聲，往返於霍普威爾和紐約市之間，將攝影器材運送至林白家別墅，回程中則充當行動暗房，人員直接在車廂內沖洗底片，一回到紐約市即可發布。國際新聞社額外派出五名人員和三輛車前往霍普威爾進行現場報導，合眾社派出六名人員和三輛車，美聯社則派了四男兩女和四輛車。及至三月一日半夜，《紐約每日新聞》（New York *Daily News*）已有九名記者抵達霍普威爾，還有三人隔天會到；《紐約美國人報》（New York *American*）派出十二人，包括親自出馬的社長小威廉・藍道夫・赫斯特（William Randolph Hearst, Jr.）；《紐約先鋒論壇報》（New York *Herald Tribune*）派出四人，《紐約世界電訊報》（New York *World-Telegram*）、《紐約時報》及《費城公眾報》各派出約十人。這還只是開始。

翌日，林白為了提高綁架犯將孩子送回來的意願，請求記者退出霍普威爾，媒體記者同意配合。新聞風暴並未停歇。國際新聞社在二十四小時之內經由電報發送了五萬字（足以印成一本小冊）的綁架案報導，隔天發送了三萬字，之後一陣子每天發送至少一萬字。美聯社和合眾社也競相為訂戶提供長篇報導。接下來整整一週，多家報紙都以頭版全版加上不只一頁內頁版面報導綁架案。基本上已經沒有任何新的事實可供報導，但新聞仍源源不絕地產出——大量的偽事件——線索、謠傳、在地特色專題報導，以及業內所謂「時事評論」（"think" piece）。

就新聞界的角度而言，對於綁架案本身，很快就無法再有什麼新的作為，幾乎沒有什麼還可以報導、編造或臆測的了。於是大眾的注意力被引導到一些大多由新聞媒體自己搬演的支線劇情。媒體開始報導原本的事件是以何種方式報導，警方經手案件的不同人員如何出錯引發混亂，哪個人會出面或應該由誰來擔任林白的媒體發言人以及與綁匪談判的中間人。新聞重點仍然放在所有報導加在一起是如何驚天動地，以及林白夫婦面對媒體大幅報導的反應。

禁酒時期的知名不法分子就在此時登場。綽號「薩哥」（Salvy）的薩瓦托雷・史彼塔雷（Salvatore Spitale）和厄文・比茨（Irving Bitz）在紐約經營地下酒吧，兩人一時之間成為眾人矚目的焦點。他們是經由莫理斯・羅斯納（Morris Rosner）向林白引薦；羅斯納由於有黑道人脈，很快扮演起林白夫婦私人祕書的角色。當時嫌疑最大的是惡名昭彰的底特律「紫幫」（Purple Gang）與艾爾・卡彭（Al Capone）率領的芝加哥黑幫，史彼塔雷和比茨努力聯絡這兩方人馬，因此登上新聞頭條。兩名中間人一下子聲名大噪，但史彼塔雷在一場記者會上宣布不再插手。他當時如此解釋：「如果綁匪是我認識的人，不說出他的名字，就教我不得好死。我到處都打聽過了，結論是下手的人不屬於任何幫派。」艾爾·卡彭本人當時的名氣更甚以往，他因逃漏所得稅而違反聯邦法，即將入獄服刑，藉由表態願意幫忙來提升自己的新聞價值。卡彭接受赫斯特報業旗下的「嚴肅」專欄作家亞瑟·布里斯班（Arthur Brisbane）訪問時，公開懸賞一萬美元，徵求任何能讓孩子毫髮無傷回家並將歹徒繩之以法的情報。坊間甚至傳出風聲，暗指釋放卡彭或許有助於救回林白之子。

這件綁架案本身製造出新一批名人，雖然沒有人知道他們究竟有什麼重要性，但他們仍因為具備新聞價值而顯得重要。這批名人包括時任紐澤西州州警局大隊長的總警監赫伯特·諾曼·施瓦寇夫（Colonel H. Norman Schwarzkopf）；霍普威爾警察局長哈利·沃夫（Harry Wolf）；孩子的保母貝蒂·高（Betty Gow）；林白的私人顧問布雷肯里奇上校（Colonel Breckenridge）；布朗克斯（Bronx）退休教師約翰·康頓博士（Dr. J. F. “Jafsie” Condon），他自告奮勇出面與綁匪談判，甚至提議拿出自己的存款加碼一千美元贖金，「唯願慈愛的母親能夠與親兒團聚，茲向林白上校證明，美國人民對他的大膽無畏是如何與有榮焉並心懷感激」；來自維吉尼亞州諾福克市（Norfolk）的造船工人約翰·休斯·柯提斯（John Hughes Curtis），有些瘋癲的他謊稱已聯絡上綁匪；《哈定總統離奇死亡之謎》（*The Strange Death of President Harding*）一書作者賈斯頓·

閔斯（Gaston B. Means），他後來因假稱代為與綁匪談判，藉此向艾芙琳・沃許・麥克林（Mrs. Evalyn Walsh McLean）詐欺取財十萬四千美元遭到定罪；莫羅家的女僕薇歐蕾・夏普（Violet Sharpe），她的丈夫是莫羅家的管家，而她在案發當夜與一名年輕男子私會（後因畏懼遭警方盤問而自盡）；其他則族繁不及備載。

短短數年之後，突如其來打在林白身上的聚光燈又突然暗去。《紐約時報索引》（*The New York Times Index*）以精確的統計數字記錄了這一點——這部每年出版的大部頭索引會依據特定主題，條列過去十二個月報紙頁面上出現過的所有相關資料。一九二七至一九四〇年之間每年的索引中，以小字羅列林白相關新聞報導的條目都占了數欄。一九四一年的林白條目超過三欄，之後與林白有關的新聞從最初的源源不絕，先是變成涓滴細流，終至完全枯竭。從一九四二到一九五八的十七年之間，所有林白條目加起來的分量不超過兩欄——還不及一九四一年這一年分量的一半。在一九五一和一九五八年，沒有任何一篇報導提到林白。詹姆斯・史都華（James Stewart）主演的電影《壯志凌雲》（*The Spirit of St. Louis*）於一九五七年上映，但票房表現不佳。首映會觀眾意見調查的結果顯示，幾乎沒有任何四十歲以下的觀眾還記得林白。

《紐約客》雜誌（*New Yorker*）上的一幅漫畫呈現出此事的精髓。漫畫中一對父子剛看完《壯志凌雲》，正要走出電影院。「要是大家都覺得他真的做到很了不起的事，」男孩問父親：「為什麼他從來沒有出名過？」

於是，英雄跟名人一樣短命夭折。林白聲名遠播的時間長達十四年，已經比一般的名人生涯長壽許多。查爾斯・林白的名氣之所以迅速消亡，有一個意想不到的原因，即林白承受大眾期待他成為「完人」的壓力之下的反應。眼見英雄只是一名勇敢無畏的飛行員，忠實的大眾並不滿足，覺得英雄還必須成為科學家、正直敢言的公民或是人民的領袖。不幸的是，頂著名人光環的林白成了公眾發言人。在林白屈服於這些誘惑的同時，他也冒犯了許多人。但他的罪行（與比方說艾爾・卡彭和手下黨羽不同，觀眾會在他們於棒球場入座時鼓掌歡呼）本身既不戲劇化，也不具任何新聞價值，不足以造就新的昭彰惡名。林白的言論平庸乏味、幼稚任性且充滿惡意。他在大眾眼中，成了親納粹分子和卑劣的種族主義者，他甚至接受希特勒政權頒贈的獎章。名人很快就名聲敗壞。芝加哥某棟摩天大樓頂樓的「林白燈塔」（Lindbergh Beacon）遭更名為「棕欖燈塔」（Palmolive Beacon），而科羅拉多州落磯山脈（Rockies）中高聳的「林白峰」則改為不紀念特定人士的「孤鷹峰」（Lone Eagle Peak）。

六

形象革命發生之後，名人令英雄黯然失色，而偽事件也依循同樣決絕無情的法則，令所有自然發生的事件相形失色。當一個人看似成為英雄和／或名人，他的名人角色不僅會讓他的英雄角色失去光采，而且很容易將之完全摧毀。所有的偽事件也是基於同樣的緣故，很容易就能主宰稱霸。創造名人的過程永遠與某個人的利益脫不了關係——需要新聞素材的記者，領了錢就要製造出名人的發言人，還有名人自己。已故的英雄不會關心自己的宣傳，也沒辦法僱用發言人幫自己持續吸引大眾目光。名人是完全客製化打造，可以特別打造成取悅、撫慰、魅惑或者討好我們的樣子。名人可以接連快速產製，快速替換。

世人一度覺得，自己受到心目中的英雄所形塑。詹姆斯・羅素・洛威爾（James Russell Lowell）曾言道：「偶像是崇拜者的度量衡。」而名人則是由世人所創造。英雄代表的是外界標準，名人則是套套邏輯。我們仍然試著要求我們的名人，去頂替我們不再擁有的英雄，或是去頂替那些自大眾視野中消失的人物。我們忘記了名人主要以其名氣而知名，還以為他們是偉大不凡的模範，把他們當成榜樣。然而名人通常只是一個知名度較高版本的我們，並沒有特別偉大。我們模仿名人，想學習名人的言行舉止、穿著打扮，想跟他們用一樣的方式講話和思考，都只是在模仿我們自己。或如《詩篇》（Psalmist）中的話語所說：「造他的要和他一樣，凡靠他的也要如此。」[2]我們模仿套套邏輯，於是自己也成了套套邏輯——我們代表的是我們所代表的，努力想要更確切地成為我們已經成為的樣子。讚頌我們的名人時，我們假裝自己正看向歷史之窗，我們

2　譯註：語出《詩篇》第一一五篇第八節，引用經文依據現代標點和合本。

不想承認自己看向的是一面鏡子。我們尋找模範，但只看到我們自己的形象。

無可避免的是，我們存留至今、所剩無幾的英雄，都是經過重新塑造成名人才得以持續吸引我們的注意。我們努力想要親近我們的英雄，跟他們閒話家常、打成一片。在過程中，我們讓他們變得平易近人，還會討好我們。講道內容裡說耶穌「並不膽怯，是個親切的好人。」安德魯·傑克森被描述成一個「很棒的人」。我們不為英雄編造種種偉業壯舉，而是編造許多平凡無奇的軼聞瑣事（例如暢銷青少年文學「美國著名人物的童年趣事」〔The Childhood of Famous Americans〕系列）。將英雄變成名人的並非偉業壯舉，而是這些軼聞瑣事。

我們努力想要揭穿名人的真面目（無論是經由記者執筆的批判性傳記或粗俗「爆料」雜誌），證明他們不值得我們崇拜，但我們的努力就和試圖深入製造其他偽事件的「幕後」一樣，可說適得其反，反而讓我們對於偽事件的製造更感興趣。不管用什麼方式，能做的新聞一樣多。當然，真正的名人大多僱用了發言人，這些發言人本身有時候也成為名人。大禮帽、兔子和魔術師，全都是新聞。江湖郎中如果成功騙倒所有人，新聞價值更是翻倍，他的騙術讓他更具個人魅力。看到名人的私人新聞製造裝置，我們不但不會因此幻滅，反而會覺得這證明了名人貨真價實而且裝備齊全。我們會覺得很安心，確定自己沒有誤把無名小卒當成有名人物。

「英雄」一詞本身會演變為批評斥責用的刻薄俚俗語，也就不足為奇。美國退伍軍人協會（American Legion）遭批評者譏為「英雄聯盟」（The Heroes' Union）。要打擊或惹惱一個自以為是的人，還有什麼說法會比稱呼他為「我們的英雄」效果更好？在我們心目中，「英雄」兩字屬於文盲社會、超人漫畫，以及威廉・史塔克（William Steig）所繪「小鬼頭」（Small Fry）的世界。

在現今的美國，英雄就像童話故事，絕大多數都不適合世故的成人。但是我們的奧斯卡金像獎和艾美獎得主、「年度模範父親」、「美國夫人」（Mrs. America）和「最上鏡小姐」（Miss Photoflash）等選美冠軍的人數持續倍增。我們有美國偉人名人堂（Hall of Fame for Great Americans）農業名人堂（Agricultural Hall of Fame）、棒球名人堂（Baseball Hall of Fame）和玫瑰盃名人堂（Rose Bowl Hall of Fame）。我們竭盡全力一再安慰自己說，我們景仰的人令人欽佩，我們推崇的人值得頌揚。但我們如此想方設法、費盡心力的同時，卻也讓自己困惑分神。我們一開始還心不甘情不願，接著就像是入迷一般，觀察每個獎項背後的政治運作，和為了替某個名人或「一日皇后」吹捧造勢而明擺著的種種把戲。儘管意圖再良善不過，但我們千方百計想要提供替代英雄的人選，最終產出的只是名人。宣傳推廣就是揭露一切。

如今我們擁有空前強大的力量，能夠放大英雄的形象，並大肆宣傳他們的功績，但這部機器卻只是將我們自己的影子不斷放大增生。某方面來說，我們不能放任自己不具任何批判性，甚至（無論多麼感興趣）連倒映出自身空虛形象都照樣尊敬崇拜。我們不斷暗中揣想，也許偉大不凡並不是原本就稀少的商品，也許偉大不凡是真的可以人為製造。所以說，也許我們的祖先是對的，他們將人類偉大不凡的概念本身與相信世間有神的想法相互連結。或許，人沒辦法造出自己。或許英雄是天生的，不是由誰創造出來。

現今這個時代的諸多挫折顯得很諷刺，其中最為誘人的，莫過於努力滿足自身對於人類偉大的豪奢期望而受到的挫折。我們製造出無數批人造的名人，讓他們在只會自然孕育一名英雄之處生長，一切卻是徒勞無功。現今的英雄一受到追捧讚頌，就會立刻消散化為名人。「在貼身男僕面前，沒有人是英雄」——或者，卡萊爾若在世，可能會如此補充，「在《時代雜誌》記者面前也一樣。」奇妙的是，在滿滿全是大人物的世界，真正的英雄往往匿名。在充滿虛假幻象和近似幻象的生活中，我們最後會發現，那些品行良好、擁有一些比名氣更實際的功績、值得受到推崇的人，多半是無名英雄：他們是教師、護理師、母親、正直的警察，以及在毫不光鮮亮麗、薪酬微薄、在沒有任何媒體曝光機會的崗位上辛苦孤寂工作的普通人。聽起來像是歪理，但這些人之所以一直是英雄，就是因為他們默默無聞、無人讚頌。他們的良好品行，不是我們為了填補空虛而製造出來的產品。他們的匿名，正好可以保護他們不落入光鮮浮誇、轉瞬即逝的名人生活。我們不滿足於世界上偉人英雄的正常數量，渴望更多的偉大不凡，只有他們具備一股神祕的力量，能夠拒絕我們的這股狂熱。

第三章
從旅人到觀光客：失落的旅遊之藝

「搭乘全世界速度最快的輪船，吃完十五頓美味大餐就抵達歐洲。」

——美國輪船公司（The United States Lines）廣告

過去數十年來我們慢慢開始覺得，貴遠賤近的法則無可撼動，但新科技能夠拯救我們。我們希望借助現代機器的魔力，將世界上所有平凡無奇的事物清掃一空——讓無所不在的麻雀、椋鳥和冠藍鴉消失，並以稀有的薩氏森鶯（Sutton's warbler）、象牙嘴啄木鳥（ivory-billed woodpecker）、美洲鶴（whooping crane）和棕煌蜂鳥（rufous hummingbird）取而代之。所有賞鳥人都清楚，平常最容易看到的都是普通鳥類，珍稀鳥類其實真的很不常見；但要接受這個事實卻很煎熬。如今我們所有人都懷抱期望，以為可以讓陌異新奇變成日常經驗（還能保持新鮮感），還能以某種方式讓平凡無奇本身消失，卻讓自己一而再、再而三地受挫。

「冒險」（adventure）一詞成了語言裡最空虛乏味的詞語之一。街角的平價自助餐提供「一場美食冒險」；一門價值十三點九五美元的自我發展課程，幾週內即可將我們的日常對話轉化成「一場偉大的冒險」；駕駛全新道奇牌轎車（Dodge）是一場「冒險」。在不斷濫用之下，「不尋常且振奮人心的經驗，多半具備浪漫本質」這個曾經常見的意思被我們耗用殆盡，「冒險」反而回復成最初的意思，也就是單純的「事件」（源自拉丁文「adventura」和「advenire」）。然而，「adventure」一詞原本是指「偶然、巧合、未經預謀、因緣際會之下發生的事」，如今在一般使用中，卻大多是指別人想向我們兜售的一種經過安排設計的經驗。這個詞語意思上的改變，既是現今偽事件廣泛普遍存在的徵兆，也象徵了我們是如何懷抱誇大期望，期待世界上出乎意料之事——「冒險」——能夠跟其他事物一樣多，因而讓自己大受挫折。

關於我們新近的誇大期望，最好的例子莫過於我們看待旅行的態度有所改變。如果能夠自主選擇，推動人類外出旅行最古老的動機之一，是想要看看陌生新奇的人事物。人渴望前往其他地方的旅行欲無可救藥，恰好證明了人無可救藥的樂觀開朗和永不滿足的好奇心。我們總是期待他方的事物會不一樣。「旅行，」笛卡兒（Descartes）於十七世紀初寫道，「幾乎就像和活在不同世紀的人對話。」因為挨餓、擔驚受怕或受到壓迫的人會移動遷徙，是期待在新落腳的地方過著更安全、更自由且衣食無虞的生活；居住在一個富裕安全、運作良好的社會的人去旅行，則是為了逃離無趣乏味的生活，躲開平凡日常，並發現陌生新奇。

他們多半大獲成功。在盛大的旅行年代之後，接續的常常是思想上的大破大立。從古至今，人類經常藉由前往遙遠異地和觀覽新奇景象來刺激想像力。旅行中驚奇愉快的體驗引領他們反思，領悟自己家鄉的生活不一定要永遠一成不變。他們學到了條條大路通羅馬，學到了天上地下還有更多超出自己人生觀範圍的事物，還學到了人生有很多可能性，不是只有一條康莊大道可走。

十五世紀時，航海家發現美洲新大陸，以及成功繞行非洲和前往東印度群島，在在讓人的視野更開闊、思想更開放，進而促成了文藝復興。十七世紀的旅人前往歐洲各地、美洲和東方旅行，接觸迥然相異的生活方式之後覺醒，而後啟蒙運動應運而生。每一次發現不同的新世界，都會帶來思想上的革新。旅行是普世共通的催化劑。旅行讓人思考更敏捷、想像更宏大、渴望之情更加熱切。當旅人返回家鄉，會帶回來令人不安的想法。巴斯卡[1]（比發明電視早了三百年）曾說：「人之所以有種種煩惱，全都是因為沒辦法在房間裡安安靜靜地坐著。」

最近數十年，出國旅行的美國人民數量達到新高。一八五四年的出國人數大約是三萬名人；在一個世紀之後的一九五四年，將近一百萬名美國公民自美國出境，前往加拿大和墨西哥以外的

1　編註：布萊茲．巴斯卡（Blaise Pascal，一六二三—一六六二），法國神學家、哲學家、數學家、物理學家、化學家、音樂家、教育家、氣象學家。

異國。即使將總人口增加納入考量，現今美國社會民眾出國旅行的普遍程度，仍是一百年前的大約五倍之高。如果將民族當成一個整體，我們美國人無論在這個時代或其他任何一個時代，很可能都是最常旅行的民族。回過頭來想想，最值得注意的並不是我們出國旅行量的成長幅度有多大，而是這些旅行對我們的想法和感受造成的改變幅度有多小。

乍看之下，旅行經驗並未讓我們明顯變得更具國際視野，或是更進一步了解其他民族。原因不是出在美國人比以前更愚鈍或不受教，而是旅行經驗本身有所轉變。如今，很多美國人會出門「旅行」，但極少數是仍保有從前意義的「旅人」。旅遊相關設施的擴增、改善和低價化，讓更多人得以前往遠方。但是前往遠方的過程、置身遠方的經驗，以及從遠方帶回來的一切，都和從前大為不同。現今的旅行經驗不僅經過稀釋和設計，還是由他人預先打造而成。

現代美國觀光客的旅行體驗充滿了偽事件。他開始期待自己經歷到的，要比世界上原本所提供的更加陌異新奇，同時還要更親切熟悉。他開始相信自己可以在兩週內經歷終生難忘的冒險，以及獲得跟冒著生命危險一樣驚險刺激，但沒有任何實際風險的體驗。他期望陌異新奇跟親切熟悉都可以量身打造：住家附近的景點可以散發舊世界的魅力；而只要選對住宿地點，就算住在非洲正中央也能有賓至如歸的感受。懷抱著諸如此類的期望，他覺得自己可以予取予求。他認為既然付了錢，就期望整趟旅行能物有所值。他要求把整個世界都變成搬演偽事件的舞台。而永遠都有童叟無欺、積極進取的商人，努力供應他想要的，幫忙他將期望變得更加浮誇，想要滿足他追求不可能實現之事物的無盡貪欲。

一

直到上世紀末、本世紀初，出國旅行一直都是百般不便、困難重重，而且所費不貲。中產階級美國人不會為了「好玩」而出國旅行。異國首都提供的是世故成熟的樂趣：與傑出不凡或聰明風趣的人對話，飽覽繪畫、雕刻和建築，在逝去文明的廢墟中發思古之幽情，前往詩人文豪的出生地朝聖，親炙政治人物和演說家意氣風發場景的發生地點。旅行者在觀看「世界奇景」時，心中會油然而生一股驚奇感，而他們通常已經為此做好了充分的準備。這就是長久以來，歐洲人到歐洲各地旅行的模式。「只要學會一點拉丁文，」機智風趣的十七世紀法國文人聖艾弗蒙（Saint-Evremond）在喜劇作品中以誇張諷刺的手法如此描述，「我們就可以準備出發……我們的旅人若是略具文藝氣息，必定會隨身攜帶一本全是空白頁的冊子，稱之為『友誼紀念冊』（*Album Amicorum*）。他們備妥這個冊子，目的就是要在走訪各地時，順道拜訪當地的博學鴻儒，並請他們在冊子裡簽名。」

出身貴族家庭的學者沃尼伯爵（Comte de Volney）在繼承一小筆遺產之後的省思，則展現了十八世紀嚴肅認真的態度：

後來我又想想，這筆錢金額並不可觀，不足以讓我的收入大為增加，但仍是一筆不小的數目，不應隨意揮霍在瑣碎的開銷上。因緣際會之下，我有幸養成埋首研究的習慣。我培養出的不僅是品味，甚至是一股對知識的熱愛，而財產獲得挹注於我而言，是一種滿足個人學術愛好並開闢一條精進之道的新方法。我過去就曾讀到、也不時耳聞，在所有砥礪心智、訓練判斷力的方法之中，旅行的效益最佳；於是我決心規畫一趟旅行，但旅程的目的地仍待選定：希望所觀覽之景令人眼目一新，或至少精采絕妙。

沃尼伯爵決定前往中東，而他在敘利亞和埃及（一七八三—一七八五）的旅遊記敘成就了一本傳世經典。自一七八七到一七八九連續三年間，英國農業專家亞瑟・楊恩（Arthur Young）每年皆前往鄰近的法國調查農法，他的遊記（於一七九二年出版）推動了英國農業改革，並對甫建國的美國產生了深遠的影響。傑弗遜[2]也在差不多的時期遊歷法義兩國，認真尋找適合引入維吉尼亞州栽種的植物，其後創辦維吉尼亞大學（University of Virginia），並奠定了校園的建築風格。

年輕貴族出國旅行不僅是想要有所成長，也是為了趁機花天酒地。在遙遠異國縱欲狂歡，風流浪蕩的惡名就不會傳回家鄉。亞當・斯密（Adam Smith）於《國富論》（*The Wealth of Nations*；一七七六）中記述，在他那個年代，英格蘭有財力能負擔的人家通常會在「年輕人高中畢業時，不送他們去念大學，而是直接將他們送到國外。據說我國年輕人回家時，通常都在旅途中受惠良多且大有進益。年輕人在十七、十八歲時出國，二十一歲時回家，那時候的年紀比起出國前多了三、四歲；在這個年紀，很難不在三到四年間明顯成長。」然而，亞當·斯密認為這種作法風險很高，往往會腐蝕年輕人的心智；他認為這種習俗的興起，與英國大學學風低落脫不了關係。英格蘭的財富足以供養本國年輕人在歐陸生活（如一名日耳曼評論者於一七六〇年多少有些欽羨地指出）：「他們放縱自己恣意尋歡享樂，即使在義大利也不例外……由於有大筆錢財可供揮霍，他們不僅因此更能放膽追求刺激冒險，也有辦法用錢買通一切，或在惹出麻煩時花錢消災。」我們有時會忘記，卡薩諾瓦（Casanova）自述風流情史的《回憶錄》（*Memoirs*）其實是他遊歷歐洲各國首都的日記——其足跡踏遍威尼斯、巴黎、柏林、華沙、馬德里，甚至往東到了君士坦丁堡。

旅行就是多見世面、增加歷練，成為不受國界局限的「世界人」（a man of word），許多十七、十八世紀的歐洲文人更以此自豪。歐洲年輕人在見過世面之前，或許還會被自己的國人認為不具良好教養。例如（據史學家保羅·阿薩爾〔Paul Hazard〕追溯）出生於帕多瓦（Padua）的義大利青年安東尼歐·孔蒂（Antonio Conti），曾有一段時間居住在巴黎，於一七一五年在倫敦參與當時仍很新穎的「無窮小量微積分」討論，隨後前往荷蘭拜會博物學家暨製造顯微鏡的專家

2　編註：湯瑪斯·傑弗遜（Thomas Jefferson）為美國第三任總統（一七四三—一八二六），《獨立宣言》起草人。

雷文霍克（Leeuwenhoek）——其旅程的最終目的，是前往漢諾威（Hanover）拜訪哲學家萊布尼茲（Leibniz）。在古老的「壯遊」（Grand Tour）（例如勞倫斯．斯特恩〔Laurence Sterne〕在《感傷之旅》〔*Sentimental Journey*〕中所記述的旅程）之中，年輕紳士的教育始告大成。熟悉法國的洛克[3]、愛德華．吉朋[4]和休謨[5]都曾數度長居法國；吉朋的大部分著作都在瑞士撰寫完成。有些君主也不時旅居外國，未必是因為遭到罷黜或流放。丹麥的哈姆雷特王子（Prince Hamlet）到國外留學；瑞典女王克里斯蒂娜（Christina of Sweden）曾旅居巴黎，一六八九年在羅馬逝世；彼得大帝（Peter the Great）於十七世紀末曾前往日耳曼地區、荷蘭、英格蘭和奧地利旅行。對歐洲人來說，異國旅行是專屬流亡君主、貴族冒險家、富賈大亨和流浪學人的體制。

對美國人來說並無二致——直到將近十九世紀末，異國旅行（主要仍是前往歐洲）一直是專屬少數特權階級的經驗。富蘭克林在海外大獲成功，地點就在英國下議院委員會會議室以及巴黎的沙龍（及飯店客房）。傑弗遜和其他教養良好的美國人仍然相信世界是「文人共和國」（Republic of Letters），非常期待見到歐洲的同胞。亨利．亞當斯[6]無論在柏林、羅馬、倫敦或巴黎，皆被視為理想化的「美國版」歐洲壯遊者。就如亞當斯自述，他自己或是他父親與祖父取得的成就「主要歸功於歐洲提供的舞台」，要是沒有歐洲的助力，他們祖孫三代很可能終其一生都跟他們的鄰居一樣，只是地方上的政治人物或律師。當富蘭克林、傑弗遜、查爾斯．索姆奈，或亨利．亞當斯抵達歐洲時，他們手頭上都握有得以認識該國社會賢達的介紹信。亨利．亞當斯稱歐洲之行是他第三或第四次接受教育的嘗試。就如同其他形式的教育一樣，異國旅行固然有其樂趣，但也有辛苦的一面。

在郵政設施罕見、報紙尚未問世的年代，外出旅行的動機會更加強烈。同時，穿行於幾乎沒有現成道路的蠻荒地景可說困難重重，只有抱著嚴肅認真的目標，或即使目標不嚴肅但態度很認真者，才會踏上異國之旅。他們願意冒著遇上謀財害命的歹徒和染疫罹病的風險，在沒有路徑可依循的荒原、廣闊無邊的沼澤地，和淹到半個馬車車輪那麼高的溼泥中辨向尋路。「想要在野地裡拉動仕紳階級乘坐的笨重馬車車廂，」一名十八世紀歷史學家如此記載：「在最好的情況下必須動用六匹馬，常常還得加派牛隻來幫忙拉車。」直到將近一八〇〇年，兩名蘇格蘭工程師湯瑪斯．泰爾福德（Thomas Telford）及約翰．馬卡丹（John Macadam）發展出現代的鋪路技術，各地才慢慢出現造價低廉且功效良好的平整夯實路面。

3 編註：約翰．洛克（John Locke，一六三二—一七〇四），英國著名的啟蒙哲學家之一，被稱為自由主義之父。

4 編註：愛德華．吉朋（Edward Gibbon，一七三七—一七九四），英國歷史學家、議員，著有《羅馬帝國衰亡史》。

5 編註：大衛．休謨（David Hume，一七一一—一七七六），蘇格蘭的哲學家、經濟學家和歷史學家，被視為蘇格蘭啟蒙運動以及西方哲學歷史中最重要的人物之一。著名著作有《人性論》。

6 編註：亨利．亞當斯（Henry Adams，一八一三—一八七七），英格蘭貝類學家和博物學家。

旅行經驗本身也是一種冒險，因為很少人付得起龐大旅費或膽敢挑戰艱辛危險的旅程。現代旅館——後來被蕭伯納[7]讚頌為「逃離家庭生活的避難所」——在當時還未問世。在旅行指南中描繪的風景如畫的小旅店裡，任何舒適待遇都必須特別交涉要求。一般旅人很難奢侈地獨享一張床鋪，不僅是因為少不了蟑螂、臭蟲和跳蚤來作陪，旅店主人也認為自己有權安排多名住客睡同一張床。在法國旅行的英格蘭人注意到，很少有機會遇見其他旅人，更遑論其他來自英格蘭的旅人。十八世紀末期的亞瑟·楊恩發現「旅人之稀少，令人驚奇」；他曾在距離巴黎三十英里外的主要道路行進一整天，「只遇見一位紳士的馬車，沿途沒再看見任何一位像是紳士的人。」即便到了更晚的時期，旅宿設施有所改善，歐陸的旅人可能仍預期會有「旅館很舒服，但裡頭的住客令人不太舒服」的體驗。即使遲至一八六〇年代，仍有一名英格蘭旅人指出當時的荷蘭：「遊客相對罕見，且沒有任何進行一日遊的短程旅客。」

二

十九世紀中葉之後，隨著形象革命展開，異國旅行的性質——首先發生在歐洲人身上，接著是美國人——開始發生改變。這種改變在我們這個年代發展臻至巔峰。從前外出旅行，必須經過長時間的規畫、籌措大筆旅費，並投入非常長的時間。旅途中有受傷生病的風險，甚至可能危及生命。旅人是積極主動的。如今，旅人變得消極被動。旅行不再是一種體力鍛鍊的活動，而是成為了觀賞型的活動。

這種改變一言以蔽之，即是旅人的式微與觀光客的興起。「旅人」（traveler）和「觀光客」（tourist）用字精確美妙，卻常為人所忽略。古英語名詞「travel」（「旅程」之意）原本和「travail」（意為「麻煩」、「工作」或「折磨」）是同一個字，而「travail」一字似乎又是透過法文衍生而來，源自通俗拉丁語或通用羅曼語（Common Romanic）字詞「trepalium」，指的是一種由三根木樁架設成的刑具。所以說外出旅行，無論是「to travail」或（後來的）「to travel」，就是一件吃力又麻煩的苦差事。旅人則是一個積極主動投入工作的人。

英語在十九世紀初期納入的一個新字詞，提供了關於異國旅行性質有所改變的線索，從美國的角度看來尤其如此。這個字詞是「tourist」，最早的寫法有加連字號：「tour-ist」。現今的美語字典將「tourist」定義為：「出外遊覽玩樂的人」或「出外遊覽的人，尤其是為了玩樂而遊覽的人」。「tourist」中的「tour」是源自拉丁文「tornus」的逆構詞，而「tornus」本身的古希臘字源指的則是一種摹畫出圓形的工具。旅人是投入工作的人，而觀光客是尋歡作樂的人。旅人主動積

7 編註：全名直譯為喬治・伯納德・蕭（George Bernard Shaw，一八五六—一九五〇），愛爾蘭劇作家、諾貝爾文學獎得主。

極，費盡心力尋找其他人，尋找冒險和經驗；觀光客被動消極，期望有趣的事物自己送上門。觀光客到各地「遊覽」（sight-seeing）（順帶一提，此字詞也在大約同時期出現，最早使用該字詞的文獻紀錄是一八四七年），期望自己的所有體驗都有人為他打理妥當。

於是異國旅行不再是一種活動、經驗或任務，而是成為一種商品。隨著觀光旅遊興起，將旅行中吸引人的各個部分經過包裝並成套販售（所謂「套裝行程」）成為可能，甚至成了必然。只要你付錢購買行程，其他人就必須負責為你提供樂趣以及愉快有趣的體驗。購買方式還分成批發（整月或整週，或依不同國家），和零售（依天數，或各國首都分開販售）。

造成這一切的情況我們已很熟悉，但仍值得回顧。最早也最為明顯的，是交通運輸日益便利。十九世紀後半葉，鐵路和遠洋郵輪運輸逐漸發達，旅行才真正開始變成一種享受。長途跋涉的不適和旅途中的風險，都忽然大大減低。有史以來，長途運輸第一次成了工業化量產的服務，不僅可以賣給很多人，價格還可以很低廉。為了在投入資本後回收令人滿意的報酬，長途運輸服務必須大量販售。與投入鐵路運輸（即使只是建造一節臥鋪車廂）或打造奢華輪船所投入的資本相比，建造公共馬車、渡船客艙或任何老式交通工具所需的資本根本微不足道。由於投入的資本無比龐大，建造出的設備必須持續營運使用，也必須招徠成千上萬的龐大旅客。如今，大量的民眾被吸引，以玩樂為目的外出旅行。如果乘客只有外交人員、出差洽公人員，和跟亨利．亞當斯一樣熱切想要出國深造的貴族子弟，龐大的遠洋郵輪絕對坐不滿。必須將消費者群擴大，納入有度假需求的中產階級，或至少上層中產階級。異國旅行漸趨人眾化。

下一步顯而易見，就是「專人帶領的行程」。有了規畫完善的團體旅行，就連膽小怕生、深居簡出的族群都會受到吸引。有嚮導帶路的旅行當然已有相當悠久的歷史：有數次十字軍行動就具備類似性質。我們或許會想起喬叟[8]寫於十四世紀晚期的《坎特伯里故事集》（*Canterbury Tales*），塔巴旅店（Tabard Inn）殷勤好客的旅店主人如此提議：

> 為讓客官更加歡欣，
> 在下將為諸位帶路，
> 全程旅費在下自付……

但後來的導遊很少免費提供帶隊服務。事實上，導遊服務本身也成了一種商品。冒險可以包裝成套裝行程販售，而且保證途中不會有任何風險。由於境內旅程距離較短、中產階級興起，加上很早就發展鐵路運輸，英格蘭出現了最早一批旅行團。傳說有史以來第一個旅行團是

8　編註：傑弗里．喬叟（Geoffrey Chaucer，一三四〇—一四〇〇），英國中世紀作家、詩歌之父。被譽為英國中世紀最傑出的詩人。

在一八三八年成行，威德布里（Wadebridge）的民眾搭乘安排好的專開列車，前往鄰近的博德明（Bodmin）觀看兩名殺人凶手遭到絞刑處決的過程。從毫無遮頂的火車站放眼望去，可以清楚看見博德明的絞刑台，所以遊客待在開放式車廂裡就能享受遊覽的樂趣。

真正設計出專人帶隊行程並行銷推廣的先驅者，自然非湯瑪斯・庫克（Thomas Cook；一八〇八－一八九二）莫屬。一八四〇年代初期，他開始安排遊覽英格蘭國內的特價鐵路旅行團。他規畫的第一團共有將近六百名團員，行程是從萊斯特（Leicester）搭乘火車前往相距十一英里的羅浮堡（Loughborough）參與一場禁酒運動集會——三等車廂來回票的優惠價是每人一先令。不久之後，庫克又安排了多達數百人的旅行團，分別前往蘇格蘭（一八四六年）和愛爾蘭（一八四八年），甚至在一八五一年安排了數千人的大團前往倫敦參觀水晶宮世界博覽會（Crystal Palace Exposition）。他在一八五六年開始宣傳首次「環遊歐陸壯麗之旅」，將遊訪安特衛普（Antwerp）、布魯塞爾（Brussels）、滑鐵盧戰場（Field of Waterloo）、科隆（Cologne）、萊茵河沿岸、美茵茲（Mayence）、法蘭克福、海德堡（Heidelberg）、巴登巴登（Baden-Baden）、史特拉斯堡（Strasbourg）、巴黎及勒阿爾（Le Havre）後回到倫敦。接著富有開創精神的庫克之子也參與規畫行程，父子倆開始推出瑞士團和美國團，更在一八六九年首次帶著由中產階級顧客組成的旅行團展開「十字軍聖地巡禮之旅」（Conducted Crusade to the Holy Land）。庫克很快就開發出各式各樣的便利旅遊服務：提供溫文有禮、知識淵博的導遊領隊人員、旅館折價券、訂房服務，以及旅遊保健和防盜技巧建議。

文雅世故的英格蘭人對此大為反感。他們認為庫克這麼做，是剝奪了旅人的主動權和冒險體驗，在歐洲地景塞滿品味庸俗的中產階級。「搭乘火車旅行，」約翰．羅斯金[9]大發牢騷，「在我看來根本不能算是旅行，只是被『送去』某個地方，跟變成包裹沒有太大的差異。」一八六五年二月號《布萊克伍德雜誌》（*Blackwood's Magazine*）刊登了由一位英國駐義大利領事執筆的文章，文中嚴詞抨擊：「前所未見的邪惡正在孳生……只收固定金額，帶著一團四、五十個人，不分男女老少，從倫敦到那不勒斯一遊再返回倫敦。」「義大利的各大城市，如今遭到一群群這類生物淹沒，因為他們從不分開行動，你會看到他們全團四十人跟在導遊後頭魚貫走在街道上——導遊忽而在前，忽而在後，像牧羊犬一樣繞著他們打轉——這個過程確實就與趕羊毫無二致。我已經遇過三團遊客，堪稱我生平見過最為粗野不文的一群，男人大多上了年紀，一臉憂愁鬱悶；女人年紀比較輕，看起來風塵僕僕，但是極有活力，神采奕奕地嬉笑玩鬧。」他哀嘆道。

庫克為自己的旅行團辯護，稱之為：「推動人類進步的機構」。他認為抨擊旅行團的批評者只是自以為優越，屬於更早的世紀。他指出，「覺得稀罕的名勝古蹟不應該開放給一般人觀賞，

9　編註：約翰．羅斯金（John Ruskin，一八一九—一九〇〇），英國維多利亞時代重要的藝術評論家之一，同時是傑出的社會思想家、畫家及慈善家。

只保留給少數感興趣的社會『菁英分子』的想法」非常愚蠢，「但在當今這個進步的年代，大談這些排他性的荒謬言論為時已晚。上帝的大地如此豐美，應由所有人共享；火車和輪船就是科學光耀和普惠一切的成果，造福了所有人……最傑出的菁英以及最高貴的心智，見到一般人也踏上他們已履足的享樂之徑，都會同感歡欣。」

不過，在所有一切忽然向所有人開放的美國，經營移民相關的生意還是比經營觀光業來得有利可圖。美國有許多移民和大片待開發的荒野，遷徙移動是家常便飯，無論出國或在國內旅行，對美國人來說並不特別光鮮亮麗。相較於較早脫離貴族子弟壯遊傳統的英國，這樣的傳統在美國沿襲了更長時間。直到二十世紀初期，美國人如果想要跟團前往歐洲一遊，仍很依賴湯瑪斯．庫克父子開設的庫克父子旅行社（Thomas Cook & Son），例如格蘭特總統（President Grant）[10]就曾參加庫克父子旅行社主辦的旅行團。馬克．吐溫（Mark Twain）則為庫克販售的全新安心零風險旅遊提供了最佳證言：

> 庫克把旅行變得輕鬆愉快。不管你想去的是地球上哪一個地方，或是想要環遊世界，他都可以賣票給你，隨時滿足你的需求，並提供更多附加服務。只要你有住宿需求，各地都有旅館供你入住；絕不會有人向你多收費，因為應付金額全都標示在旅遊票券上。各大車站的庫克旅行社服務人員會協助搬運行李，幫你叫計程馬車，告訴你該付多少錢給車夫和行李搬

> 運工，替你預約嚮導、馬匹、驢子、駱駝、單車或任何你想要的東西，將一切打點得舒適周到、包君滿意。無論你身在何方，庫克就是你的銀行業者，庫克旅行社是你忽逢大雨時棲身躲雨的庇護所。旅行社人員有問必答，態度親切有禮。我推薦閣下購買庫克的旅遊票券；而我可以毫不忸怩地推薦，因為我並未賺取任何佣金。我與庫克素不相識。

庫克父子旅行社創業以來，始終保持業界龍頭的地位，至今仍是全球規模最大的旅行業者。

庫克在美國的主要競爭者是美國運通公司（American Express Company），其前身包括著名的富國銀行（Wells Fargo）等機構，這些機構在十九世紀中葉於美國廣闊疆域提供金融和物流服務。受惠於十九世紀湧入美國的大量移民，這些機構主要協助新近抵達、事業有成的移民將錢匯回歐洲給急需金援的家人，因此賺得豐厚利潤。一八九一年，美國運通公司首次發行獲得版權保護的旅行支票，為之後的旅人省去不少煩惱。（一九六〇年時，美國運通公司每年售出價值約二十億美元的旅行支票。）美國運通公司於一八九五年開設首間歐洲辦事處，一開始單純為美國旅客提供轉寄郵件、購買火車票、訂飯店房間以及協尋遺失行李的服務。總裁詹姆斯．法戈

10　編註：尤利西斯．S．格蘭特（Ulysses S. Grant，一八二二—一八八五），美國第十八任總統、美國歷史上最受尊敬的軍事領袖之一。

（James C. Fargo）一直掌權至一九一四年，始終認為從事觀光業賺不了錢，主張美國運通公司應該專營貨運和快遞業務。然而，隨著一戰期間不同快遞服務進行整併，商業面貌的轉變已是大勢所趨。甚至在一戰結束之前，美國運通公司就開始發展全方位旅遊服務，旗下觀光旅遊部門在一戰後出現驚人成長。及至一九六一年，美國運通公司的旅遊服務範圍遍及全世界，共設有兩百七十九間辦事處。

一九一九年十月，美國運通公司於戰後籌辦的第一個歐洲旅行團成行。不久之後，冠達郵輪公司（Cunard）旗下的卡羅尼亞號（*Caronia*）展開首次地中海航程，該郵輪公司是由美國運通公司和庫克父子旅行社合資成立。一九二二年，美國運通公司推出首艘不下船環遊世界的豪華郵輪拉科尼亞號（*Laconia*），此後每年都會推出類似的郵輪假期行程。偉大的反潮流已經開始，美國人重返舊世界。隨著美國國內情勢變化，湧入歐洲的美國遊客人數時多時少，但近年前往歐洲的人數已經達到前所未有的規模。

及至二十世紀中葉，異國旅行這門生意大為興旺。出國旅遊成了衡量美國人生活水準的顯著指標，也是構成美國與世界其他地方的文化和金融關係的重要元素。例如在一九五七年，約一千萬名美國居民在出國旅行上花費超過二十億美元，其中有一百五十萬人前往需要漂洋過海的海外地區。僅僅在一九六一年的夏季，據估計就有八十萬名美國遊客造訪歐洲，在歐洲的消費金額總計約七億美元。

如今，異國旅行無疑成了一種商品。就如同任何其他大量生產的商品，買多可以打折，也可以分期付款。在十九世紀初期的波士頓，查爾斯·索姆奈為了籌措前往歐洲的旅費，向數名和他相熟且對他的未來有信心的朋友借錢，在時人眼中是件值得注意的怪事。如今有愈來愈多人負擔不起旅費，卻還是出去旅行。「先去玩，後付款。」旅行社會幫你安排。

當旅行不再是量身打造，而是成為生產線量產、在商店即可購買的商品，身為顧客的我們就無法對商品內容有太多要求。我們對於自己究竟在買什麼，所知也愈來愈有限。我們買了長達多日的假期行程，卻不知道套裝行程的確切內容。最近為了巡迴演講，我搭飛機到海德拉巴（Hyderabad），是我一年前還不曾聽聞過的印度中部城市。在飛機上，我旁邊坐了一對美國夫婦，上了年紀的丈夫一臉疲憊。他是布魯克林的房地產經紀人。我問他海德拉巴有什麼好玩的，他毫無頭緒。他們之所以要去海德拉巴，只是因為這個地方「含在行程裡」。他們找的旅行社保證行程裡全都是「世界知名」地點，所以海德拉巴一定也是如此。

為防萬一，規畫周全的旅行團行程必須包含保險。這麼說來，旅行的風險也變得過時：我們購買行程時也買了平安，買個心安。其他人會替我們承擔所有風險。一九五四年的懸疑驚悚片《情天未了緣》（*The High and the Mighty*）講述一架豪華客機從舊金山飛往檀香山途中發生了緊急狀況。機上乘客背景各異，都是準備前往夏威夷群島待上一、兩週悠閒度假的遊客。飛機引擎發生故障時，乘客開始躁動不安。最後，為了不讓飛機往下掉，機長下令緊急拋棄機上行李。我在芝加哥市郊一間郊區電影院觀看這部片，旁邊坐了一位母親跟年幼的兒子。看到機上乘客命在旦夕，小男孩似乎無動於衷，但是當座艙長開始把時髦行李箱、帽盒、攜帶型打字機、高爾夫球桿、網球拍等度假時的優雅隨身用品拋到海裡時，他緊張了起來。「那些東西怎麼辦？」小男孩驚呼。「別擔心。」母親安慰他。「都有保險。」

當所有的風險皆「有保險」，旅人就成了觀光客。

三

以前的旅人遊歷世界各地，是為了遇見當地人；而今旅行社的功能之一，就是防止遊客遇見當地人。他們一直在設計有效的新方法，努力將觀光客隔絕在旅行的世界之外。

昔日旅人遊記中時常出現獨特有趣的當地旅店主人，他會提供許多睿智建言，對當地軼事掌故如數家珍。旅店主人如今已經過時，無論目的地是羅馬、雪梨、新加坡或東京，在自己家鄉的大街上就能將交通、住宿、飲食和遊玩活動一次安排妥當。

從此不用再討價還價。有旅行社代為妥善安排，觀光客抵達目的地之後就不用和當地人議價。現今觀光客回國後老是在談論和抱怨給小費的問題，原因之一就是給小費幾乎是他們和當地人僅有的直接互動。即使是給小費，也可能很快就會取消。國際官方旅遊組織聯盟（International

Union of Official Travel Organizations）的觀光旅遊設施委員會（Travel Plant Commission）於一九五八年研究如何建立一致的小費標準，目標是將所有小費改為包含在行程團費之中。觀光客可以從事的活動所剩無幾，其中一項是購物。套裝行程成了銅牆鐵壁，將觀光客與他造訪的國家相互隔絕，而購物就是牆壁上的一道裂縫，難怪觀光客會覺得逛街購物很刺激。觀光客逛街購物時會實地接觸當地人，以陌異的語言和對方對話議價，認識當地商家做生意的禮節。簡而言之，他終於能初嘗昔日旅人在旅途全程感受到的新鮮刺激和「辛勞麻煩」——付錢安排每一段交通，每一晚住宿和每一頓餐食都是苦差事。

套裝旅遊行程也以另一種方式將觀光客與外界隔絕。自從湯瑪斯·庫克於十九世紀初首次推出預先安排妥當的旅行團，此類旅遊行程都向顧客保證，旅程中除了能夠享受名勝奇景帶來的異國情調，還能享受與本國同胞的融洽情誼。豪華遠洋郵輪以及「費用全包式」海上巡航假期行程（cruise）問世之後（「巡航」一詞在此處的用法其實直到晚近才出現，可能是由美國人發明；原本的意思是「從一地航行到另一地遊玩，沒有特定目的地」），觀光旅遊演變成居住在漂浮於水上的度假旅館。

同船者取代了當地人，成了冒險的提供者。遇上扒手搶匪的風險不會有人宣傳，而今這類風險由過度宣傳的船上浪漫豔遇取代。讓單身未婚的婦女和男士大失所望的，不再是梵蒂岡（Vatican）、羅浮宮或雅典衛城（Acropolis），而是與自己同船的男男女女。除了給小費和逛街購物的冒險之外，結束旅程返家的郵輪旅客沒有什麼與國外當地人的互動可以報告，但是提到與同船乘客的互動就講個沒完。美國運通公司官方授權的百年紀念史中，記載了一名郵輪長（cruise director）在環遊世界航程中遇上的種種難關。在忙著處理各種事務之餘，他還必須「出手解救一名善感多情的年輕花花公子，以免他被常搭郵輪的女騙子巧計誘拐；扮演愛神為一位英國從男爵和一位美國女演員牽線湊對；保護某位澳洲珍珠大亨的遺孀，她的行李中散放著好幾個裝滿成對珍珠的錫罐；在加爾各答（Calcutta）悄無聲息處理掉一樁謀殺未遂事件；在阿格拉（Agra）豐收節（Harvest Festival）慶典期間，於印度教徒和伊斯蘭教徒發生鬥毆衝突時保護郵輪旅客；與一名要求退費的旅客理論，該旅客覺得自己因郵輪越過國際換日線而損失了一天；在一名孤單的年老女士於羅馬一間飯店臨終前握著她的手。」郵輪長以前稱為「導遊」，如今是「社交總監」。

即使是跟團旅行，旅客在陸地上與外界隔絕的程度仍會比在海上稍低，而若是獨自跟團，隔絕程度又會更低。但是套裝行程的概念變得如此普遍，以至於如有獨自跟團的顧客，美國運通公司旅遊部門會在他們的行程特別標註「F. I. T.」或「D. I. T.」（Foreign〔or Domestic〕Independent Travel；意指國外〔或國內〕自由行）。如果想要購買一個人的套裝旅遊行程（也就是單獨一人自在旅行），其實也是旅行社提供的「特色商品」之一。旅行社形容這種行程不同於常規跟團行程，是別具魅力的全新選項，就跟不到半世紀之前的團體旅遊行程一樣與眾不同。編寫美國運通公司歷史的作者如此說明：個人化的套裝行程「是要提供給不喜歡跟團、偏好獨自旅行的個人，行程完全依照客戶的特定要求來設計。公司會計算確切的成本，而顧客付款後會獲得熟悉的美國運通行程包裹，裡頭裝了旅程中需要的所有交通和其他旅遊票券。」

現今旅人被隔絕在所穿行地景之外的程度，遠遠超過從前。將旅客載運至國外的最新潮交通方式，將旅客與外界隔絕的程度已經高到前所未見。及至一九五八年，美國旅客選擇搭飛機前往國外的人數約為選擇郵輪人數的四倍之多。最近的某個晚間，我到紐約艾迪威爾德機場（Idlewild Airport）搭乘六點半起飛的班機。[11]隔天上午十一點半，我已經到了阿姆斯特丹。班機依循固定航線飛行在大約兩萬三千英尺的高空——在這個比雲層還超出許多的高度，根本沒機會觀察任何陸上地標或海上航標。除了晴雨氣象，什麼都看不到；而沒有晴雨變化，就什麼都沒得看了。我搭飛機穿越的不是空間，而是時間。長途飛行之後抵達阿姆斯特丹，我唯一有感的一件事，是發現自己損失了六個小時。漫長航程中唯一的困擾，是要如何打發時間。穿越空間的旅程卻一點都不引人注意，似乎毫不費力。飛機將我的旅途中所有地景剝奪殆盡。

觀光客抵達目的地，卻沒有任何行旅經驗。對他來說，不管去什麼地方，一切全都一模一樣。如今只有取道陸路的短距離旅程，會讓我們有種前往某個地方的經驗感受。每當我從芝加哥開車前往附近的印第安納州或威斯康辛州某個避暑勝地，或從前時常搭火車或開車在郊區和大學

11　譯註：紐約都會區最繁忙的機場，於一九六三年更名為約翰·甘迺迪國際機場。

之間通勤的日子，不僅個人的感受更加豐富多變，也能觀察更多樣的風景，並遇見形形色色的人群，各方面的豐富多變都勝過我從紐約飛往阿姆斯特丹的旅程。

長久以來，前往他方的感受與身在他方的經驗密不可分。而如今，英國海外航空公司（British Overseas Airways Corporation）的廣告如此宣傳：「有一半的樂趣在路上，羅馬是樂趣滿滿的一站」。無論去哪裡尋歡作樂，樂趣這件事總是換湯不換藥。如今在旅途中就有享受不完的樂趣，例如美國輪船公司的廣告所宣稱：

> 搭乘全世界速度最快的輪船，吃完十五頓美味大餐就抵達歐洲。伊朗的魚子醬、蘇格蘭的雉雞……世界各地的珍饈美味任君挑選，請您盡情享受本趟頂級郵輪假期獻上的另一項榮寵體驗。郵輪上設有游泳池、健身房和兩座劇院，船上還有三組梅耶・戴維斯管弦樂團（Meyer Davis orchestra）。這趟五日冒險之旅，將帶您重回失落的逸樂之藝殿堂。

從廣告隨附的照片中，可以看到「雷納德・克萊納太太（Mrs. Leonard Kleckner）向大副萊丁頓（Ridington）炫耀她的多隻愛犬。此艘龐大的現代遠洋郵輪設有多間狗屋，還有隨船獸醫和遛狗區。」除了船上游泳池和雞尾酒吧，還播映最新的院線片！每次有荷美航運公司（Holland-America）旗下郵輪自紐約出航，就等同「世界最佳餐廳之一航向歐洲」。前往他方的經驗遭到抹煞，我們用所有豪華奢侈的休閒娛樂取而代之。甚至比待在家裡還要享受。

即使搭飛機，我們一樣可以沉浸於美妙音樂，在裝潢陳設比照豪華度假飯店的客艙之中啜飲調酒。環球航空公司（TWA）自一九六一年開始，在大型噴射客機的頭等艙以特製寬銀幕播放首輪電影。德國漢莎航空公司（Lufthansa）的彩色全版廣告以富有魅力的狄特蘭・馮・尚菲爾德小姐（Miss Dietland von Schönfeldt）為主角——一位典型的漢莎空中小姐[12]，「家世背景良好，儀態端莊、優雅迷人，聰慧且教育程度高」，當然，她還能說一口流利英語。她「敬邀您出席一場特別的晚餐派對……每 段在大西洋上空八英里噴射飛行的空中旅程，都是一場迷人的非正式歐陸晚餐派對。」

「空中小姐」最早起源於美國，如今普遍見於各大國際航空公司客機，可說是全新的女性亞種。無論到世界上任何一個地方，她總是散發著刻板制式的迷人氣息，為乘客提供同樣的枕頭和最新一期的《展望》雜誌或《讀者文摘》（*The Reader's Digest*）。她是航空公司的聖母，是代表著觀光客世界乏味又同質的全新美麗符號。史上第一批空中小姐是聯合航空（United Airlines）於一九三〇年五月十五日僱用的八名女孩，她們在一九四六年籌組工會。及至一九五八年，美國各家航空公司總共僱用八千兩百名女空服員，她們會接受大約六週的培訓。如一名細心的記者所統

12　譯註：「空中小姐」（airline stewardess）為舊稱，現今統稱空服員。

整，一般對於空中小姐的資格要求是二十一歲到二十六歲的年輕女性，「未婚，容貌端正且身材纖細，尤其是與坐著的乘客視線同高的腰臀部位。學歷要求為高中程度，必須儀態端莊、處事圓融、性情和善且嗓音甜美。」後來鐵路和客運公司也開始僱用相似條件的女性，並進行類似的服務人員培訓。

於一五〇〇年自葡萄牙航向印度的卡布拉爾[13]一行人，當然就沒有這種由身材苗條、聲音甜美的空中小姐服務的優渥待遇。他們在海上的航程超過六個月，發現自己真的到了某個不一樣的地方。在發明冷藏或製作罐頭技術之前的年代，載客郵輪上的餐食絕不會是什麼山珍海味。新鮮飲用水採限量配給，沒有任何新鮮蔬果可吃。壞血病堪稱船員的瘟疫，傷寒、斑疹傷寒和瘧疾不時肆虐全船。

自一六二〇年九月中旬至十一月初，五月花號（Mayflower）的乘客在船上航行了將近兩個月。威廉．布拉福德[14]如此記述靠岸登陸的情景：「他們雙膝跪地頌讚上帝，感謝上帝引領他們橫渡廣闊怒海，護送他們度過一切苦難險阻，讓他們能夠再次踏足於牢靠穩固的土地，這是他們應有的棲身之所……他們便是如此在洶湧浪濤之中漂洋過海。」來自遙遠彼方的思維在這群英格蘭移民心中根深柢固，連他們的下一代也念念不忘。在編寫一本記錄上帝種種神聖計畫的專書時，英克瑞斯．馬瑟（Increase Mather）以「非凡的海上救難」作為第一章主題。海上遇難獲救在美國經驗之中，重要性絕不亞於森林和美洲原住民。

對於在十九世紀向西播遷的美國人來說，抵達目的地之後的生活方式受到遷徙途中的共同生活所形塑；就如同人人耳熟能詳的摩西帶領以色列子民出埃及，行經曠野最終抵達應許之地的那四十年，將所有人形塑成一個民族。西遷的美國人不只為了克服旅途中的勞頓困苦而形成組織團體，也發展出憲法框架和團體內部規定，得以為抵達目的地之後的新社群組成預先鋪路。

如今，當一個人的旅程幾無風險，途中也幾乎無所經歷時，置身目的地的經驗不知何故就變得比較空虛瑣碎。旅途中若是一波三折，真正身處目的地時，一切就會更加鮮明生動。當前往的過程成了「樂趣」所在，即使抵達了目的地，某方面來說卻像是根本哪裡都沒去。

抵達所有觀光旅遊設施經過「改善」的目的地之後，觀光客依舊跟在旅途中一樣與世隔絕。現今理想的國外觀光旅館，一切都盡可能比照旅客家鄉最舒適的居家環境。從床鋪、照明、通風、空調、中央暖氣系統到排水管線，全都採用美國樣式，不過精明的飯店管理階層當然會特別保留某種「當地氛圍」。

在搭機旅行熱潮的推波助瀾之下，跨國連鎖飯店集團自二戰期間即以驚人的速度擴張版

---

13 編註：佩德羅・艾瓦里茲・卡布拉爾（Pedro Álvares Cabral，一四六七—約一五二〇），葡萄牙航海家、探險家，被普遍認為是最早到達巴西的歐洲人。

14 編註：威廉・布拉福德（William Bradford，一五九〇—一六五七），英國清教徒，出生於北英格蘭約克郡，一六二〇為逃避宗教迫害而乘坐五月花號移民到普利茅斯殖民地。

圖。康拉德．希爾頓（Conrad Hilton）於一九四二年首度跨足美國境外，於墨西哥北部的邊界設立奇瓦瓦希爾頓飯店（Chihuahua Hilton）。他後來回憶道：「我想說可以規畫費用全包式的假期行程，安排領隊帶隊的週末一日遊巴士行程，並在飯店舉辦盛大的娛樂活動，應該可以辦得有聲有色——我們也做到了。」二戰結束時，希爾頓全球酒店集團（Hilton Hotels International, Inc.）正式成立。「以前出門度假可能是一個月的旅程，」希爾頓解釋道，「現在可能只要一個週末……搭飛機旅行會愈來愈普遍。美國人確實有能力，也會想要到更遠的地方旅行，看得更多更廣，從事更多活動，花的時間卻更少……胡尼裴洛．塞拉神父（Father Junipero Serra）在加利福尼亞遍設傳教所時，選擇的是彼此相隔一天路程的地點，現在搭飛機只要數小時就能跑遍所有傳教所。要是在相隔一天路程的地點全都設立分館，很快世界各地就都能看到我們的飯店了，企業的健全發展完全符合國家理想主義的精神。」希爾頓將企業標語從「遍布全國」改為「遍布全球」。波多黎各聖胡安（San Juan, Puerto Rico）的加勒比希爾頓（Caribe Hilton）於一九四七年開幕，馬德里的卡斯蒂拉納希爾頓（Castellana Hilton）於一九五三年開幕，伊斯坦堡希爾頓（Istanbul Hilton）則於一九五五年開幕——這只是開始。及至一九六一年，希爾頓飯店集團的分館遍及墨西哥市（Mexico City）、阿卡普爾科（Acapulco）、巴拿馬市（Panama City）、蒙特婁（Montreal）、開羅、西柏林（West Berlin）、美屬維京群島（Virgin Islands）的聖湯瑪斯島（St. Thomas）、聖地牙哥及檀香山，在雪梨、墨爾本和昆士蘭則與其他飯店結盟。

在千里達（Trinidad）的西班牙港（Port-of-Spain）、雅典、阿姆斯特丹、鹿特丹、倫敦、德黑蘭（Teheran）、羅馬等地的希爾頓分館已在興建中，另外也規畫未來在巴黎、波多黎各的馬亞圭斯（Mayaguez）、東京、阿迪斯阿貝巴（Addis Ababa）、波哥大（Bogota）、魁北克的多瓦爾（Dorval）和突尼斯（Tunis）設置分館。

一九五五年的伊斯坦堡希爾頓飯店開幕儀式上，康拉德・希爾頓邀來了足以坐滿整架客機的美國名人和媒體記者，而他本人回憶起該次開幕儀式的言談，充分展現了這些新飯店代表的精神。「為了出席開幕儀式，我們跟貴賓一起搭機飛到伊斯坦堡。從美國來的貴賓有卡洛・香寧（Carol Channing）、艾琳・鄧恩（Irene Dunne）和她的丈夫法蘭西斯・葛里芬醫師（Dr. Francis Griffin）、莫娜・弗里曼（Mona Freeman）、桑雅・赫尼（Sonja Henie）、戴安娜・蓮（Diana Lynn）、梅兒・奧勃朗（Merle Oberon）和安米勒（Ann Miller），還有美國新聞媒體的代表——約翰・卡麥隆・史威茲（John Cameron Swazey）、羅伯特・康西丁（Bob Considine）、賀拉斯・薩頓（Horace Sutton）、盧艾拉・帕森斯（Louella Parsons）、赫達・霍珀（Hedda Hopper）、科比娜・萊特（Cobina Wright）。我最熟的老朋友利奧・卡里略（Leo Carrillo）當然也來了，他以前養了一頭名叫「紅杉」（Sequoia）的鹿。來到這座古老的城市，我們無疑都感受到了古代文明、浪漫情懷與神祕氣息……我覺得『金角灣之城』（City of the Golden Horn）這麼壯偉的地方，很適合移植一點美國味。」希爾頓在開幕儀式如此宣稱：「我們的每一間飯店，都是一個『縮小的美國』。」

我住過加勒比希爾頓和伊斯坦堡希爾頓兩間分館，我可以作證，兩間飯店都是美國現代性和整潔單調的楷模。兩間的裝潢陳設跟設計風格如出一轍，就像兩架打造得一模一樣的美國航空（American Airlines）客機。除了從觀景窗看出去的風景不一樣，你根本不知道自己身在何方。你反而會因為似乎並非身處異地，而感到舒適安心。即使有飯店中精心調配比例並巧妙過濾融混的當地氣氛，依舊證明了你還是身在美國。

四

有意識地提供在地氛圍，本身就是徹頭徹尾的美國作風，而且可以很有效地將人與所抵達之地相互隔絕。在伊斯坦堡希爾頓飯店之外，環繞著真正的土耳其。但在飯店裡頭，只存在著仿土耳其風格。就在土耳其的中心處，飯店達到了讓土耳其經驗淪為間接經驗的微妙效果。

無論已經成為「觀光聖地」或仍朝著這個目標努力的國家，任何為了提供觀光名勝所付出的努力，都會形成類似的隔絕阻障。這些「觀光名勝」所提供精心鋪排的間接經驗，是在一個真實經驗明明跟空氣一樣免費的地方，製造出一種供觀光客消費的人造產品。藉由消費這些產品，「觀光」旅行者就能自始至終避免與外國人民接觸。這些產品將當地人隔離，讓觀光客能待在有空調的舒適環境裡，透過觀景窗觀看當地人。如今在遍布世界各地的觀光客綠洲裡，當地人成了

「文化海市蜃樓」（cultural mirage）。

奇怪的是，許多觀光名勝的誕生，最初只是民主革命偶然之下的副產物。然而，國家的觀光旅遊主管機關很快就會予以精心設計，規畫推出規模浩大、大量的觀光名勝景點，希望吸引遠地的遊客前來造訪。

現代博物館就如同現代觀光客本人，也是民主興起的徵象之一。兩者都代表了科學知識的普及、藝術的大眾化、私人贊助藝術家風氣的沒落，以及中產階級教育程度的普遍提升。自古以來，只有掌握財富和權勢的人才能蒐集珍貴、稀奇和美麗收藏品。許久以前就有了私人博物館，但很少向民眾開放。在古代，尤其是印刷書籍問世之前，博物館和圖書館的關係密不可分，在亞歷山卓（Alexandria）即是如此。古代當然有一些專門設計來向大眾展示藝術品的場所，例如「畫廊」（Pinacotheca，雅典衛城山門〔propylaeum〕建築中的一座大理石廳廊）或羅馬的奧古斯都議事廣場（Forum of Augustus）。至少自古羅馬時期以來，上等的藝術和文字作品都是私人收藏品。現代第一座公共博物館是大英博物館（British Museum），於一七五三年依據國會法令（Act of Parliament）設立。創設大英博物館的決定是受到漢斯・斯隆爵士[15]的遺囑所啟發，他的遺

15　編註：漢斯・斯隆爵士（Sir Hans Sloane，一六六〇—一七五三），出生於愛爾蘭，為一名內科醫生及大收藏家，於離世後捐贈近八萬件藏品給國家。

願是在逝世那一年將書籍、手抄本和珍奇物件等大量寶貴收藏品全部捐贈給國家。在歐洲大陸，世界級藝術博物館大多是十八世紀晚期以降各地發生革命時，新興中產階級為自己爭取到的戰利品。例如羅浮宮原本是皇宮，在一七八九年法國大革命之後成為公共藝術博物館。

現今走訪歐洲各大藝術博物館，舉凡佛羅倫斯的烏菲茲宮（Uffizi Palace）和彼提宮（Pitti Palace）、威尼斯總督宮（Doge's Palace）、巴黎羅浮宮或維也納美泉宮（Schönbrunn），往往是在遊覽前民主時代的君主和王公權貴人去樓空後的住所。來自無數宮室殿堂的美麗物品，如今滿滿陳列在最宏偉華美的荒置宮殿裡供大眾參觀。畫作、雕塑品、壁毯、餐具及其他「藝術品」（objets d'art）（曾是活躍貴族階層的室內擺設或居家用品）於是獲得「解放」，成為民之所治，民之所享，如今開放供全國人民和所有訪客參觀。這些深宮內院的珍寶原本是專為生活起居受到重重保護的貴族階層設計，用於裝飾他們的餐桌、臥室和浴室，而今一般民眾也能看見這些珍寶。終於，每個人只要向庫克旅行社訂購費用全包的歐洲古今藝術之旅行程，就能在名義上免費入館參觀。在政治人物眼中，這些新設立的博物館象徵著教育和文化普及，能夠紀念和彰顯國家民族榮耀。實際上也確是如此，這些博物館至今仍是遠道而來觀光客的重要「朝聖」景點。

將波提切利（Botticelli）、魯本斯[16]和提香（Titian）的畫作掛於同室，供民眾在數分鐘之內一次觀覽；將原本分散在相距甚遠的教堂、修道院和各個府邸客廳的多那太羅[17]和切利尼[18]雕塑作品，集中陳列於同一展間並依照年代先後排序；將原本設計成掛在偏遠莊園和狩獵小屋牆上的壁毯，搬進位在市中心的博物館展間裡鋪展開來——一切都變得十分便利。然而，這麼做也會造成無可避免的後果：前述所有物品被從原本的背景脈絡抽離出來，因此在某種意義上，這些物品全都遭到錯誤再現（misrepresented）。或許，讓更多人有機會欣賞藝術作品的價值，超過了觀覽經驗品質的減損。但問題不在這裡，而在於對觀覽經驗造成的影響明擺在眼前，無可否認。

前述這些博物館及後來依舊採用荒置宮殿改造而成的博物館，無疑都成了主要的觀光名勝，至今仍是最熱門的景點。然而，在博物館看到的任何展品，幾乎毫無例外都脫離了本身適當的背景環境，這一點也是事實。當一個人參觀博物館，形成對於個別藝術作品或是對於一個國家昔日整體文化的印象，這種印象無可避免是經過人為安排的。那個印象是經由人為拼湊組成，為了寓教於樂，讓你我方便又獲得樂趣。然而，為了要拼湊組成這樣的印象，館方人員必須拆解作品本身的背景環境，拆解曾經真實存在且實際造就並陶醉於這些物品的文化。博物館訪客走訪參觀

16　編註：彼得・保羅・魯本斯爵士（Sir Peter Paul Rubens，一五七七—一六四〇），法蘭德斯畫家，巴洛克畫派早期的代表人物。

17　編註：多那太羅（Donatello，一三八六—一四六六），十五世紀義大利佛羅倫斯著名雕刻家，文藝復興初期寫實主義與復興雕刻的奠基者。

18　編註：貝韋努托・切利尼（Benvenuto Cellini，一五〇〇—一五七一），義大利文藝復興雕塑家、珠寶工藝師、美術理論家。

的，實際上是一座文物倉庫——不會看到活生生的文化（living culture）的重要臟器。即使造訪的博物館曾是私人博物館（例如馬德里的普拉多美術館〔Prado〕或列寧格勒〔Leningrad〕的冬宮博物館〔Hermitage〕），原始館藏通常已大為減少或經過大幅擴展，館內氣氛變得與從前截然不同，以致觀覽經驗本身成了一種新的人為產物。唯有博物館本身是貨真價實的——它是一個持續運行中的活躍機構的一部分。繫在椅子上的緞帶、不再有子孫瞻仰的古人肖像，在在象徵著改變。世間每一件為了方便我們觀看，而遭人從原生棲地移走的藝術品，都像是動物園裡的動物。藝術品原本具備的某種東西，在搬移過程中消亡。

當然，世界各地還是有許多古蹟名勝仍保留原本的藝術品，例如溫莎城堡（Windsor Castle）、佛羅倫斯的梅迪奇宮（Medici Palace）、象島（Elefanta）的印度教石窟藝術、日本皇居，以及不計其數的教堂、神社和寺廟。然而，幾乎所有的觀光聖地，觀光客的「觀光」活動基本上就是參觀博物館，而大多數博物館都具有這種虛假不實、錯誤再現的特質。

博物館只是「觀光名勝」的其中一個例子。除了博物館之外，還有其他類型的觀光名勝，而所有觀光名勝的共通點就是這種經過刻意編造、與偽事件相仿的特質。昔日的旅人造訪某個國家時，無論看到什麼，多半會是真正屬於當地的事物。宮殿牆上懸掛的提香畫作、魯本斯畫作或戈布蘭（Gobelin）壁毯[19]，是貴族宴會或隆重聚會的背景裝飾；民俗歌謠和舞蹈是當地人為自己唱跳的。然而，現今觀光客看到的大多是一個國家的旅遊景點，而非這個國家本身的真實風貌。觀光客很少有機會看到活生生的文化，他看到的通常是特別為他蒐羅而來並進行防腐保存的標本，或是特別為他演示的觀光名勝：經過證實的人為造物。

自十九世紀中葉以降，國際博覽會的舉辦次數逐漸增加，聲譽地位也日益崇隆。主辦國際博覽會通常會有很明確的目的，諸如促進商業繁榮、維繫世界和平或加強科技知識交流。但是當博覽會成了觀光景點，就有了一種人為打造的特質。從一八五一年的倫敦水晶宮世界博覽會和一八五五年於香榭麗舍大道（Champs-Élysées）舉辦的世界博覽會，一直到芝加哥於一九三三至一九三四年的「進步世紀」（Century of Progress）世界博覽會、一九三九至一九四〇年的紐約世界博覽會、一九五八年的布魯塞爾世界博覽會，以及每年的威尼斯影展，現代博覽逐漸成為精心設計的宣傳工具，專門吸引外國觀光客掏錢消費。一場為觀光客打造的博覽會，是刻意鋪排設計出的國家形象，是一個專供外國人消費的偽事件。

觀光人潮的湧現，造就了這種相對晚近的純粹觀光名勝的現象。大多數觀光名勝唯一的用途，就是為了擁有者或國家的利益吸引遊客。如我們所預期，「attraction」一詞是直到大約一八六二年，才開始用於指稱「『吸引』大眾的事物或賣點，尤其指任何有趣或好玩的展覽」。觀光名勝堪稱全新的物種，以最為稀薄的形式呈現一個國家的文化。現今在世界各地都能看到這些

19 編註：戈布蘭壁毯又稱緙織壁毯，是一種以緙織工藝紡織而成、掛在牆壁廊柱上的裝飾用藝術品。

「觀光名勝」——就一個民族的內在生活而言微不足道，卻是最適合販賣的觀光商品。典型的例子如倫敦的杜莎夫人蠟像館（Madame Tussauds）（杜莎夫人最初是以製作法國大革命領袖和受害者的頭像成名），以及香港的虎豹別墅（Tiger Balm Gardens）。觀光客赫魯雪夫最想參觀的美國「觀光名勝」——加州的迪士尼樂園（Disneyland）就是絕佳範例。在此確實是自然模擬藝術。遊客造訪迪士尼樂園時看到的不是平面的連環漫畫或原始動畫，而是立體的摹製品。

觀光名勝在成為偽事件時，最能發揮其作用。為了不斷重複呈現，它們必須是人為設計的。而且刻意強調其人造特質的，正是毫不留情實話實說的旅行社。旅行社真正能保證為顧客提供的，不會是任何自然發生的文化產品，只會是特別提供給捧著現金上門的觀光客消費的文化產品。不只在墨西哥市和蒙特婁，甚至在遙遠的瓜地馬拉（Guatemala）觀光聖地奇奇卡斯特南戈（Chichecastenango）和日本的偏遠村落，老實認真的當地人擔心觀光客會期望落空，於是為古老名勝加上裝飾，並將傳統慶典改造、擴大規模並使其更具觀賞性。為了滿足旅行社和觀光客的誇大期望，各地的人民都很配合地成為仿擬自身的贗品假貨。為了在最適當的季節和最便利的時段提供琳瑯滿目的活動行程，當地人仿擬自己家鄉中最肅穆的儀式、節日和民俗慶典——一切都是為了取悅觀光客。

在第一次世界大戰爆發之前的柏林有一則傳說，每當正午時分，皇家軍樂隊準備在皇宮前展開每日例行奏樂的時候，無論德皇威廉二世（Kaiser Wilhelm）當下在皇宮裡做什麼，都會立刻中斷手邊的事務。如果當時正在召開國務會議，他會說：「各位先生，請容我暫時離席，我必須到窗邊露面。各位也知道，貝德克爾（Baedeker）旅遊指南有寫，我總是在這時候出現在窗邊。」

現代旅遊指南進一步加深了觀光客的期望之情，並為當地居民——上自德皇威廉二世，下至奇奇卡斯特南戈村民——提供了一份鉅細靡遺的清單，逐一列出遊客期望他們在哪些時候從事哪些活動。這些指南成為登臺為觀光客表演的演員看的最新劇本。首開先河者當然是來自萊比錫（Leipzig）的卡爾．貝德克爾（Karl Baedeker），其姓氏至今已成為旅遊指南在英語世界中的代名詞。與湯瑪斯．庫克在英格蘭改良其專人帶隊行程的大約同一時期，貝德克爾開始透過書冊提供「紙上」套裝行程。他在一八二九年出版了德文的科布倫茲（Coblenz）旅遊指南，接著在一八四六年出版第一個外文版本（法文版），而後在一八六一年推出了英文版。及至第二次世界大戰拉開序幕之時，貝德克爾的旅遊指南出版社推出約一百種英文、法文和德文旅遊指南，總銷量超過兩百萬本。在通行這三種語言的國家，新興的中產階級不僅預算比較有限，教育程度更加有限，他們努力照著旅遊指南規畫簡陋版的壯遊行程。儘管戰爭和英國皇家空軍（Royal Air Force）摧毀了貝德克爾位於萊比錫的印刷廠，其出版生意因而受挫，但在一九五〇年之後的十年間，仍有五十個新版本付梓。單單在一九五八年，貝德克爾出版社就售出約八萬本旅遊指南，每本單價換算後將近五美元。如果銷量維持不變，貝德克爾旅遊指南在二十五年內的銷量就能和過去一整個世紀的總銷量匹敵。

卡爾・貝德克爾本人是從不懈怠的觀光旅行者。他一開始非常堅持，旅遊指南中只記載他親眼看過的事物。他的旅遊指南向來以嚴謹精確著稱，許多觀光客都跟艾倫・赫伯特[20]一樣對他很有信心：

> 國王和政府都有可能出紕漏，
> 只有貝德克爾先生從不出錯。

早年出版的旅遊指南中有一句聲明，證明了貝德克爾的正直作風：「任何無法精確描述的旅館，恐令編輯面臨法律訴訟風險，本指南將不予收錄。」貝德克爾替他的讀者省下許多麻煩，不僅免除他們與當地人不必要的接觸，提醒他們小心蚊子、臭蟲和跳蚤，建議他們避開未清洗的水果和未經烹煮的生菜，還提供郵資價格以及該給多少小費等資訊（旅遊指南裡將給太多小費視為滔天大罪）。

後來，貝德克爾旅遊指南甚至也提供觀光客穿著打扮的建議，指導他們如何代表自己的國家，扮演好體面、可敬且寬宏大量的外國遊客角色，以免所造訪國家的當地民眾看了失望或大受驚嚇。二十世紀初期的英文版貝德克爾旅遊指南指點讀者，身為一名遊客應該：「態度圓滑沉穩，避免（在公共場所、飯店等等）大聲喧嘩或出言不遜，尤其避免高談闊論個人的政治觀點。」「英格蘭人的典型度假服裝如全套粗花呢衣褲、『寬鬆燈籠褲』（plus fours）等等，不適合在義大利城鎮活動時穿著。」「旅人應避免對著乞討者等人拍照。」

貝德克爾的發明之中，影響最深遠的莫過於「星等評分系統」，不僅觀光客趨之若鶩，後來連電影觀眾也開始採用類似的星等評分。依據他的評分系統，特別出色的景點名勝，包括羅浮宮、黃石國家公園、溫莎城堡、聖彼得大教堂（St. Peter's）、烏菲茲宮、埃及金字塔和羅馬競技場，都獲得兩顆星（＊＊），地位較次一級的景點（仍有其重要性）獲得一顆星（＊），至於普通的觀光景點則不會獲得任何星星。後繼者如羅素・繆黑德（Russell Muirhead）大為暢銷的《藍色旅遊指南》（*Blue Guides*）、《企鵝出版旅遊指南》（*Penguin Guides*）以及無數撰寫旅遊指南的美國作者，都沿用或仿造貝德克爾這套星等評分系統，類似的星等評分於是被半開化且忐忑不安的現代觀光客奉為圭臬。據說赫爾曼・戈林[21]於一九四二年向德國空軍（Luftwaffe）下令，要他們摧毀「貝德克爾旅遊書裡每一棟標有星號的英國歷史建築和地標」。德國空軍當時發動的多次空襲有時被稱為為「貝德克爾空襲」（Baedeker raids）。

20　編註：艾倫・赫伯特（A. P. Herbert，一八九〇—一九七一），英國幽默作家、小說家、劇作家、法律改革家，於一九三五年至一九五〇年任牛津大學獨立國會議員。

21　編註：赫爾曼・戈林（Hermann Göring，一八九三—一九四六），曾任納粹黨要職和納粹德國的空軍元帥，在納粹黨內極具影響力。

只要曾經帶著貝德克爾旅遊指南出門旅行，就會知道那種走遍某個地方所有標星號景點的滿足得意，或是不惜斥資大費周章造訪某個景點，事後卻發現該景點甚至一顆星都沒有時的遺憾受挫。大家都知道，有些自認優越的觀光客三不五時前往巴黎或佛羅倫斯時，會專門尋訪一些未獲星星的景點名勝，等回到家鄉與認識的人碰面，在談話中就能對那些只會照著旅遊書蹣跚苦行的人展現自己如何更勝一籌。然而，星等評分系統就如同公共博物館和中產階級旅遊的整體現象，是民主革命帶來的副產物。星等評分系統也「為數百萬人闢建出一條通往更高深文化素養的輕鬆路徑」。正如艾佛・布朗[22]的精闢分析所指出，這套星等評分系統造就的往往是走馬看花的「觀星者」，而非腳踏實地的探險家。

觀光客想看的是刻意誇大的逗趣擬仿，而旅行社和政府觀光旅遊部門一切照辦。對觀光客而言，正宗道地的異國文化產品往往因為難以理解而顯得乏味；他們比較喜歡符合自己狹隘期望的一切。法國女歌手用帶著法國口音的英文唱歌，聽起來比直接用法文唱歌更具有迷人的法式風情；美國觀光客到日本想看到的不是真正的日本，而是具有「日式風情」的人事物。他想要相信，藝妓真的只是古老優雅的東方娼妓；要他想像藝妓可能跟他以為的不一樣，幾乎是不可能的事，畢竟他花了那麼多錢大老遠跑來，可不是來任人愚弄。他覺得能劇、歌舞伎或文樂（歷史悠久且具有獨特戲劇形式的日本傳統表演藝術）很無趣，但還看得懂類似美國比利・羅斯（Billy Rose）音樂劇或齊格飛歌舞團（Ziegfeld）的寶塚歌舞劇表演——兩者最大的差異是寶塚歌舞劇演出者清一色全是女演員。那種老氣過時的感覺，讓他誤以為是某種東方風情。就連日本觀光局出版的官方旅遊指南也難掩焦慮，提醒美國遊客說一定找得到他們想看的，特別指出「類似脫衣舞的表演已經多少昇華為藝術」，並以長篇文字詳細介紹寶塚歌舞劇團是「日本獨有的歌舞劇團，有『女性歌劇團』之稱」。任何國家如有與寶塚歌舞劇類似的表演，例如偶爾會到拉斯維加斯巡迴演出的法國「女神遊樂廳」（Folies Bergères）廳堂歌舞秀，來到美國演出都將大為賣座。

當熱情敬業的外國製造者更加努力迎合美國人的期望時，美國觀光客也很配合，變得愈來愈天真，甚至到了很好騙的程度。然而，觀光客會自願上當受騙，正是因為他們始終暗自擔心，自己的豪奢（且昂貴花錢的）期望可能無法獲得滿足。他們非常堅持，行程一定要值回票價。無論前往世界上哪個地方旅遊，美國觀光客都準備好要接受偽事件法則的宰制，接受讓所有原始真品相形失色的影音形象和精心打造的擬仿品。

從世界各地美妙如畫的景色中走出的當地人，都在製造仿擬自身的虛影假像。然而孜孜矻矻打造美妙如畫的風情，最後的產品往往只是特藝彩色電影的暗淡仿品，供觀光客前來比對驗證。「永恆之城」（Eternal City）成了賣座電影《羅馬假期》（*Roman Holiday*）的取景地；觀光客迫不及待想要前往拍攝著名電影如《賓漢》（*Ben Hur*）和《萬夫莫敵》（*Spartacus*）的「實際」場景

22　編註：艾佛・布朗（Ivor Brown，一八九一—一九七四），英國記者、編輯、作家。

「朝聖」。電影《十誡》（*The Ten Commandments*）上映之後，劇情中出現的西奈山（Mount Sinai）一時之間聲名大噪。一九六〇年時旅行社以追尋里昂．尤瑞斯（Leon Uris）小說《出埃及記》（*Exodus*）中事件地點為號召，推出的套裝旅遊行程大受歡迎；隔年，以色列航空（El Al Israel Airlines）宣布推出全新的十六天旅行團，要帶遊客走訪奧圖．普雷明傑（Otto Preminger）及劇組人員拍攝《出埃及記》電影版時的所有取景地點。

南非聯邦（Union of South Africa）鐵路及港口主管機關主持的一項官方研究（一九三六年），精簡扼要地指出為了滿足龐大中產階級市場的觀光客期望所衍生的問題：

觀光名勝的供應

隨著廣告宣傳和市場需求持續增長，觀光名勝一般來說必須以有組織且有系統的方式供應。如果要向外國遊客宣傳本國的觀光名勝，並因此創造出對於這些名勝的市場需求，那麼宣傳推銷的名勝不僅必須符合遊客的合理期望，還必須是平常就會出現，而且在正常情況下供應無虞。所以像是動物或地方生活風俗，如果要當成觀光特色向外國宣傳，必須是平常會不時出現，隨時能夠提供給觀光客觀賞。無論任何與動物或地方生活風俗有關的層面，如果平常不會出現，就絕不能作為國家觀光宣傳廣告中的特色賣點。因此，凡是本質為意義重大儀式、僅在少數特定場合舉行的在地族群成年禮或民俗舞蹈，都不應當成觀光特色大為宣傳。

旅行社之所以能夠信心滿滿向顧客保證一定看得到這些觀光項目，隨時可以方便快速提供給觀光客，原因就在於它們不是該國道地自然的表現，因此具備這些商品化的特質。這些觀光項目不會是真正的儀式或慶典——儀式與慶典最初絕不會是為了觀光客鋪排設計。就如同現今專門為帶著相機的觀光客表演的夏威夷草裙舞（拜伊士曼柯達公司所賜），吸引大量遊客的觀光名勝通常是專門為了讓觀光客消費而打造。

觀光客對於偽事件的需求愈來愈高。最受歡迎的偽事件一定要方便拍照（日間光線充足），而且老少咸宜——適合全家大小一起遊覽。依照偽事件的鏡像效應法則，它們通常會變成乏味無趣的重製品，而遭到鋪天蓋地影音形象淹沒的觀光客也心知肚明，它們會一直在那裡。當觀光客身處某個遙遠異國，終於驗證自己心目中的那些畫面，他對於陌異新奇的欲望似乎就在那一刻獲得最大的滿足。

五

到目前為止，我討論的都是國外旅行——前往遙遠的異地遊覽。前面闡述了遠道前往世界各地的美國人，如何受惠於讓旅行變得便宜、安全且普及大眾的種種進步，也因此從旅人轉變成觀光客。國內旅行也正在經歷類似的轉變。即使在美國境內，從一地前往另一地不再像是以前所謂的旅行。原因不只是我們常聽到的，全國各地的文化趨向同質化——所以無論去美國任何一個地方，都是看一樣的電影，聽一樣的廣播節目，看一樣的電視節目，吃一樣的包裝食品，連可以選的冰淇淋口味都一模一樣。我們都知道美國各地商會如何想方設法創造地方特色，還有如何藉由汽車牌照宣傳虛假不實的各州特色。阿拉巴馬州是「美國南方之心」（Heart of Dixie），阿肯色州是「機會之地」，伊利諾州是「林肯之鄉」，緬因州是「度假勝地」，明尼蘇達州是「萬湖之州」，北達科他州是「和平花園之州」。一切顯而易見。

但除此之外，旅行逐漸親民普及且成本降低，相關規畫更完善，以及國內長途運輸條件有所改善，都造成旅行經驗更加稀薄淡化。即使在自己的國家，我們跟觀光客也差不了多少。「旅行……屬於中世紀，」如瑞士小說家馬克斯·弗里施（Max Frisch）所指出，「現今我們有了通訊技術，更不用說明天或往後——通訊技術會將全世界帶到我們的家門口，從一地前往另一地會變成一種返祖現象。各位男士笑了，但這一點千真萬確，旅行是原始的行為。將來總有一天，不會再有人舟車勞頓往來各地，只有要度蜜月的新婚夫婦會出門旅行。」那一天幾乎已經到來。不是因為我們不再在地球上四處移動，而是因為我們移動得愈頻繁，不待在原地就變得愈困難。幾乎所有發生在國外旅行中的轉變，都無一例外發生在國內旅行中，而且造成的影響有過之而無不及。

國內旅行團直到近年才蔚為風行。一九二七年，庫克父子旅行公司推出所謂史上首個專人帶隊航空旅行團。全團自紐約搭機前往芝加哥觀賞傑克・鄧普西（Dempsey）與金恩・唐尼（Tunney）的拳王爭奪戰（Dempsey-Tunney fight），該場賽事因裁判「延長讀秒」（long count）而特別廣為人知。當時還沒有往來兩座城市之間的固定航班，團客搭乘的是包機。最近數十年，各種專業組織、貿易協會、同業公會和兄弟會等團體舉辦的大型會議逐漸增加，國內旅遊業也隨之發展興旺。

直到一九二八年，美國運通公司旅遊部門主辦的西部旅行團每年僅出團五、六次，每團如有十八人就能算是大團。然而，芝加哥辦事處一名企圖心強的新經理改變了這一局面。他為芝加哥健身俱樂部（Chicago Athletic Club）的一百二十名會員籌辦了阿拉斯加旅行團；安排專列火車載送芝加哥的醫師群前往加州參加美國醫院協會（American Hospital Association）年會；送滿滿兩船的西美戰爭老兵前往古巴一遊；以及為三百名電工組團前往邁阿密遊覽。全新的西部套裝旅遊行程隨後問世。即使在經濟大蕭條時期，國內旅行團的市場需求仍未消退。一九三三年夏天，芝加哥世界博覽會舉行開幕式時，美國運通公司在一個月內收到的團費超過一百萬美元，並在整個展會期間接待近二十五萬名遊客。世界博覽會於一九三四年閉幕後，美國運通公司選在墨西哥市辦理扶輪社（Rotary Club）年會，並提供要參觀墨西哥的大批扶輪社會員住宿，甚至特別打造出「普爾曼車廂城」（Pullman city）。[23]美國運通公司於一九三六年擴大並主打「跟團行程」的業務，於一九三九年夏天主辦費用全包式西部旅行團，駛往西部的專列火車多達二十二趟次。

一九二八年以降，美國運通公司的國內旅遊業務大增百倍。他們提供的行程商品五花八門，價格從每人團費將近一千美元的昂貴西部和加拿大落磯山脈「壯闊之旅」，到每人十九點九五美元的超優惠紐約三天兩夜遊，「安排全團入住市中心知名飯店，不僅將漫遊都會區的熊山（Bear Mountain）和砲台公園（the Battery）等景點，亦將搭乘遊船飽覽哈德遜河沿岸風光，參觀唐人街和格林威治村（Greenwich Village），前往洋基球場看棒球賽，以及在比利・羅斯的鑽石蹄鐵夜總會（Diamond Horseshoe）觀賞晚間表演……會讓土生土長的紐約人也相信，世界上真的有奇蹟。」

觀光景點，或者該說更迷人的「觀光陷阱」（tourist trap），在近年以空前的速度蓬勃發展：從先前述及宏偉華麗的迪士尼樂園，到群起仿效的較小型樂園（例如自由樂園〔Freedomland〕、拓荒世界〔Frontierland〕），再到堪薩斯州往內布拉斯加州的公路兩旁擺滿的熟石膏製成的「篷車」和「印第安梯皮帳篷」加油站以及「博物館」。黃石國家公園則成為最為出類拔萃的觀光景點，原因無疑在於園區中的自然景觀——諸如會定時沸騰噴發的間歇泉和有「油漆桶」（paintpot）之稱的泥漿噴泉——與「定期」觀光表演的人造性質最為近似，可說是自然在仿擬偽事件。

汽車本身也成為將遊客與外界隔絕的主力之一。隨著舊式敞篷車的車體進一步改良，增設了全新可開關的車窗，於是我們就能舒舒服服坐在有空調的車廂裡，邊聆聽自己熟悉的廣播節目，邊透過「觀景窗」觀賞窗外景色。駕駛人在公路上呼嘯來去，看到熟悉的商標時才會停下，在千篇一律的加油站加油。駕車時的迅捷，讓他完全不想停車。從前在火車上，還有可能偶然與人攀談結識；吸菸車廂在過去曾是笑話和軼聞趣事的豐沃發源地。如今，長程旅客幾乎不再搭乘火車。搭飛機前往遠地時，航程時間通常不會長到讓人能夠結識陌生人。但是論起結識其他人，私家汽車帶來的希望最為渺茫，就連搭便車的風氣都日漸沒落，甚至在許多地方被列為違法行為。

美國各州與聯邦公路聯合委員會（Joint Board of State and Federal Highways）於一九二五年開始採用全國道路編號系統，進入道路標誌標準化的全新時代，旨在消除用路人看到各州「五花八門」不同道路標誌時的「困惑」。即使在新的橫貫大陸高速公路興建完成之前，只要記得自己開在哪一號公路上，便無需知道自己身在何處或要再往哪裡開，也能抵達目的地。如今我們問路時，通常不是問某個地方，而是問要走哪一號公路。

高速公路路網邁向成熟後，駕駛人所見地景的同質化也臻至頂峰。我有一位友人最近開車帶

23 譯註：美國的喬治·普爾曼（George Mortimer Pullman）首先設計了豪華的火車臥鋪車廂，其公司製造的臥鋪車廂和餐車後來統稱為「pullman」；由於旅館客房嚴重不足，墨西哥國鐵公司將布埃納維斯塔（Buenavista）火車站改建為接待大廳，並在車站旁增設軌道及附屬設施，利用兩百四十多節臥鋪車廂打造出一座可容納數十名扶輪社會員的車廂城。

全家人從芝加哥前往紐約，走的是其中一條收費公路。他的兒子聽說俄亥俄州有很多熱鬧繁榮的農場，想要去農場參觀。他們發現這件事無比困難。一旦上了高速公路（前方暢通無阻，沒有任何紅綠燈），他們似乎就離附近的農場愈來愈遠。要在哪裡下高速公路？要怎麼開、開去哪裡才能回到高速公路？

直到二十世紀初期，美國一般民眾對於修築道路的需求，僅止於火車站方圓二到五英里。一九二一年通過《聯邦公路法案》（Federal Highway Act）之後，美國開始串連各州公路，並建立修築道路的一致規範。一九四四年《聯邦補助公路法案》（Federal Aid Highway Act）通過，催生出全新的州際公路系統（National System of Interstate Highways），這個龐大的幹線路網全長達四萬英里，將連接四十二州的首府，並延伸遍及全國一百九十九個城市之中的一百八十二個人口超過五萬人的城市。政府一直以來都傾向集中資源改善這些使用最為頻繁的道路，而這些道路在各方面都變得愈來愈相像。獲得聯邦補助的公路（一級和二級道路）總長七十多萬英里，僅占美國鄉村地區道路總長的四分之一，由此行經的車流卻占了鄉村地區公路總車流量的近九成。愈來愈多駕駛人選擇走車流量大的路段，而車流量愈大的道路，趨向同質化的程度也就愈高。基於節省造價和工程品質的考量，這些道路貫穿的必定是最單調無趣的地景。

隨著駕車前往外地出差或休閒玩樂的人次大增，公路沿線的旅館性質也隨之改變。以前如果要在路上尋找品質優良的旅館，駕駛人必須繞經市中心，如此難免會經過地方政府機關、商店，以及工業、商業和住宅區。現在有了汽車旅館，再也沒必要進入市區。同時，都市計畫人員及交通工程師為了減輕市中心交通壅塞的情況，將大筆經費用於修建外環道路和高速公路，讓開長途車的駕駛人不用陷入當地人的日常生活圈。

一九三〇年代經濟大蕭條時期，汽車旅館（motor court）開始流行。最早期的「遊客小屋」（tourist cabin）類似野外露營設施，是替代旅館的便宜住宿場所，但十年內就出現了住宿品質更好且提供標準化服務的汽車旅館。美國商業部（Department of Commerce）於一九三五年首次進行相關統計，報告指出該年總共約有一萬間汽車旅館及類似旅宿場所，此數字於二十年後增加至三萬多。拜新興的連鎖汽車旅館和同業協會所賜，自駕遊客前往全國各地，都能在沿途住宿時使用同樣品牌的肥皂、同樣用玻璃紙包住的玻璃杯，以及同樣「經消毒殺菌」的馬桶坐墊。開長途車的駕駛人通常很希望能避開「商業區路線」（business route），如此他們只需要離開高速公路，在不超過數百公尺的範圍內覓食和尋找住宿處。自駕遊客無論去哪裡，入住的旅館都與在其他地方毫無二致。全美各地汽車旅館的共通點之一，就是旅館經理會努力製造一點點溫和無害的「當地氛圍」。

接下來，豪華汽車旅館也蔚為風行。這類旅館的臥室大小媲美郵輪特等艙房，提供「頂級」酒吧和如甲板一樣寬大的泳池，簡直跟豪華遠洋郵輪毫無分別。所謂「有一半的樂趣在路上」，觀光客跟商務旅客都能「在奢華環境中休憩放鬆」。如今汽車旅館的住客同樣彷佛身在汪洋大海中央，舒適地與周圍地景完全隔絕。

在新的州際高速公路上，我們可以看到旅行經驗是如何被徹底淡化稀釋。汽車旅館是同質化美國經驗最恰如其分的象徵，弗拉基米爾·納博科夫（Vladimir Nabokov）就曾在小說《蘿莉塔》（*Lolita*）中以出色的戲謔筆法加以描繪。雖然（或者因為）汽車旅館是世界上最不像任何其他地方的地方，如今民眾會待在汽車旅館裡度假一整週或更久，類似從前搭乘豪華郵輪休憩放鬆。他們更喜歡哪裡都不去、哪裡都不在——一種前路未明的過渡狀態，仍在途中。高速公路旁出現了新的觀光餐廳（弗雷德·哈維〔Fred Harvey〕公司旗下如出一轍的連鎖餐館遍布各地，當地稱之為「綠洲」可說恰如其分），這些餐廳與其他休息站設施就位在橫跨高速公路的空橋建築裡，無論往哪個方向的自駕旅客都能快速方便地進出。進入「綠洲」就能用餐，甚至不用看一眼外頭獨特的當地風景。裝盛餐點用的紙製免洗餐墊上印的不是當地景物，而是編號各異的高速公路以及其他「綠洲」的分布圖。置身高速公路上方，看著往來的車流時，旅客從中找到歸屬感，最能體會賓至如歸的感受。

正是因為州際高速公路的「改善」（由聯邦政府全額負擔每年五億美元的經費），我們一路前行，但從頭到尾只看到前方道路，其他全都看不見。自駕旅行幾乎淪為跟空洞虛無的航空旅行一樣。如今計算陸路行程的距離時，我們也用小時而非英里來計算。我們自始至終都不太清楚自己身在何處。無論在國內或到國外，旅行本身成了一種偽事件。旅行經驗已經縮減至所剩無幾，我們很難想像更進步的科技還能再減少什麼。

六

不過數年以前，踏上旅程的概念還很簡單好懂。旅行，亦即在空間中移動，為「改變」提供了一個普世共通的隱喻。死亡是展開一趟有去無回的旅程，前往那個不曾有旅人去而回返的國度。或者俗話會說逝世的人「走了」。哲學家指出，我們為了躲避時間的奧祕難解，於是向空間的具體實在尋求庇護。例如柏格森[24]主張，量度時間必須借用空間的隱喻來表達：時間「長」或「短」；另一個時代是「遠」或「近」。

現代生活帶來的其中一種幽微困惑，或者其中一種隱密的恐懼，是我們失去了這種庇護。我們不再跟從前一樣在空間中移動。我們只有在時間中移動，在千篇一律的時鐘滴答聲中量度距離，我們茫然失措，不知道怎麼跟自己解釋自己在做什麼事、要前往什麼地方，連是不是要前往某個地方都不確定。

24 編註：亨利．柏格森（Henri Eergson，一八五九—一九四一），法國哲學家，其文筆優美、文思綿密，獲一九二七年諾貝爾文學獎。

隨著前往一地與前往另一地所需耗費時間的差異逐漸縮小，時間本身也消解為空間的量度單位。全新的超音速交通工具如今已進入研發階段，成功後將能載運旅客於兩小時內橫越美國東西岸，從歐洲到美國也只需要兩個半小時。我們正在邁向「即時旅行」（instant travel）。我猜想到了那個時候，我們終究會發現自己用時間來量度時間本身，完全呼應這個套套邏輯經驗大行其道的時代。

我們稱現今的時代為「太空時代」（Space Age），但這個「空」（space）對我們來說只剩下微乎其微的意義。或許我們應該稱自己所處的時代為「太『空無』時代」（Spaceless Age）。我們將地球上的空間變得同質化，在地球上旅行的藝術從此失落，於是我們在外太空的同質性（或希望找到其多樣性）中尋求庇護。美國新建高速公路能夠提供的地景經驗之貧乏，幾乎和外太空旅行不相上下。現在我們就已處於與外界隔絕的自我封閉狀態，無力招架鋪天蓋地的觀光客加油、食宿和遊覽名勝問題。我們會拓展在月球上的經驗嗎？恐怕要等到月球上也安排好觀光景點等我們去參觀。

就連旅行書寫也出現了明顯轉變。從前的旅行文學提供讀者各方面的資訊，例如進出異國宮廷的行為準則、婚喪喜慶的儀禮風俗，以及行乞者、工匠、旅店主人和店鋪老闆的奇特行為。大多數遊記作品皆依循馬可波羅（Marco Polo）遊記的模式。然而，十九世紀中葉以後，尤其是二十世紀，旅行書寫作品不再以記錄新資訊為主，而是改為記述個人「反應」。從記錄「在義大利的生活」，變成記述「在義大利的美國人」。他們去一個地方要看的，是自己早就知道當地存在的事物。唯一需要記錄的、唯一可能帶來驚奇的，是自己對於所見所聞的反應。

異國就跟名人一樣，是對於偽事件的確認驗證。我們會感興趣，主要是因為好奇，想知道自己腦海中的印象是不是跟報紙、電影或電視上的形象雷同。羅馬許願池（Trevi Fountain；或稱特雷維噴泉）真的跟電影《羅馬之戀》（*Three Coins in the Fountain*）裡拍的一模一樣嗎？香港真的就跟《生死戀》（*Love is a Many-Splendored Thing*）裡演的一樣嗎？那裡到處都是蘇絲黃（Suzie Wong）嗎？[25]出國不再是去印證形象是否符合現實，而是去印證現實是否符合形象。

當然，旅途中還是有可能冒險。但現今旅程中的風險已經極少單純是人們前往某地的副產品。我們必須從長計議，精心規畫安排（而且不惜斥資），才能確保自己抵達某個地方時，不會跟其他無數觀光客一樣經歷平淡無奇、輕鬆愜意的旅遊經驗。風險危難必須自行製造，或是努力尋找。理查·哈里伯頓（Richard Halliburton）的旅行文學（《通往傳奇的堂皇大道》〔*The Royal Road to Romance*，一九二五〕；《輝煌冒險》〔*The Glorious Adventure*，一九二七〕；《征服新世界》（*New World to Conquer*，一九二七〕；《飛毯》〔*The Flying Carpet*，一九三二〕；《七里格靴》

25　譯註：蘇絲黃是一九六〇年電影《蘇絲黃的世界》（*The World of Suzie Wong*）中的角色，該片根據小說改編，講述一名美國建築師來到香港後，愛上妓女蘇絲黃的故事。

（*Seven League Boots*；一九三五）正是在旅行對許多美國人而言逐漸成為平淡乏味、毫無風險的商品化體驗之時，迎來大受歡迎的年代。為了將旅行變成一場輝煌冒險，哈里伯頓必須追尋古老冒險家的足跡。

他如黎安德一般泳渡赫勒斯滂[26]；追尋尤利西斯（Ulysses）、科特斯（Cortés）、巴波亞（Balboa）、亞歷山大（Alexander）和漢尼拔（Hannibal）曾跋涉的路線。甚至連「神祕的西藏」——全世界屈指可數對於旅人體力極具挑戰性的地方——也被揭開了神祕面紗。威廉・道格拉斯大法官（Justice William O. Douglas）近年也在旅行冒險的遊記書寫展露才華，著作本本暢銷。然而，他的作品充其量也只是較為平凡版本的哈里伯頓作品。史崔特夫婦皮耶與珮格（Pierre and Peg Streit）的創舉則是駕駛英國荒原路華（Land Rover）越野車，展開從巴黎到尼泊爾首都加德滿都（Kathmandu）的冒險經歷，並名之為「吉卜林荒原野地顛簸坎坷之旅」（A Jouncing Tour of Kipling's Wild Land）（《生活》雜誌，一九五七年九月二日號）。

從前的旅途危機四伏，要避開危險就必須步步為營、臨機應變；如今卻必須花費更高的成本，甚至動用更多巧思和想像力，才能製造出旅途上的風險。光是設計安排冒險，就幾乎需要耗費跟安然度過冒險一樣多的心力。廣大的數百萬觀光客負擔不起這樣的時間或金錢成本。因此，現今的冒險之旅也就無可避免地具備了人為編造、幻想假裝、虛假不實的特質。唯一看起來真實的，反而只剩下單調乏味的旅遊經驗。無論對於現存為數不多仍在追求冒險的旅人，或是已從旅人轉變成觀光客的廣大群體，旅行最終都成了偽事件。

就旅行而言，偽事件再次讓自然發生的事件相形失色。原因如出一轍。套裝行程、觀光景點、展會和「觀光」博覽會，以及所有預先安排好的冒險之旅，都可以透過極具說服力的廣告事先宣傳。它們可以設計得方便舒適、零風險、零麻煩，而自然發生的旅行從來無法做到這一點，也永遠無法做到。我們愈來愈常前往符合自己期望的地方。我們獲得滿意保證——如果預期會看到什麼卻期望落空，就能要求退費。無論如何，我們愈來愈常出門時什麼都不看，只是去拍照留影。旅行就如同我們其他的經驗，也成了一種套套邏輯。我們愈是有自覺且積極努力地擴展自身經驗，這種空洞的循環就變得愈加普遍。無論想要尋索偉大不凡的模範，或是體驗身處異地的感受，最終我們看向的都不是窗外景色，而是一面鏡子——在其中只看見我們自己。

26　編註：黎安德（Leander）為希臘神話中的人物，於夜間泳渡赫勒斯滂追尋戀人希羅（Hero）。赫勒斯滂（Hellespont）為達達尼爾海峽（Dardanelles）的古稱，位於今土耳其。

第四章
從形體到影子：消解的形式

年輕小姐甲：「你看過《文粹雜誌》（*Omnibook*）了嗎？一本裡就濃縮了五、六本書的重點，這樣一個晚上就可以把這些書全部讀完。」

年輕小姐乙：「我不喜歡。你把劇情都先看完，去看電影還有什麼樂趣。」

從誇大我們在世界上能夠找到的事物，到誇大我們重塑世界的力量，兩者之間只有一小步的距離。我們期望這個世界比實際上還來得更新奇有趣、更偉大不凡、更具異國情調。我們想像自己是主人，掌控這個任我們塑形的世界。但一個任憑我們恣意形塑的世界，或是符合我們奢望的世界，是一個成不了形的世界。

傳聞米開朗基羅（Michelangelo）解釋他雕刻大衛像（statue of David）時，單純只是除去多餘的大理石，意思是說他所觀想的，已經以某種方式寓形於那塊石頭之中。雕刻家會選中某一塊大理石，當然是因為這塊石頭最符合他們心目中的某個形象，他們往往會根據大理石的紋理走向來形塑那個形象。藝術家將形式（form）與物質（matter）相互結合：他在字詞中看見詩，在畫布上的油彩中看見畫作，在石頭中看見雕像，在某種特定材料中看見建築。

藝術時常被視為具有神性，正是因為藝術家賦予其作品獨一無二、無人能仿的具體呈現。藝術作品跟人一樣有靈魂、有自己的生命。每一件藝術品都具備神祕的獨特性，這一點在以前是理所當然。一幅畫沒辦法改製成一首詩，一齣劇不會變成一本小說。直到近年，根據小說改編的戲劇出人意料地極為稀少。刪節是一門不常應用於文學上的藝術。當然，過去有許多傳奇和民間故事，在不同吟遊詩人傳唱或不同世代流傳之下有所變化，以多種面貌呈現，但是那些偉大的藝術作品出於某種原因擁有一種力量，能夠一直保持它的獨特自身，也一直會是它自身。

「原始作品」（original）具有一種無價且無可名狀的獨特性。為了擁有帕德嫩神廟石雕（Elgin marbles）、《蒙娜麗莎》（*Mona Lisa*）、拯救某一幅多梅尼科．韋內齊亞諾[1]的畫作，或獲得某件切利尼打造的工藝品，有人散盡家財，甚至不惜冒著生命危險。「近似」（approximation）永遠無法令人滿足。每件藝術作品都有一種固定不變的性質，具有明確的邊界，這種特質直到晚近仍被視為上帝的造物所具備的特性。直到十九世紀中葉，歐洲人和美國人對於物種穩定不變的概念深信不疑，他們也相信這個概念延伸適用於所有造物，認為世界並不具有無止無盡的可塑性。上帝以其精妙藝術，創造出固定、明確的形式，因此就如盧克萊修[2]所言：「萬物可生長棲居之所，係天生注定且固定不變。」

一

十八、十九世紀各地發生民主革命，以及十九、二十世紀的形象革命，大幅鬆動了前述原本根深柢固的概念。如果藝術和文學應該向大眾普及，那就必須先變得讓所有人能看懂（而且不冒犯任何人）。打入大眾市場要付出的代價，是犧牲個別作品的完整性。隨著自由主義興起，各地方言和方言文學也大行其道。坊間開始出現經典著作的英文、法文、德文、西班牙文、義大利文等各地方言版本；一般民眾想閱讀經典著作，不一定要先學會古典時期作者寫作時使用的希伯來

1　編註：多梅尼科．韋內齊亞諾（Domenico Veneziano，一四一〇—一四六一），早期義大利文藝復興風格的重要畫家，以對透視、光影和色彩的運用而聞名。

2　編註：盧克萊修（Lucretius，約西元前九九—西元前五五）為羅馬共和國末期的詩人和哲學家，以哲理長詩《論萬物的本質》（*De Rerum Natura*）著稱於世。

文、希臘文和拉丁文。民選政府推動國民教育、提升全民讀寫能力的同時，也帶動了藝術和文學作品的大眾化。

在維多利亞時代的英國，中產階級興起的時期當然也是「無花果葉遮羞時期」（age of the fig leaf）[3]。查爾斯·金斯利[4]所謂「代表得體節制的無花果葉」不只適用於雕塑，也適用於文學。為了讓藝術品成為老少咸宜、全民共享的資源，讓男女都可以毫不忸怩地參與一場啟迪人心、陶冶性情的專人帶隊傳世藝術之旅，藝術品本身於是遭到混淆歪曲、編修潤飾、稀釋淡化，以及抽離原本脈絡——一切都是為了讓藝術品變得平淡乏味，以迎合文化素養低落者的品味。於是，「教育普及時代」很諷刺地成了「審查刪節時代」（Age of Expurgation）。新的審查刪節作法與舊有作法（審查印刷品的年代）不同，主要目標不是刪除令人不快的理念，而是隱藏生活中那些令人不快的事實。所有的審查刪節影響文學至深。蘭姆姊弟（Charles and Mary Lamb）編寫《莎士比亞故事集》（*Tales from Shakespeare*；一八〇七）的初衷，就是想讓年輕讀者熟悉莎翁劇作。托馬斯·鮑德勒（Thomas Bowdler）於一八一八年出版全十卷《家庭版莎士比亞全集》（*Family Shakespeare*），「其中對於原始文本一字未增；但不宜當著全家人朗讀的字詞段落則有所刪節」，英文中的「bowdlerize」一詞即由鮑德勒的姓氏衍生而來，意思是「刪改猥褻不潔文句」。這套書於六年內印行至第四版，此後多次再版。鮑德勒因前作熱賣而受到激勵，以類似方式編寫了全六卷的愛德華·吉朋《羅馬帝國衰亡史》（*Decline and Fall of the Roman Empire*），「旨在提供一個適合全家大小和年輕讀者的版本，全書依原始文本轉載，僅悉心刪改所有具褻瀆宗教或敗壞道德傾向的段落。」

新的通俗普及化之於文學作品，就如同新的公共博物館之於藝術作品。曾經專供名門貴族、富裕之家或博學之士獨享的珍貴文學作品，如今要陳列在數百萬民眾面前供他們閱覽。當然，開始出現某些作品的廉價版本，正確度算是差強人意。當原本在修道院或宮殿裡的雕塑、畫作、壁毯和其他藝術品被抽離原本的脈絡、搬進公共博物館；文學作品也同樣被抽離原本的脈絡，只不過是遭到刪節簡化和通俗普及化。

屬於貴族社會的經典作品古老冗長、精妙幽微且晦澀難解，要如何讓這些作品變得對所有人來說「饒富趣味」又「發人深省」（十八世紀用語是「寓教於樂」）？在英格蘭及其他地方，宗教改革運動風起雲湧之時，也是現代自由主義萌芽的時代。譯本在當時大行其道，諸如湯瑪斯·諾斯爵士（Sir Thomas North）翻譯蒲魯塔克[5]作品（一五七九），約翰·弗洛里奧（John Florio）

3　編註：在《聖經》創世紀中，亞當與夏娃吃了禁果後，開始對裸體感到羞恥，因此拿起了無花果葉編作裙子遮擋身體。

4　編註：查爾斯·金斯利（Charles Kingsley，一八一九—一八七五），英國文學家、學者與神學家。

5　編註：蒲魯塔克（Plutarch，約四六—一二五），羅馬時代的希臘作家散文家、傳記文學家及柏拉圖學派的知識分子。

翻譯蒙田[6]作品（一六〇三），以及赫赫有名的《英王欽定本聖經》（*King James Version*；一六一一）。

而在十九世紀的美國，國民教育與通俗普及化風潮往往互為同義詞。任何無法改成讓大眾覺得淺白易懂的事物，都會引發民眾對於過時神職人員及貴族統治階級的憎恨，並因此染上汙名。在奉行平等主義的美國，全國開始對人人都能學會的知識和人人都能習得的技術推崇備至，給予其不成比例的重視。例如，英格蘭的拼字規則很晚才開始發展；就一名古板嚴厲美國女老師的標準而言，莎士比亞本人可說是文盲。但美國人民拚命想找到一套文化標準，讓任何身體健全的公民只要有一點機會加上合理的努力就能符合——對於拼字的狂熱崇拜很快就立於不敗之地。諾亞．韋伯斯特（Noah Webster）編寫的《美國拼字書》（*American Spelling Book*；一七八九）和《美式英語字典》（*American Dictionary of the English Language*；一八二八）銷量皆高達數百萬本。只要是淺白易懂、老嫗能解的著作，美國人很容易過度推崇其重要性，諸如記者（班傑明．富蘭克林）或是受歡迎的幽默作家（馬克．吐溫）所有的作品。大眾混淆了通俗性與普世性。如果《聖經》真的是一部獲得神啟的經典巨著，那麼每個人讀了多少都會有點收穫；在吹起復古風潮之後，《聖經》搖身一變成了任何人都讀得懂的格言集。及至二十世紀，我們對於《聖經》的最高讚譽，是表彰其為「全世界銷量第一的暢銷書」。而且我們發現自己愈來愈難分辨，究竟我們是因為它是經典巨著才把它視為暢銷書，或者剛好反過來。

形象革命強化了前述種種傾向。它帶來了數股新的力量，進一步促進藝術品的普及通俗化與重塑——也促進了藝術品的去形解體化。形象革命經由以下數種方式達到了這一點。

首先是書籍刊物愈趨廉價。在美國，直至一八三〇年左右，書籍的製作成本高昂，但非常牢固耐久。一八四〇年代以降，拜新的製紙機器和滾筒印刷機所賜，能夠以較低的成本大量印製，市面上開始出現便宜的書籍。紐約兩家週刊《新世界週報》（*New World*）和《約拿單兄》（*Brother Jonathan*）於一八四一年展開激烈競爭，研究相關主題的歷史學家所謂「出版界的偉大革命」由此揭開序幕。為了壓低投遞所需郵資，這類週刊採用輕薄的白報紙印製，但主要的內容其實是將盜版英格蘭小說或美國作家寫的小說分次連載。當讀者發現有些小說在連載結束之前，去其他地方就能買到整本，並對此大為不滿時，兩家週刊為了搶生意，開始發行「副刊」和「號外」。他們所謂的副刊或號外，其實是將整本小說印在白報紙上，通常沒有裝訂。競爭日趨激烈，售價愈壓愈低。兩家週刊於一八四二年幾乎同時連載愛德華．普華—李頓（Edward Bulwer-Lytton）的小說《薩諾尼》（*Zanoni*）（知名度更高的《哈潑雜誌》〔*Harper's*〕也加入戰局），小說售價壓低到六美分一本。週刊之間的激烈競爭並未持續太久。一八四三年四月，美國郵政署

6　編註：米歇爾．德．蒙田（Michel de Montaigne，一五三三—一五九二），法國哲學家，被視為法國文藝復興時代後期最重要的人物之一，代表著作《隨筆集》（*Essais*）留名於世。

（United States Post Office）規定投遞副刊的郵資須比照書籍計算，這些週刊以及粗劣書刊的吸引力從此一蹶不振。之後，由於國內制定保護版權的相關法規，並逐漸加強國際版權法規的執法力道（一八八六年伯恩公約〔Berne Convention〕[7]制定後，全國才普遍執法），盜印書籍的難度變高，免付版稅、廉價好賣的書籍供應量也隨之減少。但美國書市的面貌從此不復以往，市場上永遠都有價格低廉的書籍。

在南北戰爭之前的美國，書籍出版和銷售這一行高度組織化而且利潤優渥，經由零售書店、訂閱代理商、小販及拍賣商等管道供售書籍。早期的訂閱推銷員之中，最出名者首推梅森・威姆斯牧師（Parson Mason Weems）。威姆斯身兼作家及推銷員二職，他執筆的喬治・華盛頓傳記十分暢銷，國父砍倒櫻桃樹這則故事最早的版本就出自這本傳記。威姆斯於一八二五年逝世，生前為費城出版商迦勒・韋恩（Caleb P. Wayne）賣出將近四千套約翰・馬歇爾（John Marshall）所著全五冊《華盛頓傳》（*Life of Washington*），光是這套書的代收書款就高達四萬美元。

除了紙張製造和印刷技術進步，裝幀的工業化或許是美國的書籍民主化最重要的一步。最關鍵的轉變是擺脫手工裝幀的老方法，不再每本書逐一裝訂。書殼裝訂法（casing-in）在一八三二年前後引進美國，這種新式裝幀法是將印刷好的書帖一次縫綴完成，再和已分別製作完成的制式書籍封殼黏接在一起。另一項重要革新是改用布質封面（從前常用的材料是犢皮紙〔vellum〕、小牛皮或包覆紙張的硬紙板）。自動壓書、於布質書封壓印圖案和字樣、摺紙以及線裝用的機器陸續問世，最後更研發出用機器製造書殼和自動上書殼的技術（一八九〇年代美國人的巧妙發明）。隨著各種技術進步，精裝書籍的價格自然而然下降。馬克．吐溫的《傻子出國記》（*Innocents Abroad*，一八六九）在出版一陣子之後由訂閱代理商銷售，每月約有四千名訂戶。

從前，莎翁劇作僅限於發行專門放在貴族莊園大宅的昂貴皮面裝幀對開本，幾乎不會有需要刪節簡化、刪改不雅文句或通俗普及化的壓力。然而，隨著識字的人口逐漸增加，大眾需要更便宜的書籍，書籍的工業化量產也帶動更大的銷售誘因。美國的書籍訂閱生意（由推銷員挨家挨戶推銷分期付款訂購全套書籍的方案），在二十世紀發生了一項重大但鮮少有人注意到的轉變。這種訂閱式銷售的書籍一直以來既是讀物，也具有家居擺飾的性質。在大約一九〇〇年之前，書籍推銷員的主力商品是莎士比亞、狄更斯[8]、普華—李頓、薩克萊[9]等作家的作品大全集。一九〇〇年之後，主力商品成了整套的百科全書（諸如《大英百科全書》〔*Britannica*〕、

---

7 編註：全稱為《伯恩保護文學和藝術作品公約》（Convention de Berne pour la protection des œuvres littéraires et artistiques），是關於著作權保護的國際公約，一八八六年於瑞士伯恩制定，一九七九年於巴黎修訂。

8 編註：查爾斯．狄更斯（Charles Dickens，一八一二—一八七〇），英國維多利亞時代小說家、劇作家和記者，被譽為英國十九世紀最偉大的作家，代表著有《雙城記》（*A Tale of Two Cities*）。

9 編註：威廉．梅克比斯．薩克萊（William Makepeace Thackeray，一八一一—一八六三），英國維多利亞時代小說家，最著名的作品是《浮華世界》（*Vanity Fair*）。

《大美百科全書》〔*Americana*〕、《兒童工藝百科全書》〔*Childcraft*〕、《世界百科全書》〔*World Book*〕、《知識大全》〔*Book of Knowledge*〕、《科利爾百科全書》〔*Collier's*〕、《國際百科全書》〔*International*〕），這些書籍提供人們各類知識要點（包括莎士比亞、狄更斯、普華—李頓和薩克萊的作品）。其中，一部摘錄書籍內文並彙編而成的二十冊百科全書曾是暢銷品項。這類出版品最強力宣傳的特色和賣點是附有大量照片和插圖，而且大多為全彩內頁。

低價的「豪華」版書籍和雜誌，銷量表現都相當驚人。一九二九年成立的「限定版俱樂部」出版社（Limited Editions Club）採訂閱制，為了提供會員用鉛字和原始插圖圖版直接印刷的限定版本，每次出書的印量僅一千五百部。這種商業模式的成功促使社長喬治・麥西（George Macy）成立「傳世出版社」（The Heritage Press），為更廣泛的大眾讀者提供出版品。這也掀起一股全新的出書風潮：這類書籍在排版印刷上具有大多數「限量版」的優點，但供售時幾乎不限量。多家出版商爭相仿效，努力提供具備少量印製手工書美感的書籍，並在大眾市場以低廉價格販售。

更新穎、成本更低廉的印刷和書籍製作技術不僅拓展了讀者群，也連帶讓文學接觸大眾的形式變得更加多樣化。圖像藝術（graphic arts）領域也發生了類似的變化，尤其是繪畫和雕刻藝術方面。在二十世紀中葉之前，美國人只要花數美元，就能買一幅全彩《蒙娜麗莎》或梵谷的《向日葵》（*Sunflowers*）複製畫；這種複製畫裱上適合的畫框，隔著一段距離看來幾可亂真。這種發展前所未有，而一些鑑賞家大為鄙視這些獨一無二原作的「粗俗不實再現」。藝術世界中的老派旅人，要被迫淪為普通觀光客了嗎？他會不會受到引誘，只是「在羅浮宮走馬看花」般快速瀏覽隨處可見的複製畫就覺得滿足？新的技術提供了將原作通俗普及化的方法，將原作的整體概念轉化成上千種不同形式：從廉價書籍裡的翻印圖片到燈罩、餐盤或鉛筆盒上的圖案。

第一張轉印照片出現在一八八〇年三月四日，紐約《每日畫報》（*Daily Graphic*）刊印出一張標題為「貧民窟」（Shanty-Town）的照片。當時採用了名為「半色調」（halftone）的全新印刷技法。這種技術的原理是在翻拍原始照片時插入細密的網目屏，利用過網照相技術，製作出以大小疏密不同的墨點來模擬不同明暗變化的印版。這項技術由史蒂芬·霍爾根（Stephen Horgan）和弗雷德里克·艾威士（Frederick Eugene Ives）發明，一直沿用至今。霍爾根曾遊說詹姆斯·戈登·貝內特於印製《紐約先鋒報》時採用半色調印刷，但未獲採納。最終，霍爾根成功說服《紐約論壇報》採用該技術，於一八九七年利用動力印刷機印出最早期的一批半色調照片。

隨著彩色印刷技術持續進步，開始出現彩色連環漫畫，如今「黃色新聞」（yellow press）[10]也可以印成五顏六色了。一八九六年秋天，赫斯特報業發行了全彩漫畫副刊，在宣傳時保持招牌的含蓄風格：「整整八頁繽紛絢麗、色彩紛呈，相形之下彩虹就像鉛管。」自從引進新式的珂羅版印刷機（collotype press，最初於一八九〇年自德國進口），市面上很快開始出現收錄精美彩色圖

10　譯註：「黃色新聞」意指誇張不實、聳動煽情，刻意挑撥人心的新聞報導。

片的醫學和藝術圖書。執掌紐約大都會藝術博物館（Metropolitan Museum of Art）多年的亨利・華森・肯特（Henry Watson Kent），曾於一九二六年在維也納加入麥克斯・賈菲（Max Jaffé）的開創性彩色印刷工坊，他們印製的複製畫品質優良，客戶包括紐約大都會藝術博物館等藝文機構及出版商。一九三八年，賈菲的兒子亞瑟在紐約創立了自己的印刷廠。在此之後，廉價彩色翻印圖畫的品質大為提升，不僅體現在書籍雜誌中更精美的插圖，也反映在全國各地住家、旅館客房和餐廳裡令人讚嘆的世界名畫複製畫的品質上。

類似的革新最近也出現在翻製鑄型以及製作金屬和塑膠材質雕塑複製品的技術上。如今，在博物館接待櫃台、紀念品店和書店，花點小錢就能買到古埃及或古希臘羅馬經典雕塑的複製品，精巧仿真到只有專家才分辨得出來。

形象革命席捲一個又一個領域，為我們提供了量產的「原件」。於是我們無可避免地開始認為，「原件」與唯妙唯肖（而且多半比較耐久）的複製品之間，其實就差在價格而已。對原件的尊重，愈來愈像是純粹的優越感作祟。在民主時代，要衡量一件藝術作品的聲望地位，尤其是畫作，還有什麼比透過作品複製的廣泛程度及精美度來衡量更理所當然的呢？梵谷的《向日葵》挑戰了印製彩色複製畫的技術，但可以印出色彩明亮、品質尚在容忍範圍的低成本複製畫，使義大利文藝復興經典畫作的單調色彩相形之下遜色許多。在藝術史上，偉大不朽、世界聞名跟俗濫老套從來不曾像現今一般容易成為同義詞。

原件不知怎麼的喪失了原創性，複製品讓人感覺親切熟悉多了。確實，真正廣受歡迎的是複製品，它往往能帶給我們更多樂趣。芝加哥藝術博物館（Chicago Art Institute）於一九五九年舉辦高更[11]特展時，現場有訪客抱怨，原畫色彩沒有他們熟悉的複製畫那麼鮮豔。

原件本身達到一種專精、深奧的狀態。它成了某種原型，像是印刷書籍用的活字版，或是量產其他物件用的模具。我們開始疑惑，藝術作品的主要目的是否只是提供一個產製複製品用的原始母體。從我們的視角來看，愈來愈多時候，真正能體現藝術家民主理念、人道主義、「豐富人生」宗旨的，似乎是複製品而非原件。在我們心目中充滿意義的，是掛在大學教室裡的那一幅梵谷《向日葵》，不是掛在博物館裡的那一幅。

在戲劇藝術的領域，形象革命也造就了形式的混淆，而且是更加幽微且普遍的混淆。我們不能忘記，英文小說直到十八世紀才成為一種廣為流傳的文學形式。英文戲劇的歷史比較悠久，最早可追溯至中世紀的神祕劇和道德劇，並在莎士比亞及其他伊麗莎白時代劇作家的推動下發展達到巔峰。然而基於種種緣故，小說和戲劇這兩種形式在英國文學中長久以來有著明顯區隔。將傑出小說改編成戲劇形式呈現的例子並不常見，遑論將傑出劇作重新形塑為小說。其中涉及戲劇舞

11　編註：保羅・高更（Paul Gauguin，一八四八—一九〇三），法國印象派代表性畫家，與梵谷、塞尚（Paul Cézanne）齊名，著名作品有《大溪地的女人》（*Tahitian Women*）。

台的明顯限制。

小說書頁中描繪的宏偉地景和激烈動作的全貌，無法在舞台上以很有說服力的方式呈現。要如何為《戰爭與和平》[12]打造布景？然而在電影問世之後，這些限制幾乎全被打破。有了新的技術，眨眼間就能轉換場景，將壯麗風景和狂暴動作帶進戲院——如今是搬上大銀幕。電影攝影機帶來許多新的可能性（尤其是早期只能拍攝默片的時候），引誘拍電影的人挖空心思逼出大銀幕的所有獨特潛能，想盡辦法描繪以前無法實際在舞台上搬演的情節。

首部創下票房紀錄（且至今仍為經典）的電影是大衛·格里菲斯（D. W. Griffith）的《一個國家的誕生》（*Birth of a Nation*；一九一五）。這部電影以氣勢磅礡的戰爭場面、生猛暴烈的動作，以及反派惡毒睨視和士兵壯烈犧牲等特寫鏡頭，吸引了數百萬名觀眾。這也是史上首部於白宮放映的電影。據說威爾遜總統（President Wilson）看完電影之後如此評論：「就像用閃電書寫歷史。」這種「人造閃電」之所以重要，不只在於其創造了新的戲劇形式，還在於一項同樣重要但較少有人注意的簡單事實——從前只能在書頁裡描繪得活靈活現的場景（但無法在舞台上搬演），終於能夠以另一種形式呈現：在電影大銀幕上搬演。這種戲劇形式之間的新型互換性非常誘人。不用多久，這種互換性就催生了一種無從定形、難以捉摸的全新文學戲劇形式。這樣的發展之於個人經驗，堪稱劃時代的變革，讓文學形式的世界變得比過往任何時候都更加混沌不明。

如今，幾乎任何小說裡的場景都可以戲劇化，這種情況可說史無前例。場景愈是壯闊浩瀚、動作愈是激烈且範圍愈大、轉換場景的速度愈快——換言之，愈是不適合搬上狹窄有限舞台、不適合由真人男女演員在劇院的實際舞台布景前呈現的故事情節，拿來改拍成電影就愈有吸引力。如今，無法改編成電影的小說（採用獨特精巧的文學手法寫成）已經相當罕見。與原著相比，改編的電影往往更有魅力，畢竟視覺上當然更為活潑生動。此外，隨著有聲電影誕生（一九二七年由艾爾・喬遜〔Al Jolson〕主演的《爵士歌手》〔*Jazz Singer*〕標誌著這一變革），除了極少數幾齣舞台劇和音樂劇，幾乎沒有其他形式的戲劇能夠比電影吸引更多觀眾。

電影形式出現所帶來的影響之一，是讓觀眾能夠（甚至成為常態）在戲開演到一半才入場，看完後面的部分之後，再回過頭看最前面。電視發明之後，觀看經驗的碎片化變得更加嚴重，觀眾可以隨時打開電視，免費轉台看不同節目，卻只看了零碎片段。有個例子說明了電視令人分心的程度如何達到極致，當時傑克・帕爾（Jack Paar）與艾德・蘇利文（Ed Sullivan）兩名主持人在節目中抨擊對方，而德佛瑞斯電視公司（De Forest Television）在一九六一年三月十二日號《芝加哥太陽報》刊登廣告，宣傳可以同時顯示兩、三個不同切分畫面在螢幕上的新型電視機：

12 編註：《戰爭與和平》（*War and Peace*）是俄羅斯作家列夫・托爾斯泰（Leo Tolstoy）於一八六九年出版的長篇小說，被譽為世界文學中的偉大經典之一。

> 各大電視聯播網已經磨刀霍霍，準備競爭同一時段的收視率，你根本沒辦法一直換台走馬看花，節目精采得讓人捨不得轉台。然而，德佛瑞斯電視台的雙畫面甚至三畫面，讓你全天不分時段都能將精采節目一覽無遺。如果你偏好其中哪個畫面，你可以按一下遙控器切換聲音，或是輕按一下神奇的紅外線遙控器轉台——至於耳罩式耳機，那是給老頑固用的。絕對比你想像的還好玩——今晚立即體驗。喜歡就把握機會，訂閱第一年免費。

電影電視相關技術的發展激發了無限可能性，使小說開始扮演全新的角色。小說現在成為某種廣播、電影和電視節目的剩餘遺產繼承者。有愈來愈多傑出文人（例如詹姆斯．喬伊斯、威廉．福克納和亨利．米勒〔Henry Miller〕）開始探索內在世界——充滿情欲性愛、淫穢褻瀆、象徵主義、意識流和反思內省的世界，這些都是很難令大銀幕接受、呈現的內容。小說家被激勵去深入探索無形無狀、無邊無際的世界，而拍電影的人則接掌了先前由小說家所管轄的領域——看得到、聽得到、充滿動作的奇想世界。

「正統戲劇」（legitimate theater）一詞在美國發展出新的意思，從詞義的演變過程中，可以找到與戲劇形式之間全新互換性的線索。長久以來在英格蘭，「正統戲劇」皆指稱受到官方認可、具有高度戲劇和文學價值的戲劇如莎劇，相對於歌舞雜耍表演、鬧劇（farce）、通俗劇（melodrama）等。然而，在電影蔚為風行之後，美國的「正統戲劇」一詞不再是用來區隔戲劇水準高下，而是用來區分所採用的技術。這裡的「正統戲劇」指的是由真人演員在舞台上演出的音樂劇、鬧劇、通俗劇等所有戲劇，相對於電影、電視或廣播上的表演節目。

在進一步探究形象革命對於我們的期待和經驗造成了哪些更加幽微的影響之前，我要先回到文學形式消解所引發的其中一個最基本也最普遍的症狀：刪節本和文摘的興起和普及化。

二

在歐洲古代，「節本」或「彙編本」（abridgment）或「文摘」是一種高度專門化的文學形式，用於彙集整理專門領域的文書（通常是法學相關）。最著名者首推東羅馬帝國查士丁尼大帝（Emperor Justinian）下令編寫的《學說彙纂》（*Digest*或*Pandects*，五三三），選錄了歷代羅馬法學家論著，也為後世保存了羅馬法（Roman Law）。十八、十九世紀的英格蘭法學家編纂了堪與《學說匯纂》相比的普通法（common law）摘要。美國的法學論著摘要先驅之作，則是納森·丹恩（Nathan Dane）的《美國法律總彙編暨摘要》（*General Abridgment and Digest of American Law*，全八卷，一八二三），後續又出現更多更為繁複的彙編本和摘要。藉由將日益繁多的法規法條和司法判例縮簡摘錄為容易取得的形式，經營有成的法律書籍出版商（例如明尼蘇達州聖保羅〔St. Paul〕的韋斯特出版公司〔West Publishing Company〕）大發利市。

過去，出版社編印專業領域知識的彙編本或摘要，目標讀者通常是某個特殊主題的學習者（因其專業，他們需要獲知龐大文獻中的重要資訊）。一般讀者，不論是為了休閒或求知而閱讀，挑選一本書是為了書的特色和完整內容。他選了一本小說，也許是庫柏[13]、狄更斯或薩克萊的作品，是因為他喜歡作者寫進書裡的文字、沒有寫出來的內容，以及作者說故事的方式。如果選的是一本非虛構作品，無論作者是賈里德．史帕克斯[14]、喬治．班克勞夫[15]、法蘭西斯．帕克曼[16]、拉爾夫．沃爾多．愛默生[17]或威廉．普雷斯科特[18]，是因為他喜歡作者告訴他的內容，或是他受到作者獨樹一格的延伸發揮、濃縮和論述方式吸引。自十九世紀下半葉開始，這種情況大幅改變，普遍流行的節本就是這種改變的一大徵狀。

自形象革命以來，識字率逐漸提高，書刊價格愈趨低廉，民眾能夠取得的印刷出版品種類也日益繁多。相關科技的進步不僅催生了現代新聞業，帶來鋪天蓋地的政治偽事件，也造就了如洪流般源源不絕的大量書籍雜誌。美國人民的生活水準普遍上升，愈來愈多民眾買得起出版品，同時由於製紙和印刷技術持續改良，書籍雜誌的售價也逐漸調降。隨著中等和高等教育普及，想要購買出版品的人更多了。在零售通路改善之後，購買書籍雜誌愈來愈方便。廣告大行其道，愈來愈多雜誌社得以受惠。對民主懷抱信念的民眾相信，公民社會的一分子應該增廣見聞並主動參與，也因此深信自己應該多多讀書。

全球大事影響切身生活，經濟蕭條和戰爭帶來的威脅揮之不去，突飛猛進的科學令人驚奇

——在在提醒公民，還有太多他應該知道的事情。雜誌本身利用了民眾覺得自己有義務要知道的心態，讓民眾覺得良心不安。他們覺得自己不能脫節，要讀最新出版的書籍，要跟得上最近一篇引發熱議的雜誌文章話題，要對自己生活的世界「清楚知情」。曾任哈佛大學校長的詹姆士·科南特（James Bryant Conant）於一九六〇年十月表示，對於絕大多數念完九年級的學生來說，閱讀技能要達到的最低門檻如下：「這些未來的選民應該要能以每分鐘兩百字的閱讀速度，讀完報紙頭版並完全理解。」事情多得無窮無盡，每個人該知道的也無窮無盡。那該如何做到？

13 譯註：詹姆斯·費尼摩·庫柏（James Fenimore Cooper，一七八九—一八五一），十九世紀美國小說家，以描寫美國拓荒英雄的《皮襪子故事集》（*Leatherstocking Tales*）著稱，其中第二部《最後一個摩希根人》（*The Last of the Mohicans*；或譯《大地英豪》）曾多次改編為影劇作品。

14 編註：賈里德·史帕克斯（Jared Sparks，一七八九—一八六六），美國歷史學家、教育家。

15 編註：喬治·班克勞夫（George Bancroft，一八〇〇—一八九一），美國十九世紀政治人物、歷史學家、外交官，著有《美國史》（*History of the United States of America, from the discovery of the American continent*）共十卷。

16 編註：法蘭西斯·帕克曼（Francis Parkman，一八二三—一八九三），美國歷史學家，代表作品有《奧勒岡小徑》（*The Oregon Trail: Sketches of Prairie and Rocky-Mountain Life*）。

17 編註：拉爾夫·沃爾多·愛默生（Ralph Waldo Emerson，一八〇三—一八八二），十九世紀美國哲學家、思想家、作家、詩人、美國文化精神的代表人物，美國總統林肯稱其為「美國文明之父」。

18 編註：威廉·普雷斯科特（William Hickling Prescott，一七九六—一八五九），美國著名歷史學家。

因此現今，所有人都覺得需要「節本」，需要關於全世界的文化、看法觀點和大小事件的摘錄和提要。需要幫助的不只是特定領域專家、律師或醫師，還有一般民眾。二十世紀的美國是一個教育普及、繁榮又認真的民主國家，而文摘就成了民眾的工具。

文摘有很多種不同的形式。其中一種年代最早、作法最乾脆直接的是《文學文摘》（*Literary Digest*；一八九〇—一九三八）。《文學文摘》創刊號於一八九〇年三月發行，選摘各大雜誌值得一讀的文章及多家報紙的報導和社論，提供「精選書摘」、「時文索引」和「時事紀要」。選文取向明顯偏重高深嚴肅的主題，開篇部分分別以「社會」、「產業」和「政治」為標題。第一卷第一期的首篇文章是由湯瑪斯·赫胥黎[19]教授執筆的〈論人類自然的不平等〉（On the Natural Inequality of Men），轉載自兩個月前的英國評論月刊《十九世紀》（*The Nineteenth Century*），其後多篇文摘則分別轉載自法國、德國、義大利和俄國的評論刊物。編輯室如此說明：「評論篇及新聞篇的文章，皆為原始文章的節編版本、摘要或重點提要，絕不代表《文學文摘》編輯室的意見。本刊編輯部一直以來致力於從作者本身的立場呈現其觀點想法。」《評論之評論》（*The Review of Reviews*）創刊號於同一年在英格蘭發行，數個月後在美國就成立編輯和出版皆獨立運作的分部。該月刊懷抱更為宏大的使命，編輯部刻意借用馬修·阿諾德對於文化的定義，宣稱其目標是「讓所有人都能接觸本刊頂尖作者的頂尖思想。無論群體之中最忙碌或最貧苦的人，都能了解最睿智的人最卓然超群的洞見，懷著智識上的興趣追隨當代歷史的脈動。」

書籍雜誌文摘類刊物很快就放棄曲高和寡的路線。《文學文摘》於二十世紀初改變調性，以配合一般報紙讀者的程度。其讀者群主要想看的，是時事新聞評論的摘要，以及轉載自較冷門雜誌的熱門文章。

迪威・華萊士（De Witt Wallace）於一九二二年二月創辦《讀者文摘》，新的節本時代由此揭開序幕。華萊士的父親是長老宗（Presbyterian）牧師，在中西部一間隸屬教會的小型學院任教。後來的發展證明了華萊士是編輯天才，《讀者文摘》很快就比其轉載的任何雜誌更受讀者的歡迎，成為二十世紀不同凡響的出版奇蹟。例如在一九五九年這一年，美國聖經公會（American Bible Society）的聖經總發行量為一千七百五十萬部，而《讀者文摘》則在該年以十三種外語發行了約三十種版本（包括點字版），每月的全球總發行量約為兩千一百萬本。僅僅在美國，《讀者文摘》的每月發行量就超過一千兩百萬本，是熱門程度居次的美國雜誌每月發行量的將近兩倍。一份可信的調查結果估計，每個月全美至少有三千兩百萬人讀過《讀者文摘》——每四個成人裡就有一人讀過。

要討論在二十世紀的美國，形式是如何消解，以及我們的經驗是如何逐漸「二手化」，《讀者文摘》的興起就是最好的線索。《讀者文摘》這本在美國最通俗普及的雜誌，並不以「原作」

19　編註：湯瑪斯・赫胥黎（Thomas H. Huxley，一八二五—一八九五），英國生物學家、達爾文學說的捍衛者。

自居，而是以「文摘」之姿現身。影子的銷量超過本體。節本和文摘不再是某種引領讀者親炙他真正想陶醉其中的原作的手段，讀者想要的就是文摘本身。影子成了本體。

《讀者文摘》的故事，堪稱一部產製偽事件、將美國經驗稀釋淡化並套套邏輯化的史詩（或許我們該稱之為「偽史詩」〔pseudo-epic〕）。《讀者文摘》總部於一九三九年進駐一棟精心設計、造價一百五十萬美元的喬治王朝風格（Georgian-style）辦公用建築物，該棟建築位在紐約州查帕夸（Chappaqua）外圍，坐擁占地八十英畝的園林坡丘，共有約一百名編輯及兩千五百名職員在此工作。此外，《讀者文摘》也在紐約、倫敦、巴黎、哥本哈根、哈瓦那（Havana）、赫爾辛基（Helsinki）、魁北克、馬德里、米蘭、奧斯陸（Oslo）、里約熱內盧（Rio de Janeiro）、斯德哥爾摩（Stockholm）、斯圖加特（Stuttgart）、雪梨、多倫多、東京等多個大城市設有辦公室，旗下作者跑遍世界各地。但《讀者文摘》創辦人可說是白手起家。迪威·華萊士的妻子莉拉·艾琪森·華萊士（Lila Acheson Wallace）當過英文教師和社工，夫婦是在格林威治村一家地下酒吧的無隔間地下辦公室創業，他們自己用剪刀漿糊剪剪貼貼製作出創刊號，再將一本本雜誌裝進郵包裡搬去郵局寄送。創刊號甫上市即大獲好評。

華萊士夫婦最初用極少資金就能創業，正是因為完全不用聘請作者或編輯。華萊士只要去一趟紐約公共圖書館（The New York Public Library），就能挑選其他雜誌上他覺得能吸引讀者的文章，自行謄抄、節錄、改編後收錄於自家雜誌。刊載原始文章的雜誌出版方認為，這些簡短節錄版本的流通是幫他們免費打廣告。除了極少數例外，雜誌社大多樂意讓華萊士轉載文章。創刊號共有六十二頁（不包括封面封底），收錄三十一篇文章，此後一直維持同樣形式，沒有太大的變化。早年曾有一期的封面附上這句圖說：「精選各大雜誌文摘，『一天讀一篇』——以小冊形式摘錄集結，篇篇雋永，饒富趣味。」《讀者文摘》並不將自己定位為「出版商」，而是以「協會」自居，可說忠於其人為編造的特質。一九二三年八月號如此說明：「《讀者文摘》並非一般定義的雜誌，而是以合作方式為讀者提供便利省時的服務。本協會竭誠為您服務，也應為您的親朋好友服務。」「讀者文摘協會」（Reader's Digest Association）確實存在，由迪威・華萊士持股百分之五十二，其妻莉拉・華萊士持股百分之四十八；所有訂戶皆自動具備「會員」身分，但不具任何所有權或控制權。

如雜誌的官方正史所說明，其運作理念的精髓——即「迪威・華萊士最基本的發現」——在於雜誌將透過某種神奇的鏡像反射，映照出讀者自身，也因此取名為「讀者文摘」。「雜誌文章可以為取悅讀者而寫，讓讀者在急速發展的一九二〇年代世界，得以了解各種議題事項的重點提要。而不是長篇大論、賣弄文學修飾手法，只為了讓作者自己或編輯滿意。」

《讀者文摘》創立後約十年以來，皆遵循華萊士初創時的單純作法——瀏覽其他雜誌並揀選適合為讀者改編的文章和故事。而依據無可撼動的偽事件法則，《讀者文摘》開始催生其他偽事件。華萊士本人後來形容這種創新手法是「不可避免的發展，或許是《讀者文摘》創刊以來最重大的發展。」如同所有偉大的發明，這個點子簡單得令人叫絕。作法就是先在其他雜誌「植入」一篇完整的文稿（依據《讀者文摘》編輯部的指示撰寫），之後就能在《讀者文摘》提供該篇文稿的摘要。《讀者文摘》編輯部會先構思出一篇兩頁長的新文稿，預備刊載於自家雜誌；但他們不會直接寫出這兩頁，而是委託一名作者依據主題撰寫出「完整」文稿，篇幅長度可能是預備刊載的文摘版本的五倍。這篇委託撰寫的文稿（有時甚至還未完稿）就獲其他雜誌接受，並與其他正規內容一併刊登，過程中所有衍生費用由《讀者文摘》支付，包括作者撰寫完整原始文章的稿費。當然，這樣的作法造就了「文學偽事件」的完美例子。這類文稿可能安排刊登於《週六晚郵報》、《淑女家庭雜誌》（*Ladies' Home Journal*）、《假期》旅遊雜誌（*Holiday*）、《美國退伍軍人雜誌》（*American Legionnaire*）或《扶輪社刊》（*Rotarian*），刊登的主要目的就是為了讓《讀者文摘》之後可以刊出文稿的摘要。

《讀者文摘》採取這種作法的動機為何，如今難以確知。或許華萊士精力旺盛，單純不甘於只是販賣二手文章，也想試著產製原創商品。為《讀者文摘》撰寫官方正史的歷史學家指出，這種作法有其必要。一九二〇年代各大雜誌百家爭鳴，為《讀者文摘》提供了豐富的文章素材，但包括《北美評論》（*The North American Review*）、《史格利布納雜誌》（*Scribner's*）、《世紀雜誌》（*The Century*）、《評論之評論》、《赫斯特國際雜誌》（*Hearst's International*）、《論壇雜誌》（*The Forum*）、《世界的運作》月刊（*World's Work*）、《麥克可勒雜誌》（*McClure's*）、《美國人》雜誌（*The American*）、《科利爾週刊》、《當代歷史》雜誌（*Current History*）、諷刺雜誌《法官》（*Judge*）、舊版《生活》雜誌、《描繪者》（*The Delineator*）、婦女雜誌《圖像評論》（*Pictorial Review*）及《婦女家庭良伴》（*Woman's Home Companion*）在內的多種雜誌後來紛紛停刊，適合節錄改寫且符合《讀者文摘》特殊調性的文章也就愈來愈難取得。

《讀者文摘》採取的全新模式需要擷取原始文章中的某些概念，但供應原始文章的來源很難保持穩定充裕。《讀者文摘》大獲成功的祕訣在於創造了一種需求，唯有源源不絕供應專門用來寫成摘要的文稿（可以說是「假文章」）才能滿足。無論如何，在經過精心節錄改寫的文摘集裡，根本無從分辨假文章和自然寫成的文章之間有何差異——就如同電影布景中的巴比倫（Babylon）城牆不需要真的打造得很牢固結實，只要在鏡頭裡看起來有模有樣就好。

不論動機為何，結果顯而易見。《讀者文摘》最初的吸引力在於能夠綜觀全局，如今反而自己打造起待綜觀的全局。植入的文稿就如同政治人物訪談或觀光景點，是勤懇認真的從業者為了將工作做好而產製，是為了迎合顧客的期望，讓顧客覺得物有所值。造成不實再現的正是堅持誠實作事的《讀者文摘》編輯群。《讀者文摘》將一篇植入的文稿節選改寫為文摘並刊載時，當然可以正大光明宣稱該篇「摘自《美國退伍軍人雜誌》」。

編輯部最初明顯持保留態度，這種作法是在一步步發展之下成熟。一九三〇年四月發行的《讀者文摘》中，出現了首篇沒有標明任何出處的文章。這篇〈音樂與工作〉（Music and Work）

沒有標出作者姓名，為避免損及商譽，僅標示「為《讀者文摘》特別彙編」，沒有標出是原創文稿。《讀者文摘》於三年後刊出第一篇有作者署名的原創文章：〈現代社會的大敵：精神病〉（Insanity — the Modern Menace），撰文者是亨利．摩頓．羅賓森（Henry Morton Robinson）；同年稍晚又刊出數篇原創文章，包括討論火葬的〈十萬火急的課題〉（The Burning Question）。

大約在同一時期，出現了首篇由《讀者文摘》植入其他雜誌的文稿。由於相關議題十分敏感，很難蒐集到確切的統計數字。喬治．貝涅特（George W. Bennett）自一九三九到一九四三連續五年，獨立調查這五年發行的《讀者文摘》共計一千九百零八篇文摘，確認了其中九成（即一千七百一十八篇）的來源。其中七百二十篇是依照原本模式編寫的文摘（摘錄其他刊物自發刊登的文章），三百一十六篇是專門為《讀者文摘》撰寫並由其獨家刊登，剩下六百八十二篇則是根據植入的文稿改寫而成的文摘。換言之，《讀者文摘》在這段時期的文章僅有四成多一點，確實是其他雜誌所自行刊載文章的「摘要」。有將近六成的內容或明示或偽裝，全是自家雜誌社原創文章，亦即將設計好的原始文稿經由設計好的逆構過程產製而成。由之後的抽樣調查結果可知，一九四四年以後多年來，真的文摘與原創文章一直維持同樣比例。也就是說，大部分讀者在《讀者文摘》讀到的，其實根本不是「文摘」。

在形象革命時代，比起本體原件的影子，世人很自然而然更偏好影子的影子。《讀者文摘》編輯群身為二十世紀最暢銷雜誌的編輯，卻覺得很不自在，幾乎不敢承認他們免費提供給讀者真正原創著作的稀釋版。《讀者文摘》社方直到晚近才公開發聲，為自家的「仿擬節本」讓「真節本」相形失色的作法辯護。社方表示「文章作者、首先刊載文章的雜誌及敝社皆因此受益良多。」除了二十世紀的美國，還有什麼地方的編輯會因為提供了實質上更具原創性的讀物，覺得可能是在欺騙讀者而良心不安？

三

《讀者文摘》是目前為止最受歡迎的文摘刊物，但類似刊物族繁不及備載。《作家文摘》（*Writer's Digest*）、《天主教文摘》（*Catholic Digest*）、《新教文摘》（*Protestant Digest*）、《文粹雜誌》、《科學文摘》（*Science Digest*）、《黑人文摘》（*Negro Digest*）、《推理文摘》（*Mystery Digest*）、《兒童文摘》（*Children's Digest*）、《集粹：青年文摘》（*Compact: The Young People's Digest*）、《速讀文摘》（*Quick Digest*）、《新版本》（*New Editions*：輯錄暢銷書書摘）等等，其中有些是《讀者文摘》的模仿者或追隨承襲者，也有一些與《讀者文摘》並無關聯。無論任何文摘刊物，發行量通常都勝過供應原始文章的多種來源雜誌。即使不提文摘刊物的壯盛發展，其存在就見證了文學形式的衰微——甚至消解。當讀者（如《讀者文摘》所誇稱）只接收到「各種議題事項的重點提要」，而非「長篇大論、賣弄文學修飾手法，只為了讓作者自己或編輯滿意」的原始文章，他們接收到的是不具形式的概念。於是他們相信，一件刊印出版的作品可以存在於一種非文學的虛空。一則故事或一篇文章就是重點或精華所在，文字只是莫大的包袱。它是一種「流溢」（emanation）——一縷自印刷書刊滲出的文學靈質，但並非真正駐留於任何一組字句之中。最通俗流行的讀物，如今以不具形式的本體呈現自身。「文學修飾手法」（可以是內容取材、形式體例，以及任何作者感興趣但可能讓特定讀者興趣缺缺之物）似乎非常浪費，只是對讀者造成干擾。

形式的消解有很多種——雜誌文章的摘要和節錄只是其中的一種，也是書刊雜誌廉價化大量印製的副產物。根據法蘭克·路德·莫特[20]的估算，自一八八五到一九〇五年間，美國各地市面上在任一時間點的現有雜誌種類，從三千三百種增加至六千種。新創刊的雜誌則有約七千五百種。眼看雜誌種類多到沒有人讀得完，而這些雜誌又大同小異，幾乎無法分辨有何不同，讀者自然而然需要幫助。他會很樂意加入某個「協會」，接受對方提供的各家雜誌「重點」。

形式的消解以及尋索重點精華的現象，不只出現在通俗書寫的領域，科學界也出現了同樣的形式消解。這一點有助於解釋科學家和人文學者為何在現代分道揚鑣。人文學者一直熱中探究呈現概念的特定形式（所謂「文學修飾手法」），認為語言、修辭、語彙和戲劇結構與概念密不可分。但是在現今的科學家眼中，科學論文或書籍只是一種載體。從前如約翰·詹姆斯·奧杜邦[21]寫鳥類學，查爾斯·達爾文[22]寫生物學，威廉·詹姆斯[23]和佛洛伊德寫心理學，書寫時皆運用了文學技巧，他們的論著因此既是文學經典，也是科學經典，但現今的科學家逐漸揚棄這樣的書寫方式。

原因不只在於二十世紀的科學進展飛快，也在於傳播科學進展的書籍期刊數量（在形象革命之後）翻倍暴增。一九四〇到一九六〇年之間，每年出版的科學和技術相關論文篇數成長為先前的二到三倍。僅僅一九六〇年這一年，以全世界六十多種主要語言發表的科學科技論文篇數合計為一百萬至兩百萬篇之間，分別刊載於五萬至十萬種科學期刊。

蒐集消化與任一主題有關的資訊於是成了龐大且複雜的新課題。國際商業機器公司（International Business Machines Corporation，以下簡稱IBM）發明家漢斯・盧恩（H. Peter Luhn）提供的解決方案，是寫出一種「自動摘要」（auto-abstracting）電腦程式。電腦會針對一篇文章中所有重要字詞，自動進行統計分析，且程式設定上會略過不重要的字詞，例如「如果」、「以

20　編註：法蘭克・路德・莫特（Frank Luther Mott，一八八六—一九六四），美國歷史學家，曾在愛荷華大學任教，並開設了全世界第一門新聞攝影課程。

21　編註：約翰・詹姆斯・奧杜邦（John James Audubon，一七八五—一八五一），法裔美籍畫家、博物學家，其繪製的鳥類圖鑑《美國鳥類》（*The birds of America*）被視為美國國寶。

22　編註：查爾斯・達爾文（Charles Darwin，一八〇九—一八八二），英國最著名的英國博物學家、地質學家和生物學家，其最著名的學說為「天擇演化論」。

23　編註：威廉・詹姆斯（William James，一八九八—一九四四），美國哲學家及心理學家，為美國機能主義心理學及實用主義心理學先驅。

及」和「但是」。在計算出十或二十個出現最頻繁的字詞之後，電腦接著會挑出這些關鍵詞出現最為密集的句子，再將這些句子彙整組合，就成了該篇文章的「自動摘要」。正是因為連論文摘要都多到科學家無法讀完，對於這類用電腦自動生成摘要的迫切需求才應運而生。及至二十世紀中葉，大約有三百種期刊專門提供其他期刊論文的摘要。「如果我們不想辦法製作摘要的摘要，」德瑞克・狄索拉・普萊斯（Derek J. de Sola Price）在傑作《自巴比倫以來的科學》（*Science Since Babylon*；一九六一）中就指出：「科學論文很可能終將步上窮途末路，儘管我們很難擺脫科學絕不能少了論文的偏執想法。」

IBM總裁小湯瑪斯・華生（Thomas J. Watson, Jr.）所稱的「資訊爆炸」（Information Explosion），不僅對於我們希望藉以傳達想法概念的形式造成了極為深遠的影響，甚而連帶影響了我們對於文學形式或其他任何一種形式的尊崇。直到晚近，翻譯一直是一種高難度、幽微巧妙且備受尊崇的文學之藝。許多文學家（如喬治・查普曼〔George Chapman〕、諾斯爵士、約翰・德萊頓〔John Dryden〕和朗費羅）以翻譯荷馬、蒲魯塔克或但丁的作品享譽文壇；亦有能譯能寫，但主要以譯作留名於世者，如愛德華・費茲傑羅[24]和史考特—蒙克里夫[25]。傳統人文教育（例如在英國）的智識養成，就是從練習古希臘文、拉丁文和英文三種語文的互譯開始。

古典學和外國語文學研究在美國逐漸沒落，我們慢慢失去了這個學科。如今面臨愈來愈龐大的書刊資源，為了獲得不同語言的版本，新興的資料處理產業推出改良的翻譯機。「馬克二號」

（Mark II）翻譯機由ＩＢＭ與美國空軍合作研發，可將一段俄文翻譯成ＩＢＭ所謂「粗略但可讀懂意思的英文」。以下是這台翻譯機將一段俄國文學評論譯成英文的成果：

美國出現新翻譯不朽小說ＬＮ托爾斯塔戈「戰爭與世界／和平」。真相，並不都是新穎的，但只是其中的幾個片段，甚至非常少／很少，以至於它們占據了整張打字頁。但儘管如此，這個成就。儘管如此，文化不站立／成本就地。有東西翻譯。有東西印刷。真相，根據意見某些文學懷疑論者，翻譯製造足夠／相當「橡木」。但這個，正如他們所說，意見分開惡意。如果然而誰懷疑翻譯者資格，那個崇拜者它／它的才華可以告訴／揭露，它擁有儲存字詞，等於六十萬，當時莎士比亞必須滿足只有一些可憐的兩萬四千個單字。激烈討論文學專家。代表性的美國統一翻譯者，顯然，出於競爭考慮，試圖毀謗新名人。指出，特別，在那個，某些特定俄語表達方式翻譯太多字面上地，沒有傳達它們／它們的真正意義。另一方面，工程師保證，這種短缺很快就會被移除並且在光／世界上將可以出現甚至寫成詩句翻譯。

24　編註：愛德華・費茲傑羅（Edward Fitzgerald，一八〇九—一八八三），英國詩人、翻譯家，著名譯作為波斯詩人奧瑪・開儼（Omar Khayyam）的《魯拜集》（*Rubáiyát of Omar Khayyám*）。

25　編註：史考特—蒙克里夫（Scctt-Moncrieff，一八八九—一九三〇），英國作家、翻譯家，著名譯作為馬塞爾・普魯斯特（Marcel Proust）的《追憶似水年華》（*À la recherche du temps perdu*）。

科學研究的進展飛快，但將文章投稿至期刊通常需要兩或三個月才確定能否刊登，科學家不敢等那麼久。社會科學和人文領域的學者會等收到單篇文章的抽印本（reprint）[26]之後，與同行學者交流分享；但科學家迫於時間壓力，改為分享「預印本」（preprint）（類似科學界版本的《讀者文摘》植入文稿節本），即在「出版」之前預先印製的論文初稿版本。最重要的科學研究機構成了德瑞克・狄索拉・普萊斯所謂新的「無形學院」（Invisible College）——在非正式的集會場合，頂尖科學家定期聚在一起交流最新發現。在各地首屈一指的研究機構，科學家們精力旺盛、求知若渴，等不及收到期刊就急著知道同儕的最新研究結果。他們會不時打長途電話聯絡其他地方的同儕，以便第一時間得知積極進取的合作學者當天早上的最新發現。

四

書籍就如同雜誌文章，也面臨了形式的消解，而且同樣是形象革命所致。單是一九〇一年這一年，出版的圖書總計約八千種，是美國截至一八〇四年已出版圖書種類總數的六倍有餘。書籍出版量持續增加，到了我們這個時代更是達到巔峰，需要提供類似雜誌文摘的書籍摘要和節本的壓力也隨之加劇。目前美國最大的讀書俱樂部於一九六一年提供的其實不是完整書籍，而是經過節選的「精華版」（condensation）。

「condense」一詞原本是濃縮至更稠密，或壓縮至更扎實沉重的意思——直到十九世紀初才開始當成文學上的比喻，意指將概念濃縮至十分精簡——到了二十世紀初被賦予幾乎相反的意思。如今提供「濃縮精華版」的目的不再是讓文學作品「更扎實沉重」，而是無論任何層面都變得更為「輕巧短小」——更方便隨身攜帶，讓邊慢跑邊看書的讀者讀起來更輕鬆，畢竟他應該不太想「辛苦啃完」整本厚重原作。「讀者文摘好書精華版俱樂部」（Reader's Digest Condensed Book Club）於一九五〇年創立，一年內吸引超過五十萬人入會，會員人數於四年內達到兩百五十萬。及至一九五八年，其會員數已超過規模居次的兩家讀書俱樂部會員數加總。單冊「好書精華版」的銷量可能高達三百萬本，每年印行的「讀者文摘好書精華版」冊數更多達近一千兩百萬。

隨著平裝書興起，公版書重印本（reprint）大量出版，加上書籍必須在書報攤上與雜誌競爭，將書籍原作改編和摘錄的壓力也愈來愈大。有時，節本不一定會有明確標示，可能會含糊其詞或隻字不提；有些節本甚至會被當成更高一級的商品，經過節選摘錄反而成為書商宣傳的賣點。班坦出版公司（Bantam Book）出版的盧．華萊士（Lew Wallace）所著小說《賓漢》（*Ben Hur*）書封上，標出「權威版現代節本」字樣。

26 編註：抽印本係指印製紙本期刊的時候，個別文章作者可向雜誌社單獨購買其撰寫內容的特定頁數。

與一些誇誇其談的看法相反，文學在現今美國遇上的最大難題並非來自於市面上的書籍不夠多，反而恰恰是來自在於市面上的書籍（含括精裝本和平裝本）數量之多前所未見。由於賣書的利潤愈來愈薄，加上基於商業考量必須大量印製發行（以平裝本為例，大多需要印行至少十萬本）的需求，出版業者為了維持營運規模和市場競爭力，要承擔的壓力和風險也愈來愈大。如艾伯特．凡．諾斯蘭[27]在其絕妙著作《變質的小說》（*Denatured Novel*；一九六〇）中所述，平裝書出版社推出的品項通常限定於幾種特定類型，不外乎商業小說、戰爭小說、懸疑推理小說等。此外，這些書籍有愈來愈多其實是由專門重新發行平裝書的出版社（**"reprint" house**）委託出版。由於真正能夠印行的「舊版書」[28]慢慢消耗殆盡，平裝書出版社又希望能發行銷售風險低的商品，因此愈來愈多的「原創重印作品」出現——書籍品項不再是先前發行過精裝版的書籍，而是原原本本的「重印平裝版」。在平裝書出版社的預先安排之下，正規的大眾書籍精裝版出版社發行特定書籍的精裝版，之後平裝書出版社就能發行該書的「重印平裝版」，與《讀者文摘》在其他雜誌植入文稿的作法可說異曲同工。

及至一九六〇年，平裝書出版社的出版書目上其實已有多達三分之一並非已發行過精裝版的書籍，其中有些仍偽裝成「重印」平裝版，有些索性大方揭露，而這個比例仍在攀升。精裝書出版社和「重印平裝版」出版社之間的關係，愈來愈近似雜誌出版社和《讀者文摘》雜誌社之間的關係。如果有一部作品，在「原始」精裝版發行之前，就已經確定有平裝書出版社預備大量發行「重印平裝版」，等同於向精裝書出版社掛保證，該部作品必將大受歡迎，鼓勵出版社發行精裝版並增加庫存量。《出版人週刊》（*Publishers' Weekly*）的文章和廣告及其他管道，在業界極盡所能廣為宣傳此一事實。反過來也同樣成立，一本書的精裝版上市，無異於向平裝版的潛在顧客保證這本書值得典藏，也有助於帶動平裝版的銷量。精裝書出版社有時甚至堅持將一部作品先交由平裝書出版社發行，之後再自己發行精裝版。這麼做是為了替自己保險，畢竟發行某位新作者的小說出道作之類的書籍難免有賠本的風險。有時候平裝書出版社發掘了一部預期會很暢銷的作品，就不會自行出版，而是先將作品「植入」精裝書出版社，交由該出版社先發行精裝版。如此一來，平裝書出版社就能確保該部作品獲得重視，並在書評界樹立口碑——或者套句行話，「打出知名度」。

27　編註：艾伯特・凡・諾斯蘭（Albert Van Nostrand），十九世紀美國出版商和企業家，創立了專注於科學、工程和技術書籍出版的凡・諾斯蘭出版社（Van Nostrand Publishing）。

28　譯註：「舊版書」（backlist，或譯「長銷書」）是指各家出版社已出版且尚未絕版的書，相對於最近一年內市出版的「新書」（frontlist）；美國新書出版時，通常會先發行價格較高的精裝版，書籍上市一段時間之後，再大量發行價格較低的平裝版，前文中提到的班坦出版公司即為平裝書出版社。

五

正如我先前提到過的，與形象革命同時崛起的電影，造成文學形式的另一種消解。在呈現文學作品的視覺媒體之中，電影成為有史以來第一種閱觀者人數遠遠超過印刷刊物的媒體。「有聲電影」（talking film，或許該稱為「非閱讀」〔non-reading〕電影）問世之後，將電影與印刷頁面之間的距離拉得更遠。繼發明活字版以及歐洲各地方言文學興起之後，電影形成一股新的影響力，能夠決定大眾如何看待文學，尤其是看待富有想像力的寫作的態度。在這個時期，大眾開始談論「非虛構」作品（此用法最早的文獻紀錄是在一九一〇年前後），不同於從前將「事實」視為常態。只有在我們這個時代，才以一種消極的方式來界定現實的世界。「虛構」（意即「非事實」）似乎變得太過真實自然，以至於事實本身都必須透過與虛構作品的對比來加以描述。而我們之所以會有這樣的想法，主因之一肯定是受到電影的影響。

電影造成的另一種影響則更加幽微。這種更加活潑生動、通俗普及的媒介，使文學形式得以轉化，也因此大加助長了文學形式這個概念本身的消解。電影產業成為大眾書籍出版社的最大客戶。如今，大眾所接觸到重要文學作品最生動的形式，不再是直接的形式。小說家的產品是小說：一種具有自身專屬形式的文字排列組合。然而現今有更多閱觀者體驗到的不是小說，而是根據小說改編的電影。當然，唯有印刷出來的書頁，才能提供「原汁原味」的正宗作者創作。電影充其量只能說是該件作品的一種影像化呈現。

雖然小說的電影版本不是為了登上新聞而特地製作，卻具備偽事件的其他特質。它是人造的，能夠不斷重複呈現，對於追求舒適方便的懶惰觀眾來說再適合不過。它同樣具備了偽事件最重大的特質：對於大多數人來說，偽事件其實比自然發生的原始事件更加鮮活動人；原始事件在此例中即小說本身。美國人很快就開始認為，小說的改編電影才是「原始」版本，小說這種文學形式則淪為次要的、間接的紙本記述。電影在大銀幕上的呈現「有聲有色」，鮮活生動比起紙頁更勝一籌，這樣的趨勢也就無可避免。觀眾可以買到電影《亂世佳人》（*Gone With the Wind*）或《戰爭與和平》的原著小說平裝版，書封上還印著「真實」人物圖像（例如飾演白瑞德〔Rhett Butler〕的克拉克・蓋博〔Clark Gable〕和飾演郝思嘉〔Scarlett O'Hara〕的費雯麗〔Vivien Leigh〕）。有些在電影上映之後才出版的小說，為了保持「原汁原味」，情節鋪陳甚至亦步亦趨跟著電影中的故事線，與文字創作原型相去甚遠。華特迪士尼公司製作的電影《海角一樂園》（*Swiss Family Robinson*；根據約翰・魯道夫・韋斯〔Johann Rudolph Wyss〕原著小說《瑞士家庭魯賓遜》〔*Swiss Family Robinson*〕改編，但與原著大相逕庭）上映之後，一本「經典」漫畫應運而生，旨在帶給小讀者一個情節完全忠實迪士尼大改原著所拍成電影的「原作」。

大眾傾向認為電影更為真實道地的趨勢無可抵擋，這樣的趨勢也進一步簡化了當前主導大眾認知的所有戲劇形式。畢竟儘管電影運用了更為繁複的設備技術，但從戲劇的角度來看，其故事情節通常比小說簡單。電影中通常會加入一些角色或情節，讓故事依循觀眾熟悉的套路發展：諸如加入與主角談情說愛的角色，強化正邪對立，或是確保結局皆大歡喜。

電影傑作《岸上風雲》（*Waterfront*；一九五四）上映後票房大賣，但編劇巴德．修爾柏（Budd Schulberg）對於電影所能傳達的內容並不滿意。這部電影的劇本是修爾柏撰寫的，撰寫時間甚至早於他撰寫的同一題材的小說——他在看了電影之後（該片由伊力．卡山〔Elia Kazan〕執導，馬龍．白蘭度〔Marlon Brando〕主演），覺得以電影而言算是效果極佳，決心將同一個故事寫成小說。修爾柏在《週六評論雜誌》（*The Saturday Review*）一九五五年九月三日號發表了一篇雄辯有力的文章——〈影業不會買，又何必要寫？〉（Why Write It When You Can't Sell It to the Pictures?），清楚地闡釋自己為何這麼做。這篇精采的文章極具說服力，清楚陳述電影與小說之間時常遭人遺忘的差異。修爾柏認為電影固然表現出色——《岸上風雲》獲頒多個奧斯卡獎項、威尼斯國際影展銀獅獎等多項大獎——但比起最佳影片中所能表達的，他仍然覺得自己還有更多話要說。

修爾柏認為電影跟小說是兩種不同的說故事方式，兩者都不可能被彼此取代。

> 劇本在形式上有所局限。導演有機會透過自身洞見發展角色和背景故事，因此一部電影最好是導演與作家真正的共同創作。以我的《岸上風雲》劇本為例，總頁數（經過大幅

> 刪減後）是一百一十五頁初稿，而小說頁數是劇本的五倍之多。電影是一門劇情高點（high point）的藝術。我想像中的電影最好有五到六個段落（sequence），每個段落逐漸推升至高潮，推動接下來的劇情發展；而小說是一門劇情高點、中點和低點的藝術……電影聚焦在單一角色時表現最佳；《革命叛徒》（*The Informer*）這部片就將故事說得精采淋漓，但像《戰爭與和平》這樣支線劇情太多的電影，就常常不知所云。電影沒有時間去處理我所謂必要的「離題」（digression）。「離題」去談複雜矛盾的角色，「離題」去談社會背景。電影的劇情模式必須是重要情節一段接著一段，持續不斷去堆疊。這種形式非常刺激。但為了這樣的刺激，必須付出代價。電影不能像人生一樣不按牌理出牌，或像人生一樣總會暫時停頓，尋思偶然發生或出乎意料之事。

因此，我們指責電影導演把事情想得太簡單，往往並不公平。他們是在一種媒體工作，而這種媒體與其他任何媒體一樣有所局限。即使在最好的情況下，電影仍會是趨於簡化的媒體。即使是賣座巨片，即使是呈現壯闊全景的《一個國家的誕生》或《亂世佳人》，故事情節也很簡單，寓意教訓單純不複雜。即使是傑出的大衛．格里菲斯，企圖在《忍無可忍》（*Intolerance*）片呈現複雜故事情節，也吃了不少苦頭（電影上映後票房慘澹）。《忍無可忍》以其精巧繁複的情節設計展現了大膽的實驗性，是極具挑戰性的先例，卻沒有任何成功的後繼之作；《一個國家的誕生》反而成為後人群起仿效的典範。

我們相信自己可以將小說的精華之處拍成電影，由此足見我們對於自己主宰世界的力量是抱持著如何豪奢的期望，讓我們逐漸遺忘小說裡有些什麼（在一部好的小說裡總是非常多）終究無法電影化。確實有許多「正統戲劇」或小說無法呈現的，現在都可以透過電影以視覺化的方式呈現，但這卻造成我們太過輕易就相信，沒有什麼（或至少沒有什麼重要的）是不能搬上大銀幕的。九十分鐘的片長限制（即使加長至兩倍或三倍），必然只能含括人類經驗之中一個狹隘的場域。就如修爾柏所堅持，儘管陸續出現聲音設計、特藝彩色技術、廣角鏡頭、新藝拉瑪寬銀幕（Cinerama）、3D立體電影拍攝等種種革新，在電影人和電影觀眾的理解範圍之外，仍一直有一個更加廣闊無垠、豐富幽微的世界。歷史發展和社會互動的精微細節、觀點視角與矛盾扞格，並不適合透過電影鏡頭來呈現。真正的專制暴君不是海斯辦公室（Hays Office）[29]或地方上的審查制度，而是電影形式本身。電影能夠「說出來」（speak-out），如同《岸上風雲》說得鮮明生動甚而令人驚駭，這一點無庸置疑。但是小說能夠做的——誠如修爾柏所言——是「捫心自語（speak-*in*），進入心靈尋索內在的戲劇。」電影《岸上風雲》最後以戲劇化的馬龍．白蘭度特寫鏡頭收尾，自有其高明之處，而小說的結局可以收在「更深沉真切的無以終結……電影必須搬演行動，書則有時間揣想尋思……眼見令人目不暇給的電視節目盛大場面，寬還要更寬的全景大銀幕，以及其他所有推陳出新、效果絕佳的奇技淫巧，書寫仍然是那股帶來文明教化不可或缺的影響力，能夠洞徹人類想望的未知之境。」

讓我們的現實感岌岌可危的，並不是電影應該從小說改編，或小說應該來自電影的想法。真正會帶來危害的，是我們不再體認到電影不會成為小說，而小說也不會成為電影；不再體認到廣角鏡頭和新藝拉瑪寬銀幕將我們在一些領域的經驗變得愈來愈狹隘，而傳統的小說形式卻仍在這些領域持續擴展我們的經驗。會帶來危害的，並不是故事的可互換性，而是我們相信不同形式之間可以互換。當我們任憑自己相信，電影會為我們提供重點提要（就如我們迫切需要影業公司和媒體公關向我們保證），我們就無法再掌握現實。

然而，電影人受制於電影形式的需求（如同《讀者文摘》編輯受制於文摘形式的需求），無可避免地視小說本身為包裝紙和一連串的「文學修飾點綴」，必須全部剝除才能揭露其精髓——即故事情節主線。於是，形形色色的形象不斷增生——從印刷紙頁到照片、電影、廣播、電視、漫畫書，之後又重來一遍——將我們的文學戲劇經驗化為一種懸而未決的中間狀態（limbo）。在這個中間地帶，沒有任何形式，只有其他形式的鬼魂。

29　譯註：「海斯辦公室」即美國電影製作人與發行人組織（Motion Picture Producers and Distributors of America），為現今美國電影協會（Motion Picture Association）的前身，創立於一九二二年，首任主席是威爾．海斯（Will H. Hays），於一九三〇年推行「電影製片規章」（Motion Picture Production Code；也稱「海斯規章」），要求各大片廠進行自我審查。

六

各種替代敘事文學的全新視覺形式隨著形象革命興起，為首者自然是電影。電影產業到了一九一〇年前後才漸具雛型，到了一九一七年，《出版人週刊》已在討論「電影小說」（cinema novels）。一九二〇年代，各大影業斥資數十萬美元買下小說的電影改編權。而根據一九三一年「圖書產業經濟狀況調查報告」（Economic Survey of the Book Industry；俗稱「錢尼報告」〔Cheney Report〕），電影改編權授權金已經達到不可思議的天價，導致一種新的職業病出現——「『小說家眼球震顫症』，這種病症是由於一些小說家一眼盯著打字機，另一眼瞄向好萊塢。結果是『特定類型』的小說在市面上一窩蜂出現。」接下來數年，由於電影產業經濟體系不斷變動，染上這種職業病的小說家更是有增無減。二戰結束後，拍電影的成本變得無比高昂，大多數製片公司不再自行興建片廠，而是改為向其他電影公司租借拍片場地，這使得電影製作更容易依賴融資貸款方式籌措拍片資金。在一九四五到一九六〇年之間，有超過一百間新成立的獨立製片公司，都買了小說的改編權準備拍電影。

米高梅公司（MGM）於一九四六年開始主辦小說徵文大賽，優勝者可獲得獎金十二萬五千美元。二十世紀福斯電影公司（Twentieth Century-Fox）支付二十六萬五千美元稿酬，請葛瑞絲・麥泰莉（Grace Metalious）撰寫《小城風雨》（*Peyton Place*；一九五六）的續集，該部小說的銷量累積達八百萬本，改編電影《冷暖人間》票房大賣，而續集書名就準備叫做「回到小城」（Return to Peyton Place）。

當天價授權金本身就具備宣傳價值（「付這麼多錢取得授權，一定是佳作！」），就連商業交易都成了精心鋪排的偽事件（例如舉行電影明星和知名運動員的簽約儀式），簽約現場照片、原著小說作者和製作人專訪等等一應俱全。於是形成了一種新的預先證言，它的真確性其實源自電影製片方不惜斥資這件事——提供證言者就是製片方本人。

自一九四四年開始，圖書產業雜誌《出版人週刊》將「書籍改編電影」（Books into Films）一欄列為固定專欄。一九五二年十一月十五日，撰寫該專欄的保羅・納森（Paul S. Nathan）認為專欄名稱太過局限。他如此解釋：「電影改編權，畢竟只是其中一種附屬權利；相較於已授權《淑女家庭雜誌》轉載，或授權《文粹雜誌》提供書摘，或已賣出百老匯舞台劇改編權的書籍，出版社、編輯、書商和其他利害關係者沒有理由特別關心已賣出電影改編權的書籍。」他也補充說明，平裝書出版社給的預付版稅，開始慢慢高過好萊塢的預付金；而且最近六年來，電視劇已經變成「比電影更龐大、更急於取得授權的市場」。納森後來放棄比較通泛的「書籍授權賺錢」（Books into Money），將名稱改為「權利與授權」（Rights and Permissions），該專欄後來一直相當熱門。

圖書產業於是奉行一項公理：如果一本書的電影改編權以高價賣出，書商對這本書就會比較有興趣，也比較願意提高庫存量並強力促銷。高價賣出改編權，就是這本書能夠賺錢的保證。僅僅《出版人週刊》一九六〇年十二月十二日號中，就列舉了以下數個例子。

哥倫比亞電影公司（Columbia Pictures）最近達成了一項前所未見的百老匯舞台劇前期製作協議——大手筆買下版權，授權金破天荒創下新高——該協議涉及普特南出版社（Putnam）的維恩．史耐德（Vern Sneider）的小說新作《來自阿什特比拉的國王》（*The King from Ashtabula*）的百老匯舞台劇改編。

舞台劇集結王牌製作陣容，由製作人羅伯特．佛萊爾（Robert Fryer）和勞倫斯．卡爾（Lawrence Carr）與導演莫頓．達考斯塔（Morton Da Costa）合作打造，所有製作資金將由哥倫比亞電影公司提供。哥倫比亞電影公司還將支付高額電影改編權頭期款，並根據戲院上映期支付以浮動方式計算的權利金，最高可達五十萬美元。

從合約條款來看，導演達考斯塔進帳將特別豐厚。舞台劇之外，哥倫比亞影業承諾改編的電影也將交由達考斯塔執導。此外，達考斯塔將與原作者史耐德合作改編劇本，可獲得票房利潤分紅；而他創立的貝葛拉夫製片公司（Belgrave Productions）將與哥倫比亞影業合作拍攝電影，又會帶來另外一筆收入。

以上皆是合約中值得注意的亮點，另外還有一些非同尋常的細節。合約協商由威廉．莫理斯經紀公司（William Morris Agency）的王牌經紀人亞伯拉罕・雷斯福格（Abe Lastfogel）主持，作者史耐德則請出柯提斯・布朗經紀公司（Curtis Brown, Ltd.）的克萊兒・狄金納（Claire S. Degener）擔任其代理人。

據知也有其他電影公司很看好《來自阿什特比拉的國王》的票房魅力，認為繼史耐德前作改編的同名暢銷電影《秋月茶室》（*The Teahouse of the August Moon*）後，該作將能轟動影壇，原本有意搶下改編權，但對於情勢有疑慮而裹足不前。

為了吸引買方爭取某部作品的電影改編權，該部作品不一定要是已經寫好的作品。理論上，負責撰寫這部還不存在的作品的人，本身也不一定要是作者。

在這個不尋常的一週，伯納・蓋斯聯合出版社（Bernard Geis Associates）計畫出版爵士歌手小山米・戴維斯（Sammy Davis, Jr.）自傳的消息一出，立刻引起電影產業的高度興趣，相關人士為了爭取翻拍權可說無所不用其極。某大電影公司一聽聞消息，立刻派人直奔該書版權代理人史考特・梅瑞狄斯（Scott Meredith）的辦公室，開出一筆不小的價碼想買下翻拍權。截至目前為止，版權代理人尚未接受該筆報價。考量之一是自傳傳主戴維斯身為藝人，可以預期授權範圍將會涉及他的表演內容，在這樣的情況下，目前要簽約定案還言之過早

——尤其書稿最快也要等到一月才會開始撰寫。

戴維斯將在友人伯特．鮑亞（Burt Boyar）的協助下將他的人生形諸筆墨，鮑亞是為紐豪斯報業集團（Newhouse）旗下刊物供稿的專欄作家。

不過先前曾有一例，在某部作品寫出來之前，版權代理人梅瑞狄斯就已售出作品的電影改編權。伊凡．杭特（Evan Hunter）的作品《母女》（*Mothers and Daughters*）現已完成（預定於今年春季稍晚由賽門與舒斯特出版社〔Simon and Schuster〕出版），德文版權旋即由德國的金德勒出版社（Kindler Verlag）透過在美國的代理人馬克西米連．貝克（Maximilian Becker）以創紀錄的一萬七千美元預付金買下。此外，平裝本出版品牌柯基（Corgi）甫以一萬五千英鎊預付金買下英國平裝本版權。

在這個「影子的影子」世界裡，著作者身分的概念消解，以至消失不存。威廉．惠勒（William Wyler）執導的電影《賓漢》於一九五九年在百老匯的戲院盛大首映，除了以高價發售貴賓席票券，還印製了節目單，並提供各種大家熟悉的電影首映周邊。節目單內容鉅細靡遺，從製作人山姆．辛巴里斯特（Sam Zimbalist）、彩色片服裝顧問瓊安．布里奇（Joan Bridge）到髮型師嘉布瑞拉．波澤利（Gabriella Borzelli）都名列其中。但在這張節目單中，並未列出原著作者盧．華萊士。

由於盧・華萊士早已故去，著作權也已到期，沒有任何人能提出抗議。不過曾有原著作者在世時抗議，認為自己的作品遭「改編」到面目全非、不復存在。類似情況衍生了數件官司，勝訴的原著作者少之又少。其中最令人印象深刻也最諷刺者，當屬一九三一年的官司——作家西奧多・德萊賽（Theodore Dreiser）向法院提起訴訟，訴請禁止紐約一家戲院播放派拉蒙影業（Paramount）根據他的小說《美國的悲劇》（*American Tragedy*）翻拍的電影。德萊賽主張，小說旨在細膩探究當一個年輕人犯罪，整個社會負有什麼樣的責任，而電影（根據小說和改編舞台劇翻拍而成）卻將他的作品省略簡化成「通俗聳動的凶殺故事」。德萊賽最後敗訴。

誠如凡・諾斯蘭所分析，在電影的世界，擷取小說精華拍成電影已經成為整套標準流程。用好萊塢行話來說，這些包括撰寫「長綱」或「劇本雛型」（treatment：根據「短綱」或「劇情梗概」〔synopsis〕寫成的敘事），發展「場景連貫劇本」（continuity：根據長綱寫出場景細節），以及寫出「拍攝腳本」（shooting script）。這套流程逐漸演變得更加繁複，加入了「交叉剪接」（cross-cutting：交替呈現不同場景的鏡頭）、「花招」（gimmick或switcheroo：意指鏡頭跳接另一個場景，揭露新的事實以增加懸疑感），以及出乎意料的驚奇元素，如逗趣的「笑料」（yak），或悲情的「催淚點」（bleeder）。如果是將小說、舞台劇或電影改編為電視劇，也會採取類似的整套轉化流程。有愈來愈多可供戲劇概念形諸其中的媒體，內容也無可避免與文學形式漸行漸遠。

與二十世紀根據小說改編的電影相比，約翰・德萊頓的「改編」或托馬斯・鮑德勒的「家庭版」莎士比亞全集幾乎像是逐字謄錄。「言物合一」這個文學之藝的根本概念，在大眾的認知中消失。每一種具體呈現，都在與其他種具體呈現競爭「原作」的榮光。而依據偽事件的法則，最終在觀眾意識裡勝出的，往往是最偏離作者自然真實創作的那個版本。

七

隨著形象革命而來的另一種現象，導致了傳統戲劇文學形式的消解，這種現象即是「明星制度」（star system）。在攝影術和電影問世以前，沒有各種技術翻拍重製新聞報導、臉孔和影像的年代，根本無法想像會有這種制度。

「明星」是演藝娛樂界的名人。他們和其他名人一樣，在所有特質中，以其名氣最為大眾所熟知。大眾看待明星就像看待其他名人，把名氣和惡名徹底混為一談。明星主要也是唯一的註冊商標，就是他們在大眾心目中的知名度，而這樣的知名度最初是如何確立，則沒有太大的差別。明星可能以道德高尚著稱（瑪麗·畢克馥[30]），也可能以挑戰道德底線成名（梅·蕙絲[31]）。明星也是一種名人，在偽事件的世界中同樣會不斷孳生。而明星本身，又能產出更多的偽事件。所以電影明星會成為最出類拔萃的名人，也就一點都不足為奇。一九四〇年時，好萊塢是華府和紐約市之外全美最大的新聞源頭（每天的相關報導可達十萬字之多），當地的特派記者約有三百人。

明星制度並不是與電影同時誕生，而是在電影產業形成的最初十年逐漸成形，其開端就帶有濃厚的偽事件色彩。早在一九〇八年，某期《電影世界》雜誌（*Moving Picture World*）刊登了一則廣告，在「小妖精」（Imp）的字樣上方放了美麗電影女演員佛羅倫斯・勞倫斯（Florence Lawrence）的照片，並附內文如下：

戳破謊言

> 「小妖精」的敵人目前散播過最惡毒也最愚蠢的謊言，莫過於上週在聖路易市（St. Louis）甚囂塵上、混淆民眾視聽的新聞報導，竟然聲稱勞倫斯小姐（暱稱「小妖精」〔"Imp" girl〕，先前則有「比奧格拉夫女孩」〔"Biograph" girl〕之稱）遭到電車撞擊而身亡的消息。這個謊言很惡毒，因為只敢暗箭傷人。這個謊言很愚蠢，因為一下就能戳破。勞倫斯小姐不曾經歷任何電車事故，她的身體非常健康，將會繼續在「小妖精」系列電影中演出，很快就將公開演員職涯中數部最精采作品的相關消息。

30 編註：瑪麗・畢克馥（Mary Pickford，一八九二—一九七九），加拿大默片演員，也被暱稱為「美國甜心」、「小瑪麗」、「金色捲髮小女孩」。

31 編註：梅・蕙絲（Mae West，一八九三—一九八〇），美國著名女演員、劇作家、編劇和歌手，以大膽幽默、性感魅力和機智的對白聞名。

以下公布最新片單：

《波誓毀諾》（*The Broken Bath*）[32]（三月十四日上映。影片長度九百五十呎。）

這部通俗劇刻畫一名年輕小伙子、他的意中人以及一個祕密組織，劇情張力十足。本片從第一呎開始就有動作戲……

該則廣告的用意旨在回應聖路易市各家報紙上，關於深受「五分錢戲院」（nickelodeon）影迷喜愛的「比奧格拉夫女孩」佛羅倫斯．勞倫斯（曾為比奧格拉夫電影公司〔Biograph film company〕拍攝多部影片）在電車事故中意外身亡的報導。刊登這則廣告的是卡爾．拉姆勒（Carl Laemmle），他的目的在於暗示，電車事故相關報導是由有「電影托拉斯」（Film Trust）之稱的競爭對手「電影專利公司」捏造，因為他們不想讓大眾得知勞倫斯小姐已經離開比奧格拉夫，轉投拉姆勒的電影公司，未來將以其名氣、美貌和身材讓拉姆勒製作的影片大展風采。[33]然而，原始的電車事故報導其實就是卡爾．拉姆勒自己為了達到宣傳目的而自導自演。整件事從頭到尾，包括拉姆勒用以「回應」的廣告，都只是他打廣告的獨門手法，目的是宣傳當時最受歡迎的電影演員勞倫斯小姐現在歸他所有。

這不是拉姆勒唯一用過的招數——為了詆毀對手和宣傳自家產品，機智的拉姆勒可說花招百出。勞倫斯小姐原本的東家是勢力龐大的通用電影公司（General Film Company）；有時亦遭人蔑稱為「托拉斯」（the trust），其作法是一律不公開演員姓名。通用電影公司這麼做的理由，既是因為有意推動電影製片標準化（不受到個別人員的干擾），也因為他們預見到，如果個別演員有了名氣，變得家喻戶曉，就會要求更高的片酬。早期有些電影公司嚴格執行這種作法。但是五分錢戲院影迷堅持將最喜歡的演員視為個別人物，會為他們取一些綽號，例如「比奧格拉夫女孩」或「金色捲髮小女孩」。拉姆勒這樣的獨立製片人從中找出了自己的競爭優勢，察覺大眾不喜歡電影演員保持匿名，於是開始竭盡所能宣傳自家演員。無心插柳之下，他們成功吸引了一些演員前來投效——這些演員原本在比較大的電影公司，但想要名利雙收。潔拉汀·法拉[34]與製作人山繆·高溫（Samuel Goldwyn）簽約，每週週薪一萬美元（後來瑪麗·加登[35]也與高溫簽約）。電

32　譯註：佛羅倫斯·勞倫斯主演的這部一九一〇年默片片名為「The Broken Oath」（《破誓毀諾》），但當時刊出的廣告中，有些誤植為「The Broken Bath」，此處譯文以「波」字代替「破」字呈現排字訛誤。

33　譯註：電影專利公司的英文全稱為Motion Picture Patents Company，也被反對者稱為「電影托拉斯」（Film Trust）或「愛迪生托拉斯」（Edison Trust），於一九〇八年由美國當時主要的電影公司與最大電影發行商聯合成立，採取獨攬攝影機、放映機等重要專利權，向戲院額外收費，與電影膠卷最大供應商伊士曼柯達公司簽訂獨家合約等手法壟斷電影產業。

34　編註：潔拉汀·法拉（Geraldine Farrar，一八八二—一九六七），著名美國抒情女高音，以其美貌、戲劇實力以及細緻音色聞名。

35　編註：瑪麗·加登（Mary Garden，一八七四—一九六七），蘇格蘭裔美國著名歌劇抒情歌手，擔任過女高音及女中音。

影明星成了鍍金偶像。明星的片酬很快就成了拍片預算中最大的一筆錢。

在收錄大量照片的精采電影史專書中，作者理查・葛里菲斯（Richard Griffith）和亞瑟・梅爾（Arthur Mayer）如此分析：明星制度從某方面來說，是由大眾自己創造出來的——由那些無法滿足於無名偶像的影迷所創造。他們要求偶像必須有名有姓，並且經由所費不貲的宣傳被奉若天神。簡言之，他們希望偶像被打造成名人，具備前面相關章節中所述的所有名人特徵。影迷想要看到的明星不是某種強人，而是一個可以定義、可以廣為宣傳的人物——具有某種足以當成正字標記的生理特徵或個人氣質，便於向全國大力宣傳。例如約翰・邦尼（John Bunny）是親切的大塊頭，瑪麗・畢克馥有一頭金色捲髮和迷人的笑容，道格拉斯・范朋克（Douglas Fairbanks）唇上一橫上蠟的小鬍子，跳躍動作充滿活力，莫理斯・寇斯特洛（Maurice Costello）風度翩翩，查理・卓別林（Charlie Chaplin）拿根拐杖，走路外八，還有克拉拉・金柏・楊恩（Clara Kimball Young）有一雙水汪汪的大眼睛。重要的是能夠被打造成某種正字標記；相較之下，演技或是五官或身材對稱反而沒有那麼重要。

許多製作人——除了拉姆勒，還有塞西爾・迪米利（Cecil B. De Mille），以及在一九一二年創立「名演員公司」（Famous Players）的阿道夫・朱克（Adolf Zukor）——都成為明星制度的推手。當朱克請來以美妙嗓音聞名全世界的莎拉・伯恩哈特（Sarah Bernhardt）在默片中飾演英國女王伊麗莎白一世（Queen Elizabeth），新時代的基調就此定下。汽水吧台的年輕女服務生意外被發掘成為電影明星的傳奇故事，很快就與林肯總統從木屋到白宮的發跡傳奇並列，成為民間傳頌美國民主故事的主調。傳說之所以能夠精確反映現實，正是因為選秀過程確實很看運氣、充滿不確定性。無論前監獄警衛，或衣物寄放櫃台的女孩，任何人只要剛好符合「成功的要件」（通常包括一種獨特而平凡的特質，但多半不用很有表演天分），都有可能「時來運轉」，從此踏上明星之路。電影於是成為一種民主化的藝術，而在美妙夢想和虛假幻象幾乎難以區分的時代，好萊塢就成了美國的夢工廠。

及至一九二〇年前後，明星制度已經發展成熟，自此之後成為影壇主流，影響更擴及許多領域。「美國甜心」瑪麗・畢克馥是早一批明星之一，繼她之後有更多演員成為明星：約翰・巴里摩（John Barrymore）、米妮・馬登・費斯克（Minnie Maddern Fiske）、詹姆斯・哈克特（James K. Hackett）、威廉・哈特、波拉・妮葛麗（Pola Negri）、桃樂絲・姬許（Dorothy Gish）、克拉拉・鮑、葛麗泰・嘉寶[36]、魯道夫・范倫鐵諾（Rudolph Valentino）等等。這是一番偉大的變革，有時會被描述成從「明星電影」（star film：有知名演員主演的電影）過渡到「電影明星」（film star：有其存在就能拍電影的人物）。製片公司很快就發現明星制度帶來的利潤豐厚——即使沒有新的戲劇可賣，只要讓同一個明星輪番出演各種作品，照樣能夠大發利市。電影明星為製片公

---

36 編註：葛麗泰・嘉寶（Greta Garbo，一九〇五—一九九〇），瑞典國寶級好萊塢女演員，奧斯卡終身成就獎得主。

司賺的錢愈多，公司之後就願意投資更多錢「打造」特定明星。製片公司為了保護其投資對象，並在市場上保持競爭力，當然也必須祭出優渥待遇，並且挹注大量資金。而由於打造新明星的成本高昂，製片公司往往會在旗下明星的票房吸引力消退之前，無所不用其極地利用剝削，直到明星演員的魅力消耗殆盡。除了極少數的曠世巨星如瑪琳．黛德麗[37]，人為打造的「名氣」通常很短暫。正因為如此，據說有些演員寧可擔任配角，以避免自己的職涯轉瞬即逝。

高額片酬不僅成了新聞，也促使明星成為名人；回過頭來，高額片酬又進一步鞏固了明星制度。製片公司已經承擔不起放棄明星制度的後果。

明星制度對於文學和戲劇形式來說，最重大的意義單純在於明星主宰了形式，讓形式變得可有可無。當然，明星最初只是一名演員——擅長扮演指定角色的人。最初為產品賦予形式的，原本是戲劇。但在明星制度發展成熟之後，戲劇與戲劇演出者之間的關係翻轉。當演員演出的任何一部戲都只是「載體」，就表示演員已經成為不折不扣的明星。受到考驗的不再是演員本身詮釋戲劇的能力，反而是戲劇展現演員的能力。演員本身卻成了空空如也的容器。明星演員不是真正的英雄，他通常只是名人——「最出類拔萃」的人類偽事件。要極盡利用一個明星，表示只展現大眾熟悉的臉孔和身材姿態，而且由始至終盡可能只扮演大眾熟悉的角色。明星之所以成為明星，並且保持明星地位，重點其實不在於他能做什麼，而在於他的知名度有多高，多麼受大眾歡迎。又一個正宗偽事件的自證預言。演員每次擔綱主演一部片，這件事本身就讓他更像明星，當然也更像名人。

每個明星都會很快「定型」。意思是明星每次出場時，樣貌裝扮必須大致相同。因此根據定義，明星最忌標新立異。載體如果不能強化明星想要呈現的形象，就會遭到否絕。電影史學者指出，明星制度興起的跡象之一發生在一九一四年，飾演匈奴王阿提拉（Attila）的費博．馬黎（Febo Mari）拒絕戴上假鬍鬚，而阿爾貝托．卡波齊（Alberto Capozzi）則因為飾演使徒聖保羅（St. Paul）必須戴假鬍鬚，而拒絕演出該角色。凡是不適合本身明星特質，或是會遮住數百萬影迷熟悉臉孔的角色或扮相，明星通常都予以拒絕。過去曾有一些舞台劇劇本，是為了特定演員寫成；到了電影時代，這種作法已經成為業界常態。電影劇本會為了已是票房保證的明星量身打造，甚至會新增角色或發展全新劇情，以符合明星的市場定位和觀眾期待。

演員成為明星時，與其扮演的角色合而為一。電影《羅密歐與茱麗葉》（*Romeo and Juliet*；一九一六）的男女主角法蘭西斯．布希曼（Francis X. Bushman）和貝佛莉．貝恩（Beverly Bayne）是史上第 對「銀幕情侶」，他們擔心可能減損浪漫情懷的魅力，結婚後一直將消息保密。道格拉斯．范朋克與瑪麗．畢克馥於一九二〇年結婚（一九三五年離異），依照 名作

37　編註：瑪琳．黛德麗（Marlene Dietrich，一九〇一—一九九二），擁有德國與美國雙重國籍的演員兼歌手，於近七十年的演藝生涯中保持活躍。

家所觀察到的邏輯，這樁婚事似乎「與其說於銀幕上存在，不如說透過銀幕存在。」尚．蓋賓[38]曾表示：「人們都說真實生活中的我跟電影裡的我一模一樣，所以他們才喜歡我。」夏爾．布瓦耶[39]收到一封寄給他的信，信封上寫著：請轉送至美國好萊塢梅耶林[40]（c/o Mayerling, Hollywood, U.S.A.）。聖安東尼市賈利．古柏影迷俱樂部（Gary Cooper Fan Club of San Antonio）於一九三六年推舉賈利．古柏（Gary Cooper）參選美國總統，稱他在電影《富貴浮雲》（*Mr. Deeds Goes to Town*）中展現了敏銳的政治眼光。

所有人當然都知道，明星不是自然誕生，而是被製造出來的。埃德加．莫林[41]將這種大家熟悉的流程描寫得相當精采：

星探搭地鐵，相中一張臉孔，覺得很有潛力。提案，拍試鏡照，錄試鏡影片。試鏡結果如果很成功，美麗少女出發前往好萊塢。製片公司立刻與她簽約，將她納入旗下，交由按摩師、美容師、牙醫甚至外科醫師重新打造。她開始上美姿美儀課，上正音班，學習唱歌跳舞，學習行走、站立和坐著不動，學習舉手投足皆要「自制自持」。她也要上課學習文學和哲思。外國明星來到好萊塢後降級為剛出道的新人，她會發現自己的美經過轉化、重組和化妝，還得學著講美語。接著還要通過更多考驗，包括錄製三十秒鐘彩色特寫鏡頭。然後是新一輪的淘汰賽。她終於被注意到，獲得肯定，接到一個小角色。她的車子、她的僕人，要養哪種狗、哪種金魚、哪種小鳥，都有人幫她挑選。她的個人特質變得更加複雜，更加豐富。她等著影迷信件如雪片般飛來。一封都沒有。一敗塗地。但也許某一天，或者再隔天，影迷信件部門會通知執行製作人說，每天收到三百封仰慕者寫給她的信件。製片公司決定起用她，製作一齣猶如童話故事的戲碼由她來主演。她為專欄作家提供素材；她的私生活在放映機投出的熾亮光線下一覽無遺。至少她當上主流大片的女主角了。崇奉為神——等到衣服被熱情影迷扯破的那一天，她就是明星了。

明星很顯然是偽事件。佐證就是明星會孳生出其他偽事件，例如影迷俱樂部。這種影迷社團通常不是由媒體公關帶頭發起，卻是在媒體公關和明星本人的鼓勵之下形成。當明星造訪某個城市，當地的影迷俱樂部儼然貼身保鑣，明星走到哪裡就跟到哪裡，吸引明星注意，向他索要簽名照，還會鼓勵沒有加入俱樂部的影迷群起仿效。有些明星會準備一系列專門寄給影迷俱樂部的個

38　編註：尚．蓋賓（Jean Gabin，一九〇四—一九七六），法國演員，曾主演多部經典電影。

39　編註：夏爾．布瓦耶（Charles Boyer，一八九九—一九七八），作品甚豐的法國演員，出演電影超過八十部。

40　編註：《梅耶林》是一九三六年根據梅耶林事件（Mayerling incident）改編而成的電影，由夏爾．布瓦耶飾演皇太子一角。

41　編註：埃德加．莫林（Edgar Morin，一九二一—），法國當代著名哲學家，法國社會科學院榮譽研究員。

人照，照片中的明星本人身著「真實」角色戲服，分別搭配不同季節的應景配件，例如拿著一束百合花、兔子、火雞或帶果實的冬青枝葉。納爾遜・艾迪[42]就曾準備聖誕節巧克力禮盒，寄送給每個城市的影迷俱樂部會長。北卡羅萊納拉姆瑟（Ramseur）的平・克勞斯貝（Bing Crosby）影迷俱樂部（有四成的市民皆為會員）成功遊說市政府，將一條街道更名為「克勞斯貝街」。一九六〇年時，全美各地的瑞奇・尼爾森（Ricky Nelson）影迷俱樂部超過九千個。同年年初，奧茲・尼爾森家族（Ozzie Nelson family）的全國影迷俱樂部祕書每週平均收到一萬封影迷信件，以一百二十到一百五十件請願案，希望為特定家族成員（多半指定瑞奇・尼爾森）成立「官方」影迷俱樂部。[43]狄安娜・竇萍（Deanna Durbin）影迷俱樂部對於入會審查較為嚴格，僅限符合以下資格者加入：（一）每部竇萍的電影都看過至少兩遍；（二）出示個人收藏與竇萍有關的重要文獻資料；（三）是《狄安娜專刊》（*Deanna Journal*）的訂戶。影迷俱樂部的會費通常是每年五十美分。

影迷雜誌既是影迷俱樂部的產品，也為影迷俱樂部招徠更多成員。根據產業刊物《報刊經銷》（*Newsdealer*）於一九六〇年四月報導的調查結果，大多數書報攤販售的雜誌中，約有四分之一可歸類為「影迷雜誌與言情雜誌」（fan-romance）。這兩種類型的雜誌每月銷量合計可達三千三百萬本，一年售出將近四億本。此外，還有並非定期連續發行的所謂「專刊」（one-shot），通常會以某個知名藝人為主題。電視節目「美國樂壇」（American Bandstand）主持人迪克・克拉克（Dick Clark）只是在節目上擺出一本專刊，該專刊就大賣十八萬本。貓王艾維斯・普里斯萊（Elvis Presley）的專刊則賣出了將近一百萬本。

這類刊物是明星制度的副產品，帶有濃厚的偽事件特質，《時代雜誌》稱之為「非書」（non-book）可說恰如其分。這些有封面跟封底的印刷品，通常不會是由專刊主角本人執筆，而是旁人拼湊而成。伯納・蓋斯聯合出版社這家新興「非出版社」（其產品委由蘭登書屋〔Random House〕發行）十分活躍，專門生產演藝娛樂界的「偽產品」。彼德・烏斯蒂諾夫（Peter Ustinov）所寫的《外交家》（*Diplomats*）就是很典型的例子，他善用自己的落腮鬍扮成駐聯合國大使，這本刊物還有寇克・道格拉斯[44]的代序，文中提醒讀者不要忘了烏斯蒂諾夫曾與他一同演出電影《萬夫莫敵》。另一例是《莎莎・嘉寶：我的故事，由傑洛・法蘭克為我執筆》（*Zsa Zsa Gabor: My Story Written for Me by Gerold Frank*，世界出版社〔World Publishers〕出版），末尾以一句深刻的結語令人卸下心防：「誰知道在我們的人生中，什麼才是真的，什麼又是迷人的佯裝

42　編註：納爾遜・艾迪（Nelson Eddy，一九〇一—一九六七），美國演員及男中音歌手。

43　譯註：奧茲・尼爾森家族為一九五〇至六〇年代熱門情境喜劇《奧茲與哈麗葉歷險記》（*The Adventures of Ozzie and Harriet*）的主角，奧茲與哈麗葉夫妻的次子瑞奇・尼爾森八歲起即與家人一起演出，後來成為知名搖滾歌手。

44　編註：寇克・道格拉斯（Kirk Douglas，一九一六—二〇二〇），美國好萊塢電影演員，於一九九六年獲頒奧斯卡終身成就獎殊榮。

假扮？」

明星可說是是盧梭（Jean Jacques Rousseau）《愛彌兒》（*Émile*）理念在美國的終極驗證[45]——明星的存在本身就證明了任何男人或女人都有可能達到完美。這個社會中任何一個人都可能成為名人，人性的可塑性是多麼美好啊！而且任何名人，不論是拳擊手「蜜糖雷伊」羅賓遜（"Sugar Ray" Robinson）、歌手貓王艾維斯．普里斯萊或律師約瑟夫．威爾許（Joseph L. Welch），都可能成為明星！明星一旦確定成為名人，或名人確定成為明星，就能在戰爭片、大場面音樂劇、謀殺推理片、黑幫片等幾乎所有戲劇中「表演」，前提是他的片酬夠高，而且在戲劇中可以保留他的「真實」個人特質。「明星名人」（star-celebrity）就是如出一轍、毫無分別的藝人。

八

明星制度的影響已遠遠超出電影界。無論其傳播到哪一個領域，都造成傳統形式的成就混淆不明。明星制度著重的是人，不是事。基於明星制度本身，知名度成為優先考量。明星制度就是將英雄變成名人的普遍化過程，它引領體制運用偽事件，去「吹捧」出名氣很大的「大人物」。在美國，就連小說寫作本身也受到明星制度的宰制。相較之下，在其他國家，例如英國（由於仍有貴族階級存在，加上民眾生活水準較低，形象革命較晚才興起），一位優秀小說家的上乘作品通常可順利出版——即使預期銷量只有數千本，利潤薄到幾乎無法回本。但美國出版界——如哈維．史瓦多斯（Harvey Swados）所指出——已成為少數明星作家如厄內斯特．海明威、諾曼．梅勒[46]和沙林傑[47]的天下，他們能以作家身分大獲成功，部分原因正是他們是可供宣傳吹捧的「人物」。

為熱門文學評論雜誌和每週好書專欄供稿的專欄作家，下筆寫這些明星作家時不見塞繆爾．約翰遜[48]博士的風範，反倒像是專門寫好萊塢八卦的盧艾拉．帕森斯（Louella Parsons）。這些評論家除了評論作家的作品，還關注這些明星的私生活和公共形象。或許就如史瓦多斯所言，沙林傑是美國文學界的葛麗泰．嘉寶，而海明威算得上是文學界的道格拉斯．范朋克。至於眾多還未達到明星地位的優秀作家，他們的個人特質和作品尚未被混為一談，因此在文學上和個人上都沒

---

45 編註：盧梭於經典著作《愛彌兒》推崇自然主義教育理念，認為「上帝創造萬物，都使為善；而人濫於施為，使成為醜惡的了。」主張順應天性、適性教育，以造就理想之人。

46 編著：諾曼．梅勒（Norman Mailer，一九二三—二〇〇七），美國著名作家、小說家，代表作品為《裸者與死者》（*The Naked and the Dead*）。

47 編註：沙林傑（J. D. Salinger，一九一九—二〇一〇），美國作家，著名作品為《麥田捕手》（*The Catcher in the Rye*）。

48 編註：塞繆爾．約翰遜（Samuel Johnson，一七〇九—一七八四），英國著名文人，也是文評家、詩人、散文家、傳記家。

沒無聞。在此我們看到「焦點過於集中在少數作家（原因往往與文學無關）」的現象。出版社不再為文學文化助產接生，而是「為任意劃定範圍之星系中僅有的數顆明星大肆宣傳」。正如梅勒所分析，明星制度之所以大行其道，是因為美國讀者「沒有能力面對一本不是暢銷書的書」。梅勒或許可以再補充一點，明星制度最初也許是由此應運而生，但它又回過頭成為自己存在的理由。美國人對成功的偏執（以及容不下失敗）本身，展現出來的就是一個明星主宰的世界。

圖書世界的明星制度，就是「暢銷書主義」（best-sellerism）。「暢銷書」是圖書之中的名人，是一本主要（有時候僅僅是）以其名氣為大眾所知的書。這是相對較新的現象。在本世紀之前，沒有人想到要推崇《聖經》為全球暢銷書。在前民主時代，在活字印刷發明以前，備受敬畏的文本反而不是通俗熱門的書，而是晦澀難懂的書。從前許多宗教經文典籍被視為極度神聖，無疑是因為其珍稀罕見且難以取得，極少數存留於世的典籍都由神職人員保管。直到現今，供奉於猶太會堂約櫃中的《妥拉》（Torah）（即《摩西五經》〔Pentateuch〕，為猶太教聖典），仍是大費周章謄寫於羊皮紙上的手抄本。備受崇敬的「聖書」是由抄寫員懷著敬意親手一筆一畫抄寫而成，是代代相傳的祖傳寶物，不能隨意讓粗俗百姓看見，只有在禮拜儀式、安息日和宗教節日等神聖的場合才能向民眾展示。神聖的宗教經典幾乎在所有層面，都與我們當代的書寫文化——個別著作、報紙、大量發行的雜誌和暢銷書——完全對立。在當代文本之中地位最高的熱門大眾讀物，或所謂暢銷書，卻是在大眾視野之中隨處可見。舉凡民眾家中客廳桌上，火車上通勤乘客手上，到祕書的打字機旁，就連百貨公司櫥窗、書店，甚至雜貨店和書報攤，都可以看到暢銷書的蹤跡。

「暢銷書」一詞，當然也是形象革命的副產品。它是美國用語（有一些最權威的英文字典至今仍未收錄），直到本世紀初在美國才開始有人使用。一八九五年，由哈利．瑟斯頓．佩克（Harry Thurston Peck）擔任總編輯的保守派文學評論月刊《讀書人》（*The Bookman*）創刊。創刊號中收錄了多名零售書商的報告，列出十九個城市最熱賣的六本新書。到了一八九七年，《讀書人》刊出首份全國「暢銷書籍」調查報告。「seller」一詞在英國原本是指銷售者，直到一九〇〇年前後才開始用於指稱暢銷熱賣的書籍（後來則可指稱任何商品）。字義概念的微妙轉移本身就很值得玩味，因為用「best seller」或「seller」來指稱暢銷書，隱含的意思就是一本書「自己會賣」：銷量數字會帶動更多銷量。這一點與此類書籍因為本身很熱賣而會持續暢銷的概念有著密切關聯。因此，「暢銷書」這個概念本身就帶有某種套套邏輯的意味。暢銷書之所以熱賣，單純是因為它是熱賣的書。

「暢銷書」一詞很快就在美國扎根，成為美國人的通用語。到了一九二〇年，「best seller」一詞不再泛指任何熱賣商品，而是特指銷量名列前茅的書籍。《讀書人》在大約一九〇三年時，將每月暢銷書本數定為六本，將這份書單命名為「六大暢銷書」。當然，早期偶爾也會有一些列暢銷書榜單出現，但真正將其制度化的始於《讀書人》。圖書產業也在一九一一年對暢銷書榜單予以認可，《出版人週刊》於該年首次刊出他們一致認定的「一九一〇年度暢銷書」，之後回顧時則採用了《讀書人》自一八九五至一九一二年的暢銷書榜單。繼《出版人週刊》之後，《紐約時報》、多家地方報紙、文學評論期刊和新聞雜誌也開始刊登自家的暢銷書榜單，視為可引發大眾興趣的新聞。近年來出版界最大、最廣為流傳的新聞不是誰在寫什麼書，而是哪幾本書是暢銷書。從報紙、雜誌到電視益智問答節目，都在談論暢銷書。身為圖書界的名人，暢銷書與其他偽事件同樣備受追捧、魅力十足。

暢銷書主義於是主宰了圖書界。圖書產業的領袖不時會對暢銷書主義大加抨擊。歐里翁・錢尼[49]在一九三一年圖書產業經濟狀況調查報告中，指稱暢銷書主義是「令整個產業無可忍受的詛咒」。但他也解釋，暢銷書榜制度具有相當程度的商業基礎（至今依舊如此）：要讓一本書成為暢銷書，方法之一就是說這本書是暢銷書。如此一來，很多潛在顧客就會「想要加入該本暢銷書成千上萬，甚至多達數十萬名讀者組成的圈子。只要所有人都覺得，除了自己以外的所有人都讀過這本書——或者應該讀這本書——這本暢銷書就會成為熱門話題，而話題引動買氣，收銀機就會響個不停了。」走進書店的顧客很可能會問起暢銷書；即使不問，他也很可能心動買下一本，畢竟這是暢銷書。如果書店在一本書出版之前被說服這本書一定暢銷，就比較有可能大量進貨，以免遇上缺書的窘況；在書籍出版以後，如果可以說服書店一本書確實很暢銷，也能提高書店補貨的意願。錢尼認為這種模式相當精確，暢銷書主義因此得以緊緊扼住圖書產業。

制度化的暢銷書榜單有一點很有意思，就是指稱任何一本書是暢銷書，所依據的事實基礎其實相當薄弱。暢銷書字面上應是「最暢銷書」（a *best* seller），使用了形容詞最高級，卻能適用於多個品項而非單一品項，在邏輯上當然有矛盾之處。但是書店中充斥「『最』暢銷書」，就如同媒體上的名人世界充斥「最大」、「最優秀」和「最偉大」。指稱一本書是暢銷書的事實基礎不是什麼統計數字，而是在少許事實中，摻雜了不少希望、意圖、挫折、自吹自擂和連篇空話而成的混合物。圖書產業的作法如下（出自錢尼的一九三一年報告，此後幾乎一成不變）：

> 書店接到回報書籍銷量的要求，開始努力回憶，或是問路過的友善遊客覺得哪本書最暢銷。他也可能看到某部書原本有一整疊，但數量有在減少，於是將其視為暢銷書；下刻他就看到另一疊他希望會消失不見的書，於是也將其列為暢銷書；接著他記起有一本書進貨時下單的數量太多了，便順勢將這本書也歸入暢銷書之列。

出版社的數字也很難稱得上是比較好的依據，因為出版社之間不會相互比較銷量，也很少對外揭露。因此，任何聲稱某幾本書銷量最佳的說法，幾乎不可能具有事實基礎——即使出版社的

49　編註：歐里翁・錢尼（O. H. Cheney，一八六九—一九三九），美國律師、銀行家。

銷量紀錄代表實際賣出給讀者的銷量（但事實上並非如此）。暢銷書榜單於是無可避免成了一份假榜單——或許表面上不說，其中永遠隱含作假的意味。出版業不只哄騙書店，哄騙讀者，也哄騙自己。推銷書籍的藝術，就如同政府治國的藝術和其他藝術，逐漸成了一種不算真正說謊、只是巧妙地營造出一些誘人假象的技術。

讓圖書產業不勝其擾的，不只是暢銷書主義在道德倫理和美學層面造成的影響。就商業層面而言，也出現嚴重的副作用。一九六一年五月，《出版人週刊》指出紐約都會區的書店竭力維持公平交易（Fair Trade）價格，卻面臨暢銷書的銷量持續下探。原因出在一本書只要登上知名度比較高的暢銷書榜，梅西百貨（Macy's）跟金伯爾百貨公司（Gimbel's）就會照慣例把這本書當成「帶路貨」（loss-leader），以成本價或是更低的價格銷售。在這樣的情況下，一般正規書店難以競爭，他們無法吸引顧客以定價買下同一本書，索性不再進貨。有一家書商便提議，暢銷書榜應該改名「不暢銷書榜」（Worst Seller List）——「除了那些利用少數幾本書來增加銷量的通路外，沒有書店會想要這份割喉戰榜單。要是沒有暢銷書榜單，所有書店都能賣出更多本書並獲得利潤。」但就如同對於名人和所有其他偽事件有所需求，大眾對暢銷書和暢銷書榜也有所需求。無論名人、暢銷書或任何偽事件，大多數的人不會覺得它們的人造特質有什麼問題。其他的姑且不論，成為暢銷書這個特質，始終是關於一本書最能大肆宣傳、最好大打廣告的事實——最大的「新聞」。

「熱門」書籍（或暢銷書）大行其道——就如同愈來愈多駕駛人傾向選擇走車流量大的路段——加強了鏡像效應，也造成要從文學經驗學到些什麼變得愈來愈困難。如詹姆斯．哈特（James D. Hart）在《流行讀物》（*The Popular Book*）一書中的精闢分析的那樣，若從短期來看，最流行的通常是把大家已知的事用最有效的方式換句話說的那一本書。流行讀物有一點像是文學版的觀光景點，保證提供一場我們早就知曉的冒險，只是我們自身期望的投射。這就是為什麼比起亨利．大衛．梭羅（Henry David Thoreau）的《湖濱散記》（*Walden*）、瑪麗亞．康明斯的《點燈人》[50]及提摩西．亞瑟的《酒館十夜見聞錄》[51]（皆為當時的暢銷書）對於了解一八五四年時大多數美國人的想法更有幫助，或是葛楚．艾瑟頓的《黑公牛》[52]會比華萊士．史蒂文斯的《簧風琴》[53]更能呈現一九二三年的民心，原因正是康明斯、亞瑟和艾瑟頓的作品皆反映而非放大讀者

50　編註：《點燈人》（*The Lamplighter*；一八五四），為美國作家瑪麗亞．康明斯（Maria Cummins）探索情感、道德成長以及人性矛盾的小說代表作品。

51　編註：《酒館十夜見聞錄》（*Ten Nights in a Bar-Room*；一八五四），為美國作家提摩西．亞瑟（T. S. Arthur）以十個夜晚為背景，描寫一間酒館中生活的小說作品。

52　編註：《黑公牛》（*Black Oxen*；一九二三），作者為美國作家葛楚．艾瑟頓（Gertrude Atherton）。故事主題圍繞著年長女性的愛情、年齡與美麗，並透過科學與魔法的手段重獲青春。

53　編註：《簧風琴》（*Harmonium*；一九二三），作者為華萊士．史蒂文斯（Wallace Stevens）。被視為現代詩的經典之一，反映作者對人生、哲學和存在的關注。

的經驗。「經過時間檢驗而成為經典的作品，會有一些在其所處時代就蔚為風行；但大致而言，歷久彌新的作品只能以最通泛的方式反映特定時代的需求。然而，一本熱門暢銷書之所以能夠討讀者歡心，通常是因為它與讀者在閱讀以外的時光，都受到同樣的力量所形塑，因此無論其調性、理念、用語或主題，都是在重現當下時代的氛圍，在當下時代結束時也跟著衰微凋亡。這種書通常很難吸引之後各個時代的讀者閱讀。」哈特如此分析。

明星制度於是又滲透了美國生活的另一個範疇。用凡・諾斯蘭之語來描述圖書產業推銷的書再貼切不過：「是人造物而非藝術形式。」閱讀一本書不再是一種向外觀看世界的方式，更像是一種觀看自己的方式。暢銷書可能會承諾要帶我們一探「神祕的東方」，但又將我們帶到「樂趣滿滿的一站」，我們發現自己又回到另一家乾淨衛生、提供空調的希爾頓飯店分館。

娛樂產業販賣的並非才藝，而是名氣。對名人的追求、對名氣的渴望，處處使從業者的努力壓過了作品本身。某些情況下，如果有得以宣傳的賣點本身就很有吸引力，那麼根本不需要作品。嘉寶三姊妹（Gabor sisters）[54]於一九五〇年代成為「電影圈名人」，但她們幾乎沒有任何電影演出作品。其中一人甚至成為某本熱賣「書」的「作者」，這是多麼恰當的印證！

科學領域也出現同樣情況。申請獎助和政府經費的壓力愈來愈大，研究計畫內容愈來愈晦澀難懂，人人都承受需要有新發現登上新聞的壓力，以致我們將注意力全都集中在大人物身上。這導致各種獎項更受矚目，包括奧斯卡獎、諾貝爾獎、美國國家圖書獎（National Book Award）、美國國家書評人協會獎（Critics' Circle Awards）、普立茲獎（Pulitzers），以及其他較不知名、人為運作程度更高的獎項。大學是傳統上超脫時間的庇護之所，如今也加入尋求大人物的行列，擴大媒體公關部門，努力將大學本身打造成以其名氣著稱的名人。美國政壇也採納了明星制度，此後每場選舉都由明星制度主宰（髮妝造型、預先彩排、攝影棚燈光一應俱全）。

然而，任何人——或者說幾乎任何人——都可以被打造成明星。一個人注定成為明星，原本是因為他能接受「塑造」，而非基於他與生俱來的特質。他是不是好的容器，能夠容納大眾想在他身上看到的一切？所以說，明星必須允許自己的個人特質凌駕自己的作品——受評判的不再是明星的成就，而是他的個人特質。在一個道德形式與藝術形式盡皆消解的世界，人成為了自我製造者，將一切取而代之。而他的形象，同樣只是虛構假造。

九

在繪畫與雕塑的領域，也可以發現類似的形式消解——究其原因，正是我們懷抱的誇大期

54 編註：嘉寶三姊妹為三位著名的匈牙利裔美國女演員及社交名媛，在二十世紀中期成為好萊塢的知名人物：莎莎・嘉寶（Zsa Zsa Gabor）、伊娃・嘉寶（Eva Gabor）和瑪格達・嘉寶（Magda Gabor）。

望，以為所處世界具有無限的可塑性。蘇美人（Sumerian）小小的滾筒印章，在照片中看起來跟古埃及石像一樣巨大。安德烈．馬樂侯在著作《寂靜之聲》[55]中，探討我們對尺度規模的感受可能如何遭到攝影摧毀。當我們能夠拍下所有作品的照片，並且隨心所欲製造出各種尺寸的再製品，就無從去感受每件作品的獨特性。

如馬樂侯所觀察，現代藝術家面臨的諸多問題，其實都源自再製技術的進步。換言之，肇因是形象革命。當機械化技術很容易就能直接製造出自然景象的精確逼真全彩複製品時，自古以來大自然帶給藝術家的挑戰就此毀滅不存。激進派「現代」藝術家堅持認為，他們的作品只有在當下此刻（終於擺脫了再現的需求），才是真正地饒富興味並具備表現性。然而，他們的主張被一項簡單的事實削弱：如今他們是「非再現」（non-representation）的既得利益者（就如同過去千百年來，藝術家曾經是「再現」的既得利益者）。過去，要再現一個人或一片風景，唯一的方法是透過藝術家；如今能夠製造出「非再現」的唯一方法，仍是透過藝術家。現在我們只要走進古根漢美術館（Guggenheim Museum），或在芝加哥藝術博物館舉行的當地藝術家年度特展逛一圈，就能充分感受形式的消解和當前美國藝術家浮沉迷茫的處境。

同時，如我先前所指出，由於製作全彩再製品愈來愈容易且便宜，我們對於任何原件（無論是藝術作品或大自然）的感受逐漸消逝。大都會藝術博物館販售大小跟郵票一樣、模糊難以看清的複製畫，聲稱要讓民眾在自家信手捻來就能欣賞，有助於「提升」民眾的藝術鑑賞力。從前一幅唯妙唯肖的仿作（例如喬托畫派成員[56]的仿作），本身仍具有一種正宗道地、高尚可敬的原創性。如今機械化的再製品甚至與原件絲毫不差，原作與仿作的畫技獨特性隨之消解，兩者都進入某種介於小說家的打字機與電影人的攝影機之間的中間地帶。

在此可以看到形象時代又一種普遍的趨勢。我們已經看到偽事件如何藉由本身的製造過程引發興趣——民眾如何對於電視鏡頭前的表現比對於候選人辯論的議題更感興趣，以及影迷如何熱中於觀看製造名人的過程。藝術作品的處境毫無二致。再製品的忠實還原，讓原件的品質相形失色。從精巧的彩色印刷技術，到高明的廣角鏡頭拍攝技術，為我們提供了細瑣事物的圖片影像，而它們比現實更宏大、更真實。我們忘記眼前的是細瑣事物，只顧注意再製的品質有多好。

人終於實現夢想，運用神奇的攝影技術製造出大峽谷的精確影像。結果不是人們從此更愛大自然或自然之美，而是人們更愛自己的照相機——和他自己。讓他留下深刻印象的，既不是他眼前所見，也不是可供製造或發現的形式，而是不斷突破極限、推陳出新的巧妙觀看方式。他把玩

55　編註：安德烈・馬樂侯（André Malraux）為法國作家、政治家和藝術評論家，他的著作《寂靜之聲》（*Voices of Silence*；一九五一）探討藝術的普遍性與永恆性。

56　編註：義大利中世紀畫家喬托・迪・邦多內（Giotto di Bondone）及其學生和追隨者所組成的畫派，對文藝復興時期藝術家產生深遠影響。

相機時最關心的，不再是外頭有什麼。說來也很古怪，數百萬攝影愛好者運用的攝影技術，其實不是以一種自有其生命、脫離創造者的方式產製影像（艾略特認為這種方式是藝術作品真正具備的特質）。攝影成了自戀的一種形式，「你看到我的《蒙娜麗莎》照片了嗎？」

拜攝影術之賜，任何擅長操作攝影器材的業餘愛好者都能產製某種「原件」——亦即對於真實存在且無法重複之時刻的獨特觀看方式——於是我們混淆了對於原作的感受，以及對於複製版經驗的感受。那一刻已經消逝，但照片卻以某種方式存留於世。根據曾經造就藝術（如今消解藝術）但幾乎遭人遺忘的公理，形象再次變得比原件更加鮮活生動。在一個任何人對自己來說都是藝術家的世界，我們渾沌茫然、隨波逐流。只要有台相機在手，任何人都可以覺得自己產製出的就是「他的」影像，即使其中幾乎沒有一絲一毫屬於他本人。

十

形象革命在音樂領域也造成了形式的消解。攝影師陶醉於擺弄他的測光表、相機濾鏡和閃光燈，最終拍下的照片裡空無一物：他的機械器材就是他的活動。同理，音響愛好者組裝自己的設備，從低音喇叭、高音喇叭、前置擴大機到立體聲喇叭，追求的全是音響本身。用「音響迷」而非「樂迷」來形容這群人，可說恰如其分。麥可・法蘭德斯（Michael Flanders）與唐諾・史旺

（Donald Swann）的《壯士擲帽》（*At the Drop of a Hat*）有一句歌詞如下：

> 輕輕一按控制音調，
> 卡羅素聽來像哈奇森，
> 放什麼音樂不重要——
> 音質一定要高傳真！[57]

音響迷會藉由播放火車頭駛近聲響、打噴嚏、咳嗽、街道聲響和動物叫聲的唱片，來展示自己的設備效果。在他的音響設備投資中，購買音樂唱片的投資金額只占很小的一部分，這一點顯而易見。

然而，形象革命造成的影響，不只是讓大眾將注意力從音樂本身轉移到再製音樂的機械設備上。從另一個角度來說，再製音樂的全新方法已經消解了個別音樂作品的形式。

---

57 譯註：《壯士擲帽》是一齣短喜劇（revue；小型歌舞諷刺劇），是英國的「法蘭德斯與史旺」二人組（Flanders and Swann）的著名劇目。歌詞中提到的卡羅素（全名Enrico Caruso）是二十世紀初期的傳奇男高音，哈奇森（Hutch；全名Leslie Hutchinson）是一九二〇至三〇年代的紐約知名夜總會歌手。

直到晚近，每場音樂表演都是獨一無二的，必須集結演奏技藝超群的音樂家一起排練。留聲機於一八七七年問世，在此之前，所有音樂表演都是音樂家的現場表演。任何一場表演，都不可能完整精確地複製。長遠來看，留聲機帶來了重大的變革，不僅讓更多人能夠聆賞音樂，更徹底改變了每個人音樂經驗的本質。一八八八年，愛迪生率先改良蠟筒唱片。之後的五十年內，美國人開始像平常購買書籍雜誌一樣購買唱片。近年美語字典中對於「best seller」的釋義，都指出此詞語適用於唱片與書籍。僅僅在二戰結束那一年，唱片銷量就超過兩億兩千五百萬。對唱片的需求之所以如此龐大，部分原因是聲音再製的技術日新月異、進步飛快。直到一九二四年，市面上販售的唱片仍採用「原音錄製」（"acoustical" process），即不透過任何電子擴大系統，將振動的聲音訊號直接刻錄在唱片上。唱片表面會留下許多刮痕，而所有聲音都會失真。在發明無線電報技術、電子麥克風和高傳真電子錄音技術（high-fidelity electrical transcript）之後，即使是中產階級消費者都負擔得起的家庭音響設備播放出的樂音，音質聽起來已經與原始樂器演奏的樂音沒有太大差異。

我們的音樂經驗因此大受影響，其中極為明顯的就是混淆「原作」與「複本」、「腳本」與「表演」之間的關係。當然，小說和據以改編之電影之間的關係，與樂譜紙本和據以錄製出的留聲機唱片之間的關係，仍有非常大的差異；但美國人經驗中新出現了一種混淆錯亂，使兩者混為一談、顯得異曲同工。樂曲作品的留聲機唱片愈來愈容易取得，於是對於大多數的人來說，與原始樂譜或分布各地的現場表演相比，唱片似乎更加活潑生動。大眾不知怎麼的開始覺得，可以自己在家裡反覆播放的錄音作品——例如指揮家史托考夫斯基[58]的錄音作品——本身就是真正的「原作」，可以用以評判其他現場的演奏（如貝多芬或布拉姆斯〔Brahms〕交響曲）。與史托考夫斯基形象相較之下，貝多芬的理想形象顯得黯然失色。在新加入聽音樂行列，但音樂素養不足的大眾身上，免不了很快就出現這樣的情況。交響樂團現場演奏仍然是非常特別的場合，但在自家客廳只要輕按開關，就能播放錄製好的交響樂曲。錄音技術本身於是成了一門藝術。據說史托考夫斯基在其所處時代，留給當世聽眾最深遠的影響，莫過於他願意與工程師密切配合，製造出就設備技術層面來說無懈可擊的錄音作品。

有些專業音樂人如保羅・卡本特（Paul S. Carpenter）感嘆新創作之音樂的「一手消費者」（即照著作曲家樂譜親自演奏音樂的人）愈來愈少，透過留聲機、廣播和電視消費音樂的「二手消費者」（即聽眾）人數卻大幅增加。如今，要印製一首曲子的樂譜紙本，通常比錄製一首曲子還要昂貴。跟購買樂譜（流行歌曲樂譜除外）的消費者人數相比，購買唱片的消費者人數當然多出數倍。唱片市場持續擴大。然而，指稱樂譜紙本（透過雙眼來經驗）是「一手」消費，並將實

58 編註：李奧波德・史托考夫斯基（Leopold Stokowski，一八八二—一九七七），波蘭裔美國人，為二十世紀最具影響力的指揮家之一，因為迪士尼卡通「幻想曲」配樂而一舉成名。

際演奏的錄音（透過雙耳來經驗）汙名化為「二手」消費，卻是明顯誤導。問題絕對沒有這麼單純。我們在形象革命發生之後感受到的混淆錯亂，其實源自於「原作」或音樂「表演」的概念出現轉變。

至少從某方面來說，留聲機唱片對音樂表演造成的影響，就等同電影對戲劇表演造成的影響——有了唱片或電影之後，音樂或戲劇表演就能精確無誤且方便地無限重播。但為了製作出唱片或電影，卻可能破壞了演員表演或音樂家演奏的整體性和自發性。電影演員在攝影棚裡，可能會將同一場戲重新搬演十數次，讓導演或剪接師挑出最佳「鏡次」（take），再與其他以同樣方式拍好的片段剪接在一起。演員不斷重拍零碎片段時，會發現很難維持自身表演的整體性。即使對演員來說，「表演」（如今徒具象徵性質）也不再是一種獨特自發的經驗。音樂演奏者也落入同樣處境。錄音也可以剪接。無論電影演員或錄音室裡的音樂家，不再親身出現在一群會有立即反應的觀眾面前工作。表演的錄音錄影本身成了一種偽事件，具備與其他偽事件相同的附帶特徵，以及讓原作相形失色的力量。新崛起的偽事件特質讓演員與觀眾都深受其害，而預錄電視節目裡的罐頭笑聲和掌聲只是其中一個極為粗陋的例子。我們還能不能再自信滿滿地談論「原作」？音樂就如同戲劇和幾乎所有其他經驗，如今只能透過一個新的中間地帶與我們接觸——音樂從此漂浮在介於形式與表演的中間狀態。

只有在正式特殊場合才會聽到音樂的時代，距離我們已經十分遙遠。從前大眾在音樂會上聽到音樂家現場演奏的音樂時，會期待音樂本身就能塑造氣氛：音樂本身就是事件。聽眾在音樂廳裡仔細聆聽，想要清楚聽見作曲家或演出者在特定時刻的表現。他們在家裡也會聽到音樂，可能是他們自己、某位家人或親友在唱歌或演奏樂器。當然，如今還有人偶爾會舉行自家人合奏的家庭音樂會，也會去音樂廳和大禮堂聆聽特定音樂家演奏；我們之中也有許多人會演奏樂器。但這不再是音樂與我們接觸最常見的方式。更常見的方式諸如開車時聽到廣播播出的音樂；在家煮菜、洗碗或在地下室忙於雜務時聽到AM／FM收音機傳來的音樂；或是在玩牌、看書或聊天時聽到具有自動播放唱片功能的音響播放的音樂。現今中上階級（upper-middle-class）住宅建築的常規配置之一，就是可聽廣播和播放唱片的高傳真電唱收音機設備（hi-fi radio-phonograph），並在每個房間都裝設喇叭。在我們忙著自己的事的時候，仍會隨時隨地在音樂環繞之下，感受音樂帶來的撫慰。如今適合所有場合的音樂，是不需要每個音符凝神細聽、可以當成空氣就好的音樂。

簡言之，音樂以前主要是個別作品，各自具有其獨特形式。如今已經出現極大轉變，音樂成了無止無盡的同質音流，通常附屬於其他事物。當演員成了「演藝娛樂人員」時，戲劇就只是一種娛樂，音樂也同樣成了「娛樂」。我們都想要來點「情調音樂」或「心情音樂」（mood music）。市面上出現新的系列唱片，實際採用的標題包括「放鬆音樂」、「用餐音樂」、「閱讀音樂」、「浪漫愛情音樂」等等。在辦公室、工廠和公共場所播放音樂的生意興隆昌旺。音樂如今介於工程設計和室內裝飾之間，與空調設備、隔音天花板、間接照明及曲線貼合人體曲線的設計師椅並列。

穆札克公司（Muzak Company）於一九四〇到六〇年之間成功擴張事業版圖，就是前述發展趨勢中的絕佳例子。穆札克公司提供的服務，是向店家提供經由電話線路播放的商用背景音樂，於一九三〇年代初期努力擴大服務範圍。及至一九五〇年代中葉，「功能性」背景音樂（background music）已經無所不在，從洋基球場、芬威球場（Fenway Park）、「纖杜瑞拉」減肥沙龍（Slenderella）；從洛杉磯到德州聖安吉洛（San Angelo）的墓園、堪薩斯市（Kansas City）某家木偶工廠、芝加哥某家香腸工廠、各家寵物醫院、聯邦準備銀行（Federal Reserve bank）金庫、辛辛那提（Cincinnati）某家填餡橄欖工廠、丹佛（Denver）某家鈾能源公司，甚至在俄亥俄州漢米頓（Hamilton）伊頓汽車旅館（Eaton's Motel）的游泳池水裡都能聽見。

穆札克公司音樂庫於一九五七年時共收錄四萬九千種曲輯（其中約七千五百種於任一時間點同時播放），每種曲輯都錄製成一張十六吋唱片。在位於偌大穆札克大樓中的紐約總公司裡，這些曲輯經過挑選整合後，錄製成每組都包含長二十四小時的曲目（一組包含三捲盤式錄音帶，每捲可播放八小時）。三捲組盤式錄音帶錄製完成後，會運送至分散全美各地的七處穆札克公司電話總局。每座電話總局都有約二十個加盟商，為各自所轄區域的訂戶提供服務。整組盤式錄音帶會在七處電話總局之間流通，在各個區域都播放過一輪後，會送回紐約總公司消磁後錄製新曲。

播放商用背景音樂服務的運作規模龐大，穆札克公司擁有的音樂庫價值高達一千萬美元，每年播放的磁帶總長度約達兩億哩，穆札克於是成為全世界最大的電話線網路使用者。無論以何種方式計算，每天聽到穆札克公司音樂的美國人保守估計約為五千萬人。

然而數千萬聽眾聽到的穆札克公司音樂，並非傳統上理解的整部樂曲。「我們賣的不是音樂。」唐諾．歐尼爾（Donald O'Neill）如此表示，他在穆札克的紐約總公司工作十餘年，負責曲目設計和組合。「我們賣的是曲目編排（programming）。我們相信將時間、環境和活動這三個因子全都納入考量，就能得到最好的結果。以餐廳為例：早餐時間通常會有一些新曲子，不要太多銅管樂；午餐時間要放比較多弦樂的敘事曲；晚餐時間通常是音樂會編制的標準曲目。晚餐後會希望讓步調快一點，會開始放一些輕快活潑的曲子。」先將個別曲子分段整合成不同曲目清單，就能依據不同目的指定適合的曲目清單。

最令人滿意的曲目，不是一系列各自獨立、有頭有尾且富有戲劇張力的音樂。這種音樂很容易讓有事要忙的聽者分心，而無論何時何地，聽者要做的絕不會是專心聽音樂。背景音樂就如同源源不斷流淌、具有麻醉或補藥效果的音符，目標是讓半昏迷的病人沉浸其中。如歐尼爾先生所舉例，在工廠或辦公室，流淌的音符必須「抗衡工業場所的疲勞曲線。員工一早來上班時通常精神很好，播放的音樂就相對平靜。到了十點半，他會有一點累、開始有一點緊繃，這時候就要來一點能夠振奮人心的重節拍音樂，幫他打起精神。快到中午時他開始期待午餐，就需要比較輕鬆的旋律。下午兩、三點時很可能又會開始疲乏，我們會再播一些節奏感比較強、重拍比早上更明顯的曲子。這就是我們所謂的曲目編排……不過我們得隨時留意，不能太過強勢，畢竟這只是聽過就好的音樂，不是要人專注聆聽的音樂。」

許多例子充分顯示，背景音樂在促進銷量和生產力等方面皆達到期望中的效果。長島（Long Island）一家超市的老闆租用了穆札克公司的音樂服務，他的使用心得是大多數消費者「說他們覺得時間過得更快了。說起來倒是很有趣，自從開始放音樂，我們發現顧客在超市裡待更久了。」二戰期間，穆札克公司發展出一套產業用曲目，獲得美國戰時生產委員會（War Production Board）核准。戰後雖然市場競爭日益激烈，穆札克公司仍穩定擴張。為了防止持續不斷的聲音引發不快情緒，穆札克公司針對為辦公室等場所提供的曲目，設計了播放十五分鐘音樂之後就出現一段長度差不多的靜音時段。間隔的靜音時段當然是根據功能或時間設定，而不是根據個別曲子的長度彈性調整。

穆札克公司一直在尋找消解固有樂曲單位的新方法。歐尼爾先生如此說明：「重點是絕對不能故步自封。不久之前我們還在找一種音樂，要讓喜歡流行樂的人聽了覺得像古典樂，讓喜歡古典樂的人聽了覺得像流行樂。於是我們決定錄下類似電影《麗蒂亞》（*Lydia*）或《快活的靈魂》

（*Blythe Spirit*）等主題曲的音樂，推出後大獲好評。」[59]

隨著使用穆札克公司音樂服務（或其他曲目編排和播放系統）的場所持續增加，加上酒吧、餐廳、火車站、列車車廂、機場、飛機和店家商場紛紛裝設點唱機和音響設備，要躲避音樂偽事件洪流的難度愈來愈高。這些音樂偽事件早已無法傳達原本意義，只是個人心情和商業影像的載體。一九四九年在紐約，中央車站（Grand Central Terminal）站方於站內裝設了小型播音室和八十二個擴音器，每天穿梭於車站的五十萬名通勤族從此被罐頭音樂和廣告聲響淹沒。惱怒不已的通勤乘客向紐約州公共事務委員會（New York Public Service Commission）申訴。一名精神科醫師代表站方作證，聲明噪音不會對正常人造成任何永久傷害。《紐約客》雜誌總編輯哈洛德・羅斯（Harold Ross）代表通勤乘客出席作證，坦承他覺得自己有一邊耳膜被震破了；一名女乘客發誓她一定要長出「耳皮」以求自保。抗議聲浪四起之後，紐約中央車站一度暫停播音。或許能有一位二十世紀中葉的愛迪生，發明一種設在公共場合的裝置，只要投下一枚十美分硬幣，就能買到數分鐘的靜音時段，求得耳根清淨。如此一來，我們至少會略感寬慰，至少這方面的科技不可

59　譯註：原作為一九四一年由諾爾・寇威爾（Noël Coward）所著之超自然黑色喜劇，首演後數十年仍搬演不綴，於一九四五年及二〇二〇年兩度改編成電影，二〇二〇年版片名為《舊愛靈靈妻》，二〇 一年亦曾由台灣綠光劇團改編之中文版舞台劇《開心鬼》；劇名中「快活的靈魂」（Blythe Spirit）一語典出英國詩人雪萊（Percy Bysshe Shelley）詩作《致雲雀》（*To a Skylark*）。

能再進步了。

十一

形象革命賦予了所有經驗一種新的流動性。空調與穆札克的背景音樂滲透交融、互相流通，我們已經難以分辨兩者之間的界線。書籍、雜誌與戲劇電影的形式互相混融。「翻閱《麥考爾》婦女雜誌（*McCall's*），一覽當代最精采的好書。」一九六〇年八月十八日號《紐約時報》刊出的全版廣告內文如前，還有一個問句：「最近讀到了什麼好書嗎？」接著自問自答列出二十一本書，包括曾由《麥考爾》預先刊登內文的書籍及暢銷書。其中四分之三是由人代筆的名人書——稱為「非書」會更加貼切。

愈是難以將任一作品劃歸為不同形式中的一種，所有的形式就愈顯得模糊混沌，如鬼似魅。精裝本只是尚未孵化的平裝本？或者平裝本只是還未長出書殼的精裝本？「你知道《戰爭與和平》嗎？」「知道。」「那你喜歡嗎？」「滿喜歡的啊。」「喜歡哪個，電影還是書？」是未經刪節的原始版本（「未經」才是重點）？——或是「權威版現代節本」？沒有人能確定。是一九三一還是一九六一年版的《壯志千秋》（*Cimmaron*）？「原作」所指的，可能是電影、小說、漫畫（《豪邁王子》〔*Prince Valiant*〕）等多部電影皆改編自漫畫〕、雜誌文章、樂譜、留聲機唱片、廣播節目或電視節目。

不久之前，我準備好出書提案，與國內某家數一數二的出版社接洽。依我之見，我已擬定大綱的這本書，具有出版的必要性。出版社考慮提案過程中的高潮，是出版社會議室裡開的一場會，與會者包括數名副總級高層和多個部門的主管。我們圍坐在會議桌旁，不同部門的主管你一言、我一語，爭辯是否能將這本書拆成不同部分並且分別銷售。能不能做成「企業禮品」？能不能每章分別製作成小冊，一章一章分開來賣？能不能擷取片段印在地圖背面？能不能讓郵購公司當成贈品？沒有人問過這本書能不能切得細細碎碎以後包裝出售，好像要賣的是某種盒裝早餐玉米片。我們幾乎沒有討論對於書籍本身的需求，那似乎不再是重點。

形式日益繁多，加上科技不斷進步，無可避免讓所有經驗都成為商品。當娛樂被包裝成電影，電影院老闆就不再需要了解戲劇。他唯一需要知道的，是哪部片會賣座。平裝書興起之後，零售商不必懂書：大多數平裝書都是和報刊雜誌、養髮液和罐頭擺在一起販售。唱片銷售的方式不斷演變，如今顧客已經沒辦法在購買之前試聽——還是買上了暢銷榜的唱片或在全國大打廣告的品牌最保險。然而，販賣唱片的商家本身，通常對於音樂所知極少。就如同旅行社其實不太了解要把你送去的地方（他不需要認識，只要能把套裝行程賣給你就好），唱片商家也不需要了解他販賣的音樂。他只要知道哪種包裝好的音樂產品會熱賣，就能繼續做生意。他唯一看見的，就是包裝。唱片產品的包裝愈來愈像平裝書，塗佈紙封面上印著鮮明得駭人的全彩照片。

當同一個主題可以用無數不同的方式來包裝，而每一種方式都只是一種觸及數百萬觀眾、讀者或聽眾的途徑，在大到幾乎將人壓垮的壓力之下，複製已驗證的成功之道成了不得不為的手段。現代的出版或製作發行——不論書籍、電影、電視節目或音樂——都可以借用一名書評家對一位成功的模仿者的描述來形容。這位仿作者的作品銷量竟然一度超過原作者華特．史考特爵士[60]的小說，書評家如此評論他採用的俗套公式：「過去十年來，他都在重複自己重複過的東西，為他自己的回音製造回音。他的小說出道作是射穿標靶的一箭，自此之後他只是勤奮不懈地將箭射入標靶上那個洞口。」能夠成功買賣文學、戲劇和音樂商品的，正是那些發現大眾渴望之物公式，再適度地將這個公式稍加調整變化的商人——既足以賣出每種新商品，又不至於冒上可能要承擔失去市場的風險。在這個偽事件的多重形式世界，文學藝術標準以此句歸結最為恰如其分：「暢銷品就是暢銷品就是暢銷品。」（**A best seller is a best seller is a best seller.**）無論你我，誰不想寫出（或至少去讀）一本暢銷書呢？

無論我們在何處轉身，都會看見鏡子；在鏡子裡，我們看見自己（雖然我們喜歡假裝看見的是其他人）。銷量最高的雜誌是文摘，但讀者看到（或自以為看到，或一廂情願相信自己看到）的所謂「文摘」根本不是真正摘錄自其他雜誌的文章）。保證熱賣的作品如電影《賓漢》和《萬夫莫敵》，抑或法蘭克．葉爾彼[61]、湯瑪斯．寇斯坦[62]、瑪莉．羅伯茲．萊因哈特[63]或米基．史匹林[64]的小說，通常都是已驗證公式的最佳組合，而這個公式是我們為自己製造出來的。電影和書互為鏡像，兩者都提供了那種我們希望相信的自我幻想和荒誕虛假形象。音樂成了反映心情的鏡子，經驗不過是室內裝飾。

60 編註：華特・史考特爵士（Sir Walter Scott，一七七一—一八三二），蘇格蘭的著名作家、詩人和歷史學家，被認為是英語文學中的偉大小說家之一。

61 編註：法蘭克・葉爾彼（Frank Yerby，一九一六—一九九一），美國著名的歷史小說家，以描寫南北戰爭時期和美國南方歷史的作品而聞名。

62 編註：湯瑪斯・寇斯坦（Thomas B. Costain，一八八五—一九六五），加拿大裔美國作家，以寫作歷史小說而聞名。

63 編註：瑪莉・羅伯茲・萊因哈特（Mary Roberts Rinehart，一八七六—一九五八），二十世紀初美國最受歡迎的女性作家之一，以推理小說和懸疑小說著稱。

64 編註：米基・史匹林（Micky Spillane，一九一八—二〇〇六），美國著名犯罪小說作家，作品充滿暴力、懸疑和強烈的男性英雄形象。以其硬派偵探角色麥克・漢默（Mike Hammer）聞名。

第五章

從理想到形象：對自證預言的追尋

「買《費城公報》就是買一個信念！」

——《費城公報》（*Philadelphia Bulletin*）廣告

我們這一代人經歷前所未有的誘惑，相信我們可以「製造」自己的經驗——從我們的新聞、名人、冒險旅程到藝術形式。最終，我們甚至相信自己可以創造衡量前述一切的尺度標準本身，可以製造自己的理想，這就是豪奢期望的極致。我們美國人的日常言談中，展現了這種共通的轉變：不再談論「理想」，轉而談論「形象」。

《聖經》告訴我們：「上帝照著自己的形象造人」。近代開始有一些懷疑論者，藉由翻轉這個比喻來引起大家的好奇。「如果上帝是照著祂自己的形象造出我們，那麼我們肯定已經做到禮尚往來。」伏爾泰（Voltaire）言道。杜斯妥也夫斯基[1]的看法更為深奧，他說人真正照著自己的形象所造的，是魔鬼。然而，美國開國元勳所信仰的上帝，無論可能具備何種特質，本質上仍是立憲制的君主。祂只能以無法任由他修改的律法來統治國家。祂還沒有成為董事長，而是根據符合「公民股東」利益並獲其認可的政策指令來治國。

在「自然律法」（Law of Nature）以及「自然的神之律法」（Law of Nature's God）統治下的宇宙，一切井然有序。無論對神或人來說，世界都不能任意塑形。但是近年來，正如我們把自己安排好（或付錢請人代勞）的突發事件名之為「冒險」，我們也掏空了「價值」一詞的意義。「價值」於較早期的字典所收錄傳統上的意義為「……倫理道德。本身值得尊敬者；本質具有正面作用者。」而我們已經與其傳統意義愈離愈遠，朝著屬於現代美國的意義邁近：「價值……（用複數形）在社會學、行為、風俗習慣、體制等層面，係指某個民族或族群採用的特定方式，尤指其偏好的特定方式。」我們的新銳社會學家們三句不離「價值」，而他們要表達的意思是，一個社會為自己量身打造的特定標準。藉由這個詞語，他們向我們再三保證，不用擔心理想消解毀滅，因為所有理想都已經過時。事實上，最「文明開化」的民族，是那些知道自己受到自創價值觀引導的一群人。

然而，自建國以來大部分的時間，我們都相信美國是一個由理想指引的國家。而賦予我們理想的，是傳統、理性或上帝。「理想就像星辰，」卡爾．舒爾茨[2]於一八五九年四月十八日，即萊辛頓和康科德戰役[3]滿週年前夕說道：「伸手永遠觸碰不到。你得像茫茫大海上的水手一樣，選擇依循它們的引導，跟從它們直到完成你的使命。」

在十九世紀的美國，最極端的現代主義論調，主張人是由其環境所塑造。到了二十世紀，我們美國人不僅仍舊相信自己是由環境所塑造，還相信環境可以完全由我們自己來塑造。我們如此熱中偽事件，熱愛製造出來的新聞、人造英雄、預先打造的觀光景點、趨於同質且可互換的藝術和文學形式（其中沒有「原作」，只有我們製造出來的「影子的影子」），那股熱情的核心就是這種誘人的矛盾。我們相信，可以用這種新奇內容填滿自己的經驗。我們看到、聽到、從事的一切，幾乎都在說服我們相信，我們擁有這股力量。我所描述的美國生活就是供觀賞的運動賽事，我們自己製作道具，自己上台表演。

1　編註：費奧多爾・杜斯妥也夫斯基（Fyodor Dostoyevsky，一八二一—一八八一），俄羅斯小說家、哲學家，被譽為世界文學史上最偉大的作家之一，代表作包括《罪與罰》（*Crime and Punishment*）。

2　編註：卡爾・舒爾茨（Carl Schurz，一八二九—一九〇六），德國裔美國政治家、軍事領袖、改革家和記者，曾擔任過美國內政部長。

3　編註：萊辛頓和康科德戰役（Battles of Lexington and Concord）為發生於一七七五年四月十九日的武裝衝突，標誌著革命戰爭的開始。這場戰役成為了美國殖民地反抗英國統治的象徵，並促成了隨後的全國範圍的抗議和軍事衝突，最終導致了美國獨立戰爭的全面爆發。

但是這一切目的何在？要是人不只可以打造環境，在自己的經驗中隨心所欲填入任何事物，還可以打造自己的上帝，那該有多麼驚人！上帝本身也成了一種偽事件，所有熟悉的特徵一應俱全。祂既非自然發生，也非自製自造。祂是經過安排或插入的——主要是為了達到吸引新聞報導和信眾的效果。祂成了方便我們隨時觀看的電視節目。衡量上帝大能的標準，是祂占了多少新聞版面，是否受到熱烈討論。祂與檯面下真實情況的關係則曖昧不明。祂就如同其他偽事件，對我們而言最有趣的問題不是祂了做什麼，而是祂是否存在。我們為祂的聲望擔心。我們創造出上帝，期望祂成為一種自證預言。祂是世界級暢銷書的名人作者。為了填補我們自己的空虛，我們將上帝製造成最大的名人。祂是「最偉大者」之中的最偉大者。於是，我們心心念念的，不是作為自然事實的上帝，而是將上帝當成敬畏神的社會裡的有用的虛構物。上帝本身不再是一種大能，而是一個形象。

一

形象的語言（language of images）如今無所不在。無論在何處，形象的語言都取代了理想的語言（language of ideals）。如果對的「形象」能讓候選人選上總統，可以賣出一輛汽車、一種宗教、一根香菸或一套衣服，為什麼不能讓美國本身——或美國的生活方式——成為世界各地的熱門商品？在談論自身的時候，談論我們的社群、公司、國家和領袖以及自己時，我們使用的是形象的語言。從牧師的書房到大學教授的課堂，從廣告公司辦公室到每個路口街角，都在使用形象的語言。

一九六〇年十一月十九日，科學顧問委員會（Science Advisory Committee）素富聲望的科學家和教育家向艾森豪總統提出報告，批評各大學校方以人為方式劃分研究和教學。科學家和教育家強調，重點在於「整體環境應該是一個融合學習、探究和教學的環境——渾然一體不可分割。大學常常無法理解和維持自身的根本形象。」

這種拐彎抹角、迂迴曲折的說話方式愈來愈常見，我們甚至不曾留意。較早期的論者批評時，會單純說大學沒能達到這個理想或那個理想。但現今的大學就跟其他機構一樣——其實就跟所有人一樣——衡量表現優劣的標準，是它們是否符合量身打造的自身「形象」。

從我們使用「企業形象」（corporate image）一詞的方式，就可以窺見形象的某些特徵。無庸置疑，企業形象正是我們這個時代最為昂貴、設計鋪排最為精心繁複的形象。在一九六〇年十月二十七日一場由美國管理協會（American Management Association）於紐約市舉辦的「有效廣告」主題系列講座中，哈南父子公司（Hanan & Son）管理合夥人邁克．哈南（Mack Hanan）論及營造企業形象會遇上的問題。他提醒，營造「正面企業形象」有其風險，對於公司本身可能弊大於利。他解釋道，就正面形象的本質而言，沒有任何正面形象可以無所不包，滿足所有利益相關群體的需求。企業形象愈是鮮明精確，愈有可能只容納得下特定利益相關群體的某些部分，而排擠其他部分。他提到，一家公司若具有效率奇高但完全去人性化的形象，「會讓現職員工大為受挫，嚇跑未來的員工和人資主管，甚至可能讓某些審慎精明的投資人群體打退堂鼓。」接著他提供一種擺脫「正面主義風險」的方法。他呼籲各公司應採用「中性的企業形象」，但也聲明，這並不等同薄弱乏味、曖昧不明或未經設計的形象。「中性的企業形象指的是保持開放，是能將企業的各個利益相關群體都納入企業的前景中……中性的企業形象是在向所有相關群體招手，請他們暫時不去評斷批判。中性形象取其中道，能夠吸引除了態度最極端的邊緣群體以外的所有群體。但正因為它不偏不倚，就不會排除任何一方。」

這項建議很有意思，其中預設了企業形象中某些我們熟悉的特徵，這些特徵正是我們這個時代各種「形象式思考」（image-thinking）的線索。正如偽事件之於事實世界，形象則屬於價值世界。形象是一種偽理想。接下來將會細述，形象是如何具備人造、可信、被動、鮮活、簡化以及曖昧的特質。

（一）**形象是人造的**。形象經過設計安排：為了某個目的而特別創造出來，讓大眾留下某種印象。

舊有比較明顯的例子包括商標和品牌名稱，兩者的重要性在進入二十世紀後與日俱增。商標（原本旨在當作某一類型產品的評判標準）是受到法律保護，可用於辨識特定產品的一組文字、圖像或一種標誌設計。我們的經驗遭到大量商標和其他各種形象氾濫席捲，它們就像其他大多數偽事件一樣製造成本高昂，因此總是有人積極加以散播、強化和剝削利用。商標與其他標準不同之處在於，商標可以是私有的。如果想要商標持續受到法律保護，持有者就必須重複確立其擁有權。

「國際商業機器公司」這個名字冗長累贅，卻在繁複設計之下，成功簡化成為大眾印象中的IBM。這個縮寫很可能是有史以來最昂貴，也最有價值的縮寫。在艾略特・諾伊斯（Eliot Noyes）及其設計團隊（包括保羅・蘭德〔Paul Rand〕、查爾斯・伊姆斯〔Charles Eames〕、喬治・尼爾遜〔George Nelson〕）的創意指導下，IBM公司打造出極為簡潔的商標，營造「乾淨俐落、令人難忘」的形象。如今，商標已不再只是其他活動的副產品。商標不只是製造者或擁有者的名字、姓名首字母或署名，或是工會的指定印記，而是由專家精心設計打造的產物。

充斥在我們經驗中的形象，不只是數個字母、簡化圖像或琅琅上口的廣告金句。它們不只是圓圈裡的「IBM」或有點參差不齊的「USS」（美國鋼鐵公司〔United States Steel Corporation〕的名稱縮寫），不只是優雅手寫體寫成的「Coca-Cola」（可口可樂）。它們不只是「他主人的聲音」（His Master's Voice；一隻狗歪著頭有點迷惑地聽著留聲機喇叭放出的聲音）[4]，或「筋疲力盡就該換胎」（Time to Re-tire；一名身穿丹頓博士牌〔Dr. Denton〕睡衣的幼兒一手拿燭

4 編註：英國唱片公司 His Master's Voice 的商標是一隻聽著留聲機的狗。

台、一手扛輪胎，還張口打著呵欠）[5]，或「直布羅陀巨巖」（Rock of Gibraltar，保德信人壽保險公司〔Prudential Insurance Company〕），或有班傑明・富蘭克林頭像的獎章（《週六晚郵報》），或一隻飛奔中的修長灰色靈緹犬（灰狗巴士〔Greyhound Buses〕）。它們也不只是簡潔好記的廣告金句：「所登新聞，皆宜刊登」（All the News That's Fit to Print）、「能抽根駱駝香菸，千里路也不嫌遠」（I'd Walk a Mile for a Camel）、「家喻戶曉的密爾瓦基啤酒」（The Beer That Made Milwaukee Famous）、「雨天不結塊，只有莫頓鹽」（When It Rains It Pours）、「冠軍的早餐」（Breakfast of Champions）、「卓爾紳士」（Man of Distinction）、「亨氏醬料五十七味」（57 Varieties）、「三花牌牛乳來自快樂的乳牛」（Milk From Contented Cows）、「清潔去汙不留痕」（Hasn't Scratched Yet）、「免寄信——打電報就行」（Don't Write–Telegraph）、「常用棕欖香皂，長保青春芳華」（Keep That Schoolgirl Complexion）、「花語傳情」（Say It With Flowers）、「自身之外，BVD是最愛」（Next to Myself I Like B.V.D.'s Best）、「想抽好菸，選雲絲頓」（Winston Tastes Good Like a Cigarette Should）等等。

進入二十世紀之後，形象的運用在每一個十年中都更形重要。然而，在我們所處的時代，出現了一種非比尋常、更加抽象的形象，這種形象的專制暴政無所不在。此處所談的這種形象，不只是某個商標、設計、廣告金句或簡約好記的圖像，而是一種精心打造而成的特質側寫，用於個人、機構、公司、產品或服務。它是一種對於價值的逗趣擬仿，並利用人造材料塑製出的三維形體。形象革命之後，科技不斷推陳出新，這種形象也隨之不斷增生和進一步強化。

當我們以這種新的意義使用「形象」一詞時，實際上是在承認一種區別——我們看到的與實際存在的事物並不完全相同，而我們更關注的是「可見」的部分。因此形象就是一種外顯公開的「人格」（personality），與內在私密的「性格」（character）有所區隔。「公共」一詞與「形象」的關聯，就如同其與「利益」或「輿論」的關聯一樣理所當然。我們要大方坦承，這種主導性的形象掩蓋了其背後的真實存在。在「形象」一詞的使用上，我們就暗示了形象是可以被操縱的：形象總是由人打造、竄改、修整、翻新和改良，其效果或好或壞，並不取決於作為這個公共肖像源頭的自然本質（不過並非完全無關）。

類似的例子不勝枚舉。如果加以有系統地蒐集整理，無異於一部百科全書，羅列了我們周遭最為鮮活生動的虛構假造事物。以下數個例子說明形象式思考是如何無所不在。每天在報紙上常可看到類似「總統竭力打造公共形象」的標題（《卡拉馬祖公報》（*Kalamazoo Gazette*），一九六一年二月二十日號）。《紐約時報》一九六一年一月十六日號頭版頭條以「高華德試圖塑造保守的大眾形象」為題，並附上參議員高華德[6]的照片。參議員高華德藉由照片凸顯其意圖是「確

5　編註：「retire」有就寢的意思，拆開後可解作換胎（re-tire）。

6　編註：貝利・高華德（Barry Goldwater，一九〇九—一九九八），美國政治家、商人和總統候選人，曾任亞利桑那州聯邦參議員。

保消除保守主義阻礙進步的形象。」華倫紙業公司（S. D. Warren Paper Company）在一則廣告中提問：「字裡行間，你讀到了嗎？」並指出，「你的顧客肯定會。當音響愛好者翻閱貴公司目錄時，看到的不只是文字和圖片。他會下意識在字裡行間尋找任何展現貴公司品格的蛛絲馬跡。他在尋找只有優良印刷機才能幫助你實現的高品質圖像。」哈佛大學文理學院（Harvard Faculty of Arts and Sciences）招生政策特別委員會印製的「哈佛大學學院招生手冊」（Admission to Harvard College；一九六〇）也使用了同樣的語言。手冊中特闢一節討論哈佛的「公共形象」，建議哈佛校方應該「慎重檢視其單一或多重的公共形象」，並呼籲「對於公共形象議題進行更有系統的研究，以彌補本委員會囿於時間與資源而力所未及之處。」該委員會相信，前述議題需要採取徹底全面且精細繁複的研究方法，應該由校方負責發起。我們隨處都會遇見類似的暗示：如果形象造成傷害，或變得令人無法接受，那麼可以並且應該予以修復。

（二）**形象是可信的**。如果沒有人相信，形象就毫無用途。每個人心目中都認為，必須讓形象代表其所描繪的某個人或機構。然而形象如果要鮮活生動、大受歡迎，成功地讓原始本質黯然失色，就不能違背常識通則。因此，如果哈佛大學聲稱，他們挑選學生時不會考慮申請者的家庭背景，或親人是不是校友或捐贈人，那就是哈佛大學的失誤，沒有人會相信。最有效的形象，通常是那些經過特別處理，以提高可信度的形象。要讓形象很可信，最好的方法之一是輕描淡寫。「去問買了車的人。」[7]套句本世紀最傑出美國高等教育公關專家的話：芝加哥大學「不是一所很好的大學……是你能找到最好的大學。」象牙香皂（Ivory Soap）「純度百分之九十九點四四。」精明的廣告人或公關大師會善加利用最高級形容詞日趨浮濫這一點，使自己的浮誇言詞看上去像是一種語帶保守的事實。

（三）**形象是被動的**。既然形象應該等同於現實，形象的製造者（即公司）就會被期待要能符合形象，而非將形象當作要努力達成的目標。形象的消費者（即企業形象的觀看者，是潛在客戶或消費者）也會被認為應該以某種方式符合這個形象。前述關係本質上全是被動的。付出心力打造企業形象的，並非公司整體，而是那些專家和負責執行的公司管理階層，他們是形象的主要監護人。形象的「投射」本身，就是一種宣傳自家著名優點的方式。於是，主體和客體都會想要對號入座，讓自己符合形象。雙方都會假定，如此蔚為風行、具有說服力的形象，一定有其真憑實據。形象產生之後，通常會成為比公司產品更為重要的現實，而公司產品只不過是這個形象的佐證；而不是反過來。一開始，形象是代表公司的肖像；到了最後，公司成了代表形象的肖像。形象（不同於實際行為）可以是完美無瑕的，可以是一種能滿足所有人的精雕模式。

當美國貨櫃公司（Container Corporation of America）決定（據某名記者所述）「將自身打造成一家以品味獨到、資源豐富和注重設計著稱的公司」，可能只是少數公司高層與內部會議的決

7 譯註：此為帕卡德汽車公司（Packard）的經典廣告語。

心。這樣的理想一直存在，可以由少數人私下去追求。傳統上會認為，這種存於內心的信念更為真實且有效。但時至今日，這麼做不再足夠。

形象就是那種唯有公諸於世才能實現的理想。決定重新塑造形象的公司想做的，與其說是「洗心」，其實只有「革面」。這種「改頭換面」的形象改造手術通常可以請人施行，由新出現的整型醫師和美容專家包辦。小自支票、大至貨櫃車，美國貨櫃公司都請人重新設計。公司也出資贊助以「西方哲人的偉大思想」（Great Ideas of Western Man）為主題的大規模宣傳活動，搭配現代藝術家所設計的圖像作品進行推廣。套句行話來形容，美國貨櫃公司做的不是「追求理想」，而是在「打造形象」。等到形象打造完成，下一步就是讓公司、產品（順利的話還要加上顧客）都能完全符合這個形象。

由於形象本質上是被動的，幾乎不用和公司本身的活動有什麼關係。說得老派一點，打造形象是在打造聲望，不是在打造個性。例如芝加哥的愛德曼合夥公關顧問公司（Daniel J. Edelman & Associates）受僱為布朗斯威克公司（Brunswick Corporation）打造「企業形象」，目標如一名商業線記者所述是「為布朗斯威克公司打造持續進步的形象——不再是已有一百一十五年歷史的保齡球設備廠商，而是一家多角化經營以擴大事業版圖的公司。」愛德曼公關公司提供了一系列為各家報紙或雜誌精心客製的新聞報導——各種偽事件——並大獲成功，其出色表現在公共關係圈子裡備受讚譽。《財星》雜誌（*Fortune*）分配到一篇以公司總裁為主角的專訪，描述他原為運動家，投身商界之後成為經商奇才，以及一篇講述小公司如何一躍成為大企業的文章；美聯社專欄作家分配到的文章講述保齡球產業如何帶來十億商機；《紐約時報》分配到一篇比較嚴肅的人物特寫；《華爾街日報》（*Wall Street Journal*）負責刊登的文章講述學校教學運動設施產業發展蓬勃（為美國學校行政人員協會〔American Association of School Administrators〕會員大會相關報導）；交由《生活》雜誌刊登的文章，則介紹如何利用布朗斯威克公司生產的課桌椅、書櫃等教室設備，只花一個週末就打造出鏡頭下美侖美奐的現代化教室。上述每篇文章，都是用來描繪形象的一筆。布朗斯威克公司本身要做的，當然也只有繼續維持原本運作，同時也要避免牽涉任何醜聞或可能有損形象的公開資訊。

形象的打造有時候著眼於公司的主要負責人，而非公司本身。班傑明・索南堡（Benjamin Sonnenberg）為查爾斯・盧克曼（Charles Luckman；時為利華兄弟公司[8]負責人）打造出行銷高手的形象；出力的是索南堡，不是盧克曼，更不是利華兄弟這家公司。除了不要破壞形象，盧克曼本人幾乎不需要多做什麼。班傑明・菲勒斯（Benjamin Fairless）曾執掌美國鋼鐵公司，他的

8　編註：利華兄弟公司（Lever Brothers）成立於一八八五年，為英國一家歷史悠久的消費品公司，於一九五〇年代與荷蘭奶油製造商「Margarine Unie」合併，成為全球知名的跨國消費品公司之一——聯合利華（Unilever），旗下擁有眾多知名品牌。

形象也是以類似的方式塑造。影響最大的或許是他發表的談話內容。最關鍵的一次談話是他在一九五〇年抨擊「企圖改變美國商業經濟的國會小丑」，講稿撰寫者費爾普·亞當斯（Phelps H. Adams）來自《紐約太陽報》華府分部。菲勒斯因此成功建立其形象，後來提拔亞當斯擔任公關部門副理。查爾斯·珀西（Charles Percy）以其奔放創意和充沛精力領導貝靈巧公司[9]的形象（如《生活》雜誌和其他人物特寫所描述），連帶形塑了貝靈巧公司的形象。

紐澤西州的標準石油公司（Standard Oil Company）開始贊助紐約電視節目「本週戲劇」（Play of the Week），利用節目營造一個為大眾服務的形象（十三週的贊助金額為六十萬美元；後人認為這筆錢就能成功打造形象可說是撿了便宜）。戲劇製作當然與煉油毫無關聯。對於一個龐大複雜企業的實際運作，這個年代的一般消費者只有極為模糊的概念，而公司的公共形象就取代了大眾對於公司實際運作更具體或細部的認知。現今，大多數公司的運作就如同大多數科學研究一樣，屬於一般人難以理解的疆界。機構廣告（institutional advertising）就是製造名人的一種形式，只是這裡的名人是公司——例如我們想到杜邦公司，聯想到的不再是「死亡商人」（Merchants of Death）[10]，而是「以化學創造更好的產品，帶來更好的生活」。我們通常不會對公司的形象感到義憤填膺，反而會懷著感激之情。公司形象這個可以掌握的具體圖像，取代了那些模糊不清的抽象概念。

身為消費者，我們也很容易被說服並掏錢買單。當愛德華·戈特里布合夥公關顧問公司

（Edward Gottlieb & Associates）接下推廣干邑白蘭地的案子後，第一步就是創造形象（他們成功讓銷量躍升至原本的三倍）。顧問公司贈送干邑白蘭地給餐飲主題編輯、電視烹飪節目製作單位和白宮，也在名流晚宴等場合免費發送，讓干邑白蘭地有機會入鏡並登上新聞版面。傳播諮詢公司（Communications Counselors Inc.）接受美國女帽設計學院（Millinery Institute of America）委託後，將優雅女帽免費贈送給時裝模特兒、時尚雜誌編輯、電影明星、電視演員及社交界名人。發行全國的雜誌上，接連刊出瑪麗蓮・夢露（Marilyn Monroe）和瑪米・艾森豪[11]戴著帽子的照片。隨後，女帽的銷量顯示出這種策略其中蘊含的無限商機，民眾嚮往自己融入成為雜誌照片裡的人物。

9　編註：貝靈巧公司（Bell & Howell）成立於一九〇七年，是美國一家歷史悠久的科技公司，最初專注於製造電影放映機和相關設備。

10　編註：杜邦公司（Du Pont Corporation）早期主要業務為火藥和炸藥的生產，為軍備競賽提供支持，在歷史上曾被批評為「死亡商人」；二十世紀之後，一些化學品的生產也引發了環境和健康的爭議，進一步加深了負面形象。

11　編註：瑪米・艾森豪（Mamie Eisenhower，一八九六—一九七九），美國第三十四任總統德威特・艾森豪（Dwight D. Eisenhower）的妻子，從一九五三年到一九六一年擔任美國第一夫人職位，以其優雅的形象、良好的社交技巧和對家庭的重視而著稱。

今人感嘆美國人在生活中的「遵從」傾向（conformity）愈來愈明顯，卻少有人注意到「遵從」（conform）在現今多半意謂著符合某種形象。[12]形象革命之後，各種形象不斷孳生、欣欣向榮，提供了許多新的模範，連帶造就了新的「遵從」現象。「conform」一詞在英國已有很長的歷史，主要是用於表達「根據某種模子形成」之意的及物動詞，當成不及物動詞（例如「he conforms」）時主要用於指稱遵從英國國教會（Church of England）的教規。而在二十世紀的美國，「conform」一詞有了全新的意思。現今若說「he conforms」或講到「conformity」，通常不會特別明講是遵從什麼，因為用語中總是暗示了一個遵從的對象。我們說「he conforms」的意思是，他試著符合某個形象。「遵從」傾向成了最能呈現我們這個時代特色的詞語。依我之見，形象大行其道之下（加上形象本身是被動的），將連帶導致遵從傾向愈趨普遍。形象本身就是對於遵從傾向發出的邀請。

遵從傾向的被動性，就是對號入座去符合形象的被動性。形象的無所不在，造就了遵從傾向的無所不在。在圖像與形象大行其道之前的年代，所謂遵從常規的人，在一般認知中就是努力想要達到理想中正派或可敬形象，或是單純不想引人注目的人。在形象革命之後，我們認為遵從常規的人是「遵從者」或「從眾者」（conformist）——努力想要符合自身周圍所有鮮活形象的人。在我們這個偽事件的世界裡，人造形象取代了外部標準。

對於利用形象來邀請人們採取行動，我們已經司空見慣。從前如果希望女士購買帽子，你會開口請她這麼做；或者希望男士買干邑白蘭地，你會向他介紹干邑白蘭地的種種好處。如今，這種遊說變得更加間接迂迴。推銷員這一行如今明顯邁向式微，部分原因或許就在於形象革命之後，形象令人著迷的魅力取代了言語遊說的魅力。如果以高明手法呈現的產品本身就能吸引消費者將自己代入情境，何必去當推銷員？產品成了形象的道具，而商人自信滿滿，認定我們會想要讓自己符合形象。

（四）**形象鮮活具體**。訴諸感官的形象，通常最能達到目的。「吹彈可破、令人愛不忍釋的肌膚。」古荷蘭去汙粉（Old Dutch Cleanser）外包裝圖案裡舉起掃把的少女（「去汙除垢」）；止咳糖漿包裝上蓄著大鬍子的「史密斯兄弟」（Smith Brothers）；男裝品牌「箭領男士」（Arrow Collar Man）；「卓爾紳士」。形象有其局限，必須比任何具體的目標清單更容易被理解。即使產品、人物或機構本身具有許多適合放入形象的優良特質，這還不夠。必須從中挑選一個或數個特質，並以鮮活生動的方式呈現。

（五）**形象經過簡化**。為了排除不想要和不討喜的面向，形象必須比其代表的本體更為簡化。「這個符號由中央的正方形與環繞四邊的形狀構成，堅毅強大且充滿活力，」大通曼哈頓銀行（Chase Manhattan Bank）如此說明，「象徵本行的企業精神和多元特質。」「民眾只要看到國

12　譯註：「conformity」一般譯為「從眾」，此段中為了配合文意，譯為「遵從」。

際商業機器公司的首字母縮寫ＩＢＭ，相關機制會立即啟動，瞬間就能在民眾腦海中銘刻整體企業形象。」成效卓著的形象，有可能變得浮濫俗套。然而，形象一旦進入語言，就失去了原本具有的意象力量，成了單純的字詞，而不再是偽事件。於是我們忘記它原本是為了達到某種目的，由特定人士專門設計而成。形象的創始者會希望，形象能夠廣為流傳和使用。但是當所有人都為了達到各自的目的而去使用這個形象時，形象就失去了原本的偽事件特質，再也無法達到原始目的。「aspirin」（阿司匹靈）、「mimeograph」（蠟紙油印）、「cellophane」（賽珞凡；玻璃紙）和「linoleum」（亞麻油地氈）在英文中原本皆是品牌名稱，後來成為該類物品的代稱；而「Kodak」（柯達）、「Technicolor」（特藝彩色）、「Band-aid」（邦迪）、「Kleenex」（舒潔）也幾乎成為底片、彩色電影技術、ＯＫ繃和面紙的泛稱。愈是簡單獨特且好記的形象，效果就愈強大——但又不能太過通俗便利，反而像是渾然天成、能夠代表所有與其本體同類型事物的符號。

（六）**形象曖昧模糊**。形象飄忽不定，介於想像與感知、期望與現實之間。無論換成什麼角度，形象都顯得曖昧不明。此外，形象還絕不能冒犯任何一方。形象必須符合無法預測的未來用途，以及出乎意料的品味轉變。在形象得以重新塑造以適應這些變遷之前，許多變化可能已經發生。因此，形象必須是容器，能夠承載人群各種不同的希望。大多數形象往往會隱藏這個特徵，但費城的平克斯兄弟—麥斯威男裝公司（Pincus Brothers Maxwell）最近的廣告卻大方展現此特徵。該公司用以宣傳全新西裝品牌的影像，不是清晰聚焦的畫面，而是站在街上的模糊人影。「紐約茲洛廣告公司（Zlowe Co.）發想出的宣傳手法，」廣告業雜誌《印刷油墨》（*Printers' Ink*，一九六一年一月二十日號）分析道，「是捨棄時裝插畫，改採個人形象。廣告圖像採用刻意模糊的人影照片，用意是藉由男性心目中那個模糊隱約但有魅力的自我形象來向他們推銷。」早在一九六一年，福斯汽車公司（Volkswagen）就推出一系列以模糊不清的全頁汽車照片為主圖的廣告，下方標題為「實驗性X-93福斯」。廣告中特別設計了模糊的汽車輪廓，目的就是讓觀看者更容易看自己想看到的樣子。就如同在繪畫領域，廣告中的「非再現」技巧很容易就蔚為風行，它帶來了充裕的空間，能夠容納觀看者難以預測但永遠誇大豪奢的期望。

* * * * *

嚴格來說，形象無從揭穿。形象就如同其他偽事件，愈去努力揭發，它愈是耐人尋味。正因為如此，現今一些成效最為卓著的廣告，可說鉅細靡遺呈現了廣告形象建立的過程：如何進行廣告效果測試、如何設計商標，以及如何為一家公司擦脂抹粉。從舞台上的道具機關，到製造和投射形象的過程，都令我們著迷不已。我們不僅滿懷好奇，想要看一場高明的魔術表演；更熱中於窺探幕後，想要看看究竟要怎麼做，才能讓那位女士看起來像是被鋸成兩半。日常經驗中鋪天蓋地的各種形象，在這方面比魔術手法更有優勢：就算帶我們到幕後參觀，我們還是能享受被欺騙的樂趣。弔詭的是，我們愈是清楚塑造形象的花招手段，愈是了解特定形象背後是如何處心積慮、千方百計，我們就能從形象本身獲得愈大的滿足。繁複巧妙的設計恰恰向我們證明，我們確實有理由上當受騙（絕不是因為我們愚蠢）。

在一次飛往華盛頓特區的旅途中，我發現擺在座位上的機上旅行包裡有一本《旅行者：首都的空中旅人雜誌》（*Voyager: Capital's Magazine for Air Travelers*；一九六〇年五月—六月）。雜誌首篇文章以「記憶湧動」（Memory Triggers）為題，記述首都航空（Capital Airlines；雜誌發行者）如何費盡心力打造全新的企業形象。編者按語中如此說明：「為首都航空建立全新企業形象的計畫是從大約兩年前開始，當時公司針對本身的公共形象進行透徹全面的評估。」為此，首都航空比較了多家品牌顧問公司，最後在一九五九年七月定案，交由利平克與馬古利公司（Lippincott and Margulies, Inc.）操刀。我被帶到了形象打造的幕後。身為讀者的我被預期要對首都航空很有好感，除了因為他們的服務很好，也因為他們大費周章營造出一個精心設計的形象，希望留給我很好的印象：

> 商標是以公司名稱簡寫轉化的符號，它是一個觸發記憶的開關。一個經過精心設計的商標，利用意識和無意識的力量，可以讓觀看者腦海中瞬間浮現一個企業形象，效果奇佳且精準無比。這個企業形象在市場上，價值可能高達數千萬，甚至數億美元之多。……商標應可

適用於各種媒介。……即使縮小至十美分硬幣的大小，仍然能達到優良的視覺效果。……放大到放在看板上很有效……無論黑白或彩色，無論出現在電視螢幕、公司信紙、卡車側面、包裝或商場貨架上都很有效。

關於商標應用上會碰到的問題，首都航空最近推出的全新標誌就是很好的例子。這個標誌要放在繁忙機場這種競爭激烈的環境，必須具備優良的視覺效果……標誌必須具備視覺上的吸引力。但還有一點也同樣重要，標誌必須反映公司努力打造的形象。例如ＩＢＭ的商標風格就完全不適合可口可樂，好利獲得（Olivetti）打字機的商標風格套用在埃索石油公司（Esso）也完全行不通。但前述任何一個商標本身，都堪稱商標設計的絕佳範例。

在這場爭奪消費者認同的大戰——每個家庭平均每天接收一千五百八十一則訊息——而這些商標所傳遞的簡短訊息依然能被消費者有效接收。

得知企業是如何努力以科學手法來誘惑他，消費者會覺得安心，認為這家企業真的很跟得上時代。這家企業一定很關心消費者，才會不斷改良吸引自己的方法手段。所以，就某種意義而言，自己其實完全沒有上當受騙。過去不乏各種天大的誘惑，但愈是努力揭露引誘者的伎倆，受到誘惑者愈是著迷，這種情況可說是前所未見。

一九六一年三月十五日，在美國統計協會（American Statistical Association）於芝加哥召開的大會上，費爾班克斯．惠特尼公司（Fairbanks Whitney Corporation）的總裁大衛．卡爾先生（David Karr）以「企業形象營造個案研究」為題，自豪地解說自家公司是如何在一九五八年併購當時債台高築且聲名狼藉的賓州—德州公司（Penn-Texas Corporation）。賓州—德州公司在被納入成為子公司後，財務狀況經過大力整頓。卡爾先生接著說明：「公司的形象營造計畫也進展神速。」母公司不僅改掉賓州—德州公司原本的名稱，還斥資在各家報紙上大打廣告。新公司的併購重整可說煞費苦心，重頭戲則是由新公司負責在以色列艾拉特（Elath）建造一座海水淡化廠，「新計畫正好彰顯了投入研發活動之於建立適切企業形象的重要性……以色列自聖經時代以來即能『令沙漠開花』」，而費爾班克斯—摩斯公司（Fairbanks-Morse）的歷史則可回溯至超過百年前，在製造泵浦和其他水處理設備方面具備深厚根基，雙方在海水淡化產業的合作可說是一拍即合。」卡爾先生最後以此句作結：「美國工業界已經慢慢意識到，企業形象也是管理階層應負責的要務，重要性不亞於財務、營運和工程。」但他也提醒：「營造的形象如果要讓大眾接納，必須奠基於事實而非幻想。」

無論基於事實或幻想，形象變得最為重要。形象存在的目的，就是讓現實黯然失色。美國生活於是成了形象的展示櫃，而陳列出來的，全是凍結的偽事件。

二

現代形象（image）以及形象式思考所造成的影響，只要與遭其取代的「理想式思考」（ideal thinking或thinking in ideals）相互對比，情況就能更加清晰明朗。英文的「image」一字源自拉丁文的「imago」，而「imago」則與拉丁文的「imitari」（意指模仿）有關。根據一般美語字詞的釋義，「image」是對於任何實體——尤其是人——的外在形式進行模仿或再現。

如今，形象取代了理想。然而，理想的概念比形象更難定義。我想如今我們可以說，理想是一個很老派的字詞，也是很老派的概念。「理想」在某方面與「想法」相關。各家字典中對於「理想」的定義，是對於某個事物最佳或完美無瑕形式的設想——一種存在於心靈之中的概念。

「理想式思考」與「形象式思考」之間的差異，反映了我們的思考方式在形象革命發生前後的變化。理想不同於形象，理想並非人造。提到理想時，我們想到的是一種已經存在的事物，是由傳統，由歷史，或由神所創造。理想是完美的，但並非簡化。理想並不曖昧模糊（或者可以說曖昧模糊，但是模糊的方式截然不同）。理想的涵義不是被動的。理想是由我們主動去追求企及，不是試著去符合。此外，理想與可信度無關。慈善、正義、平等、寬恕等價值並不會因為沒有任何一個人或社會能夠完全實現，就不再是理想。正因為從某方面來說，完美的理想令人難以相信，理想才有其存在的必要。

形象是我們有權要求的東西，必須滿足我們的需求。形象是手段——如果一個公司或一個人的自身形象無法派上用場，就會遭到捨棄；換另一個形象可能會更適合。形象是客製化的，為我們量身打造。理想則恰恰相反——理想有權向我們提出要求。理想不為我們服務；而是我們為理想服務。如果沒辦法達到理想，我們會認為問題出在我們自己身上，而不是理想本身有問題。

在上個世紀，數股龐大歷史力量造成了形象崛起，而理想則逐漸式微。形象革命發生之後，形象繁衍增生、蓬勃興旺。從人物的面貌、身姿、聲音，到各種地景和事件，推陳出新的機器不僅產製出更精確迷人的複製品，新型媒體（報紙、雜誌、廉價書籍、電話、電報、留聲機、電影、廣播、電視等等日新月異的相關設備和科技）更將這些形象廣為傳播。在大約一百五十年前，美國製造業的量產體系根據可替換零件的革命性概念起家。從此任何滑膛槍、時鐘或掛鎖，都會成為其他同類物品的形象。有了各種模具、夾具、卡尺和機具，加上成千上萬種調校修正技術，同類型的所有產品都一模一樣。這一切都受到方興未艾的廣告業、持續擴大的市場，以及市場競爭的撐持和不斷刺激，而且是在一個有能力消費的民眾人數變得空前龐大的社會。

廠商努力想要營造出明顯可見的差異，廣告業於是欣欣向榮。相互競爭的產品如今愈來愈神似，彼此之間的差異細微到難以察覺；現代廣告業最初之所以在啤酒、肥皂和香菸行銷企畫大放異采，部分原因就在於此。這種類型的商品無論是什麼品牌，實際形體或功能毫無二致，很難快速分辨出差異。因此商品必須透過連結到——或者說「符合」——某個特殊形象，消費者才有辦法區分。廣告界的大師如亞伯特·拉斯克[13]尤其精擅此道。同時，業界也開始注重品牌名稱（brand name）的發想經營。品牌推廣基金會（Brand Names Foundation；於一九四三年創立）到了一九五九年已有近千名會員公司，這些企業專門製造或推廣全國性廣告產品。基金會開辦了「教育推廣計畫」，講解品牌名稱和品牌行銷的優點與助益。最終，品牌名稱不僅成了人人耳熟能詳的字詞，更成為美國財富、民主以及科技進步的里程碑，是形象革命時代的見證。

接下來的發展顯而易見，即是從「品牌名稱」（Brand Name）進展到「名牌」（Name Brand）。這種用法甚至直到最近才由各家字典收錄。早在一八二七年，英文中就會以「brand」作為商標的同義詞。但是在美國人開始使用「品牌名稱」一詞之後，大眾才真正注意到，特定商標是由私人所有，而且只有特定的一家公司有權為其產品命名。在「名牌」這個比較新的詞語誕生後，成為目光焦點的不再是產品，而是品牌名稱本身。在名人和暢銷書大行其道的時代，以這種方式區隔商品可說順理成章。

早在邁入二十世紀之前，由於生活步調快速，加上在廣闊美國國土上往來各地的速度愈來愈快，令人一瞥難忘的迷人形象就已變得極為重要，眾多形象催生出一套全新的「高速圖像誌」

13　編註：亞伯特·拉斯克（Albert Lasker，一八八〇—一九五二），美國著名的廣告業人物和商業領袖，被譽為現代廣告行業的奠基人之一。

（Iconography of Speed）。在爭奪注意力的大戰中，博取注意力變得愈來愈重要。美國首先發明了指稱廣告看板的「billboard」一詞，最早有人使用的年代是一八五一年，即形象革命初期。隨著私家汽車逐漸普及，一九二〇到三〇年代公路路況改善，遍布各處的廣告看板於是成了新的需求，吸引業者製造出能在一瞥之間引起注意、令人印象深刻的形象。在此之前，愈開愈多家、版面愈來愈大的報紙和雜誌也推動了這一趨勢。讀者翻閱報紙雜誌時，目光在紙頁上一掠而過，要如何製造出令讀者念念不忘的形象？當一切事物最終所指向的，都是要創造令人無從遁逃、難以忘記的形象，讓它們更臻完美，觀看者只能渾沌茫然地被帶往某個熱賣產品。

為了傳播和接收這些形象，高速印刷機、攝影器材、大量發行的雜誌、電影、廣播、電視等各種各樣的設備技術接連問世。在所有人的認知中，形象變得空前重要。令人製造恆久形象的能力，超乎聖經時代古人最邪惡的想像。形象不斷增生，變得更加鮮活的同時，理想卻消解破滅。

理想變得「土氣老套」（corny）。「corny」一詞源自「corn-fed」（意指餵飼穀物），現今常用來形容「對理想具體明確地陳述」。這個詞彙最初在一九三五年前後開始有人使用時，是用來形容鄉下較粗野或老套過時的音樂（最早指的是一九二五年以前的音樂風格），後來則成了俚俗用語（到了五〇年代則被「呆板老套」〔square〕一詞取代），用以指稱任何老套乏味或俗氣濫情的陳腔濫調，並且經常用來指稱形象革命年代之前那些充滿鄉土情懷、一派天真緬懷的老生常談。一股又一股強勁的新思潮席捲而來，挾帶著我們繼續朝這個方向前進。不只是特定的理想很士氣老套，連理想的概念本身都變得士氣老套。

關於人的目標與動機的所有思考，開始受到一套全新語彙所主宰。其中一例是「合理化」（rationalization）一詞自二十世紀開始出現的新用法：指稱表面上很有道理或「理性的」說法，但其實只是為自己的行動或想法找藉口。很快地，「合理化」就成了一個萬用標籤，形容任何人對真正的動機避而不談，替自己的行為找理由開脫的習慣。以「合理化」批評某件事，於是成了某種哲學萬靈丹——外行人碰到自己不懂或不當一回事的議題，只要聲稱對方在「合理化」就能一招打天下。受到卡爾·馬克思影響，無論在美國以及其他地方，一般人開始認為各種哲學思想都不過是為經濟利益掩護的煙霧彈。我們被告知，我們的理想不過是節節敗退的資產階級所奉行的過時觀念。之後，佛洛伊德提出了一套更加細膩幽微的心靈機制，用來解釋為什麼人其實連自己宣稱的理由都不相信。前述一切最後就導致對理想不信任，接著就是理想的衰微破滅。與一般人相比，知識分子對於理想式的思考或論辯甚至更感歉疚。依循抽象的完美原則——而不是根據與形象的相符程度——來評判事物，逐漸顯得過度天真。

我們反轉了傳統上對於形象與理想之間關係的思考方式。我們不再將形象視為一個理想的某種再現，而是將理想視為 個形象的某種投射或類推後的通則。我們被告知，我們理想中的父親，不過是我們對自己父親形象的投射——無論是他實際上的樣子，還是他缺乏的特質。於是，我們開始認為理想很抽象，不再信任理想本身這個概念。我們不再信任任何人都能努力達到的完美標準。

理想曾經為歷史研究和書寫以及研究社會的學問賦予形式。從前的美國歷史學家致力於探究理想。當法國和英國在美洲各地森林爭搶地盤時，法蘭西斯·帕克曼淋漓盡致地的分析兩大殖民帝國背後的天主教理想和新教理想之間的衝突。喬治·班克勞夫洞悉了爭取獨立和制憲，其實是在爭取實現自由、民主與建立一個全新國家的理想。其他研究社會的學者則聚焦於其他理想：平等、和平或正義。然而，在二十世紀（或許在美國尤其明顯），新興社會科學領域的研究方法是蒐集統計數據，並解讀這些數據的常模、眾數、中位數和平均數[14]。新近大量事實的累積，加上巧妙應用數學來解讀社會相關數據的方法，造就了新的通則化模式。由此滋養出的是一種對理想更加深層且以「事實」為基礎的不信任感。

社會科學家不再著重探討老一輩人文歷史學者為之著迷的獨特事件，而是開始建構各種形象。所有受過教育的美國人對於自身的思考，很快就受到社會科學家所建構的這些形象宰制，例如拓荒者、社經階級和社會地位的分類。社會科學家根據「眾數」模型來建構這些形象；在統計學中，「眾數」指的是出現頻率最高的現象類型或形式。歷史學家特納[15]、比爾德[16]和霍夫施塔特[17]，分別召喚出了「邊疆拓荒者」、「私人財產所有者」和「地位遭剝奪的進步派改革者」的形象。接著，社會科學家就能描述鄉下人、郊區家庭主婦（豪情萬丈的《時代雜誌》封面人物）、科學家、做小生意的商人（居住在密德鎮〔Middletown〕）或小主管是何種模樣。從前的人文歷史學家專注於勾勒個別人物的樣貌，新一代的社會科學歷史學家則致力於呈現群體典型特色的漫畫化形象。這些漫畫化形象經由不同的管道普遍流傳，於是成為個人被期待（而且往往努力）要符合的形象。

過度簡化的社會學概念如「地位」、「他人導向」（other-direction）等之所以吸引人，原因在於它們對於建構形象有著莫大助益。這些吸引大多數人的「眾數」，是以具有主導性的「常模」和「平均數」概念來呈現，引導我們下意識想要模仿我們自己。我們試著找出身為小主管或小主

---

14 編註：常模（norm）為測驗所測特性上的普遍分布狀況；眾數（mode）指一組數據中出現次數最多的數據值；中位數（median）指一組數據中的中間數據值（即有一半數據的值大於中位數，而另一半數據的值小於中位數）；平均數（average）指所有數據值的總和除以數據數量。

15 編註：弗雷德里克・傑克遜・特納（Frederick Jackson Turner，一八六一—一九三二），美國歷史學家，以「邊疆理論」（Frontier Thesis）聞名。

16 編註：查爾斯・奧斯汀・比爾德（Charles Austin Beard，一八七四—一九四八），美國歷史學家和政治學者，以其經濟史觀和對美國憲法的批判性分析而聞名。他在著作《美國憲法的經濟解釋》（*An Economic Interpretation of the Constitution of the United States*；一九一三）中主張，美國憲法的起草者主要是為了保護自身的經濟利益，而非純粹出於民主理想。

17 編註：理查・霍夫斯塔特（Richard Hofstadter，一九一六—一九七〇），美國歷史學家，以對美國政治文化的批判性分析而聞名，尤其關注民粹主義、反智主義和政治意識形態的演變。代表作包括《美國政治中的反智主義》（*Anti-Intellectualism in American Life*；一九六三）。

管的妻子究竟是怎麼樣，以真正變成我們應該要有的樣子，也就是我們本身既有的樣子。過去，對於理想的天真強調即使到了最糟的情況，頂多讓人不切實際地追求抽象的完美標準；如今對於眾數和形象的強調，卻是引誘我們去追求我們自身的幻影。

每個時代都有其獨特的婉轉用語，這些用語會不經意洩露那個時代的主流想法。在有貴族階級的時代，日常用語中有許多指涉階級地位的名詞：老爺、夫人、大爺（goodman）、先生（sir）、小子（sirrah）。在所有人虔誠信教的年代，則常見「榮耀歸上帝！」、「上帝保佑！」等用語。

我們這個時代的用語，同樣洩露了對形象的極盡推崇。我們所有人都希望自己「個性」討人喜歡——而「個人特質」就是在我們心目中，吸引他人注意的自身（及自身行為）的形象。我們會說，所有總統候選人的目標，不是讓選民對他的看法變更好，而是要讓他自己的公共形象變得更好。甘迺迪總統任內的內政部長史都華．尤德爾（Stewart L. Udall）於一九六一年年初就任時，由於具有濃厚的民主黨色彩，並堅持政府應大力推動文學和藝術創作，複雜且相互矛盾的政策主張令民眾大為困惑。華府特派員並不是如此描述，而是在報導中形容部長「打造兩種相互矛盾的聲譽」，標題則寫著「尤德爾營造雙重形象」。一九六一年夏季，關於美國醫學會（American Medical Association）年會的報導指出，會員們很關心醫學會的公共形象，呼籲「精簡組織架構以提升形象」。喬佛里．費雪博士（Dr. Geoffrey Francis Fisher）自坎特伯里大主教

（Archbishop of Canterbury）一職退休時，《紐約時報》駐倫敦記者在報導中說明他是「過去十六年來代表英國國教的主要『形象』」。某位牧師則告訴我們，新教在美國「形象不佳」：基督新教信仰的形象不如預期般良好。

一九六〇年總統大選期間，《費城詢問報》（Philadelphia *Inquirer*）編輯部決定撤掉諾曼・皮爾博士[18]的專欄，理由是無法接受「他看待此次競選活動中『所謂宗教議題』的立場」。編輯部在一九六〇年九月十三日號頭版刊出啟事，說明他們此前一直認為皮爾博士每週的專欄文章「沒有宗派之分，能為抱持不同信仰的男男女女帶來啟發。令人遺憾的是，皮爾博士破壞了這個公共形象。」美國研究學會（American Studies Association）的學者編纂了探問美國人怎麼看待自身的論文集，他們在論文中形容自己是「各種各樣美國形象的研究者」。某位傑出歷史學者在為該論文集所寫的書評中，指出「美國人一直以來都在努力抓牢某種有凝聚力的國家形象。」我們會說，大學與其聲稱的「形象」有落差，或者在大眾眼中的「形象」不佳。我們還讀到，廣告業已在規畫針對一般大眾推出一系列「改善廣告形象」的廣告（發起者為《費城每日新聞》〔Philadelphia *Daily News*〕發行人戈登・薛爾夫〔Gordon Chelf〕）。

18　編註：諾曼・文森特・皮爾博士（Dr. Norman Vincent Peale，一八九八—一九九三），美國基督教牧師、作家和積極思考（Positive Thinking）運動的推動者，對美國的自助與勵志文化影響深遠。

關於廣告業與公關業的急速壯大，以及所有人對於偽事件和形象的日益依賴，並不如有識之士的評論所言，可以準確地描述為一切逐漸流於膚淺表面；相反地，這些現象所呈現出來的，是一個形象比其原件本體更有趣，甚至取代了原件本體的世界。影子成了本體。廣告人、工業設計師和包裝設計工程師，都不是在欺騙大眾，他們只是形象的隨侍者。你我全都是形象的隨侍者。他們精心打造形象，不只是因為形象會熱賣，也因為形象正是大家渴望購買的東西。

對於任何不熟悉我們生活方式的人來說，我們的語言可能顯得異常拐彎抹角——人們時常談論的不是事物本身，而是它們的形象！然而，正是這些拐彎抹角的婉轉用語，讓我們不經意間洩露了自己未曾說出口但深信不疑的想法：我們相信世界是可以塑造的。我們相信鮮活的彩色再現比起色彩單調的本體更勝一籌。我們的語言看起來很迂迴間接，所有人每天都把「就此而言」、「就彼而言」之類可怕的俗濫套語掛在嘴上。但這種情形其來有自，因為到了這個時代，從前的直接陳述變得不夠精確，無法忠實反映我們的經驗。當形象變得比本體更為鮮活，我們在平常的用語中，理所當然會偏好述及更鮮活的那個版本。我們怎麼看待總統候選人不太重要，更重要的是怎麼看待他的「公共形象」；我們會把票投給他，因為他就是我們想要看到在白宮裡的那種公共形象。別克（Buick）究竟是什麼樣的車子不重要，更重要的是別克在我們心目中是什麼形象。我們被推銷商品，買下它，陶醉於它的形象，也陶醉於我們自身是如何符合那個形象。所以說，形象的語言其實一點都不拐彎抹角，反而是唯一能描述我們受形象所主宰的經驗的最直白的語言。

三

形象式思考崛起並且取代理想的重大徵象，當然是廣告的大行其道。然而，這一現象卻受到最廣泛的誤解。我們不敢承認最會欺騙我們的就是我們自己，急著找一個對象來怪罪。「麥迪遜大道」、「公共關係」、「組織人」和類似稱號，全都被當成代罪羔羊。我們拒絕相信廣告人頂多只是我們的同謀，幫忙製造給我們自己看的虛假幻象。義憤填膺的我們，努力想揪出塑造出我們的誇大期望又予以重挫的壞人，因此低估了廣告大行其道所造成的影響。我們以為廣告興起意謂的是不實言行的增加，然而事實上，它重塑的是我們對「真實」概念本身的理解。

起源於現代美國的廣告，本身就是偽事件的經典案例。廣告是「製造新聞」（made news）的原型。美國現代廣告的時代，始於廣告不再是天真單純地向大眾反覆描述要販售的服務或商品，而是經過安排設計，帶有新聞的人造氣息，且開始具備與其他偽事件相同的特質。當廣告不再是自發宣告，而是成為「製造新聞」，就是現代廣告的開端。現代美國報業先驅人物詹姆斯·戈登·貝內特於一八三五年五月七日創辦日報《紐約先鋒報》，每份售價一美分，首開先例取消固有的「長期廣告」（standing ad），其他報社也起而仿效。長期廣告是預先排好鉛字活版的商業公告，有些內容可能整整一年都固定不變，是在報紙廣告欄刊登廣告行之有年的作法。這類廣告能夠提供給讀者的內容，顯然幾乎或完全不具任何新聞價值。貝內特希望《紐約先鋒報》上的每則廣告都跟報導一樣具有新聞價值，於一八四七年宣布此後任何廣告的刊登時間不得超過兩週，之後又於一八四八年改為每則廣告刊登時間僅限一天。投放廣告的業者因此必須每天改動廣告內容。貝內特之子與其父同樣精力充沛且很有生意頭腦，在繼承父業之後善用巧妙噱頭宣傳自家報紙，例如在一八七一年指派亨利．摩頓．史丹利前往非洲尋找李文斯頓[19]。

隨著美國的生活水準提升，讀者大眾的期望變高，以及撰稿人寫出的文案愈來愈精采，廣告的新聞價值也愈來愈高。讀者很享受有人大獻殷勤的感覺，知道這些投入了大量時間、財力、物力和技藝的偽事件，全都是為了自己精心打造，讓他們陶醉不已。每日發行的《午報》（*PM*）於一九四〇年創辦，自詡為「無廣告」報紙，但發行短短數年就宣告停辦，原因之一是讀者還是想念那些他們習以為常的廣告新聞（advertising news）。市場研究基金會（Market Research Foundation）進行統計調查（一九四〇至一九五〇），發現讀者對廣告的興趣愈來愈高，他們似乎覺得廣告跟一般新聞報導和編輯室社論同樣有趣。於是在美國新聞界常可看到，最成功（即最吸引人）的報紙和雜誌就是廣告最多的那幾家；不過長久以來有一個例外，就是《讀者文摘》。然而在一九五四年十一月，由於通貨膨脹，成本不斷攀升，創辦人華萊士不希望調高售價，於是決定在《讀者文摘》放入廣告來因應，並承諾只會刊印「讀者特別感興趣」的廣告。在刊登三年廣告的經驗佐證之下，《讀者文摘》官方正史如此作結：「大多數美國讀者都喜歡廣告，他們期待在雜誌裡看到廣告，把廣告當成新聞來讀。他們意識到自己讀的是廣告，而且希望從中獲得新奇刺激……當《讀者文摘》於一九五五年開始放入廣告，同時也提升了本身的價值，成為一本完整的雜誌。」這種說法不只表達了最成功的就是成功本身，也傳達了並非放諸古今四海皆準的一點：看到愈來愈多的廣告「新聞」，大眾樂在其中。

成功的美國廣告人深諳製造新聞的門道。惡名昭彰的廣告行銷先驅者首推費尼爾司・巴納姆（P. T. Barnum），現今的廣告學教科書仍會講述他是如何首開先河，以盛大規模施展許多現代行銷手法。他是製造偽事件的天才，不過這些偽事件多半相當粗糙簡陋，放在現今已經無法吸引我們。就連看待廣告的態度，都能成為他製造新聞的素材。巴納姆在自傳中如此誇稱：「我完全了解廣告的藝術，靠的不只是我一直以來恣意運用、在我的成功之路上立下莫大功勞的印刷油墨，還有把握任何可能的機會從中得利。」他在一八三五年展出一名黑人老婦喬伊絲・赫思（Joice Heth），宣傳她已經高齡一百六十一歲，當過喬治・華盛頓的保母。靠著展出這名老婦，他曾有一陣子每週坐收一千五百美元門票錢。巴納姆精通混合多重偽事件的高超技藝，他故意抨擊整個展覽是一場騙局，再次大打知名度。他如此投書報紙：「事實上，喬伊絲・赫思根本不是人類……只是一具巧奪天工的自動機器，由鯨骨、天然橡膠和無數彈簧巧妙組合而成，操縱者只

19　編註：亨利・摩頓・史丹利（Henry Morton Stanley，一八四一—一九〇四），英裔美國探險家、記者，以在非洲尋找傳教士大衛・李文斯頓（David Livingstone）而聞名。

要輕輕觸碰，就能控制它做出動作，而該名操縱者是一名腹語師。」喬伊絲．赫思過世後，相驗結果指出她大約八十歲。巴納姆繼續炒作知名度，手法包括將喬伊絲．赫思安葬於自己的家族墓園，以及撰寫一系列文章揭發騙局和再三維護自己的信譽。

一八四一年，巴納姆成功自約翰．史克德（John Scudder）手中買下美國博物館（American Museum）。這座私人博物館一度遠近馳名、收益頗豐，但當時已面臨虧損。巴納姆告訴一名友人他打算買下博物館（賣方開價一萬五千美元），友人大吃一驚問道：「你拿什麼來買？」巴納姆回嘴道：「用黃銅，我可拿不出黃金跟白銀。」他擴大館藏並推出各種極短期的展覽表演，他自己的紀錄中羅列了：「會看書識字的狗、勤勞的跳蚤、自動機器、雜耍藝人、腹語師、活雕像、活人畫（tableaux）[20]、吉普賽人、白化症者、肥胖男孩、巨人、侏儒、繩舞舞者、正宗『洋基人』（live Yankees）、默劇、器樂演奏、各種歌舞、透視畫箱（diorama）、全景畫（panorama）、尼加拉瀑布（Niagara）、都柏林、巴黎和耶路撒冷（Jerusalem）的模型；漢寧頓（Hannington）的創世紀、大洪水、仙洞及海上暴風雨場景透視畫箱；首次引進美國的英國潘趣木偶戲（Punch and Judy）、義大利偶戲（Fantoccini）、機械人偶、奇妙的吹玻璃表演、自動針織機及其他工藝機械裝置；『溶接景象』魔術幻燈秀（dissolving views）；美洲印第安人的打鬥作戰和宗教祭儀表演——前述種種與其他未提到的全都非常成功。」巴納姆的美國博物館很快就成為紐約的熱門觀光景點。

為了宣傳博物館，巴納姆發明了著名的「擺磚人」（brick man）——手法有點陽春，卻是連結「偽事件」與廣告的絕佳例子。巴納姆以每天一點五美元的工資，僱用一名看起來開朗熱情的壯碩男人，交給他五塊磚頭。他交代男人前往美國博物館周圍四個指定地點，在每個地點各放一塊磚頭。接著男人要做的，是帶著手上的第五塊磚頭，快步前往先前分別放下磚頭的四個地點，每到一處就將手上磚塊換成已擺放的那塊，並在四個地點不斷繞圈反覆調換磚頭。然而，每隔一小時，擺磚人就會走進美國博物館，神情肅穆地在十五分鐘內將所有展廳巡視一遍，然後離開博物館，繼續原本的換磚工作。他每次這麼做的時候，都會吸引十多個甚至更多人買票，只為了跟著進到博物館看看他究竟為什麼要這麼做。博物館的門票收入遠遠超過擺磚人的工錢。一名警察（他也知道內情）以群眾阻礙交通為由，要求巴納姆召回擺磚人時，反而引來更多民眾的注意。巴納姆記述：「這件細微瑣事，不僅成為話題、帶來不少樂趣，也達到打廣告的效果；而且我確實達到目的，讓博物館附近的街角熱鬧起來。」

巴納姆推出的許多展覽皆大獲成功，其中之一是美人魚標本展。博物館外頭掛起一幅畫，畫中描繪身長約八英尺，上半身是美豔女子、下半身是魚尾的生物。根據附插圖的傳單介紹，她是

20　編註：又稱「活繪畫」，法語語意為「活生生的畫」。為一種藝術與戲劇結合的表演形式，演員或模特兒以靜態方式擺出特定姿勢，通常重現經典繪畫、歷史場景或寓言故事，並透過服裝、燈光和布景來增強視覺效果。

在太平洋上的某座島嶼遭人擒捉。據稱此件標本已由某位葛里菲博士（Dr. Griffith）代表倫敦的自然史學院（Lyceum of Natural History）買下，而這名「葛里菲博士」（其實是巴納姆手下一個名為萊曼〔Lyman〕的助理）依照巴納姆交代，在紐約眾多科學家齊聚音樂廳時當場展示標本。實際上，當時展示的只是接在一起的猴頭標本和乾枯的魚身。「大眾似乎很滿意，」巴納姆回憶道，「但有些人總是堅持要照字面解讀，即使是美人魚，也不容許任何詩人的特權。偶然前來參觀的訪客在看到展廳前方呈現半人半魚美麗生物的大張幻燈片之後……發現實際上是看起來黑漆漆的乾枯猴頭加魚身標本，而且是連小男孩都能輕易抱住跑走的大小，會覺得有一點驚訝。」巴納姆旗下大受歡迎的表演者還有拇指將軍湯姆（General Tom Thumb），這名侏儒在一八四二年感恩節首次登臺演出時年僅五歲，體重不到八公斤，第一年展演就吸引了十萬名觀眾。另外還有「瑞典夜鶯」之稱的珍妮·林德（Jenny Lind），她後來成為奧托·高施密特[21]的夫人；巴納姆四處宣傳林德每次演出的酬勞高達一千美元，而她將所有酬勞都捐給慈善機構。一八七一年，巴納姆於布魯克林創設「全世界最精采的表演」馬戲團（The Greatest Show on Earth），到各地巡迴展演無數場怪胎秀和怪物秀，其中包括一頭體型碩大、個性溫和，名為「巨無霸」（Jumbo）的非洲象，馬戲團對外宣傳牠是「地球上唯一一頭乳齒象」。

與普遍認知相反，巴納姆的偉大發現並非揭示欺騙大眾有多麼容易，而是被欺騙的大眾有多麼樂在其中，尤其是當大眾能夠看到自己陷入騙局的過程，更會為之著迷。想到竟然有人願意費盡心思來娛樂自己，他們就深感榮幸。巴納姆辯稱這些「花招噱頭」完全正當，只要這些花招裡「摻雜了一些我提供的精采事實。『花招騙術』（humbug）、『花招王子』之類的稱號一開始就是我自封的，我把這些頭銜也變成我的『商品』。」巴納姆的自傳《奮鬥與勝利》（*Struggles and Triumphs*）（與梭羅《湖濱散記》同樣於一八五四年出版）鉅細靡遺記述其豐功偉業，真摯筆調令人放下心防，在上市後旋即成為暢銷書。

巴納姆或許是現代第一位偽事件大師，精擅鋪排設計事件以引發話題、大出鋒頭的技藝。在冬季馬戲團營地毀於火災後，他宣稱保險理賠金只能補償一小部分的損失，藉機搶占新聞版面。即使有些報社予以批判，他絲毫不以為意，因為他發現保險爭議本身就足以讓他大打知名度。馬戲團的非洲象「巨無霸」後來在一場火車事故中喪命，巴納姆編出巨無霸為了救一隻小象不惜犧牲性命的故事；他接著進口一頭母象，宣稱她是巨無霸的遺孀「愛麗絲」（Alice），將這頭母象跟她的「亡夫」巨無霸標本一同展示。巴納姆無疑堪稱形象革命時代開端的雙重象徵：藉由製造出場面浩大的偽事件，他本人也成了名人。

打廣告的天分與製造新聞的天分從此有了關聯。二十世紀的廣告大師亞伯特・拉斯克就曾形

21 編註：奧托・高施密特（Otto Goldschmidt，一八二九—一九〇七），德裔英國作曲家、鋼琴家和指揮家，在合唱音樂和教育領域貢獻深遠。

容，所有的好廣告都是新聞。

然而，廣告中有一種成分，是其他「製造新聞」用的偽事件通常不會有的。任何偽事件——例如訪談——都是為了上新聞而促成的事件，但廣告在設計上不只是要示意有某個事物，還要加以讚美推崇。廣告通常會召喚出一個形象，目的就在於說服大眾有某個東西值得購買。廣告結合了偽事件與偽理想（pseudo-ideal）。偽事件必須鮮活生動、能上新聞；偽理想必須鮮活生動、令人嚮往。

廣告大部分的吸引力，其實來自於它很努力去滿足我們的豪奢期望，而我們對此也大加讚賞。關於廣告更深層的問題，與其說是來自「騙子」的不擇手段，或來自引誘拐騙的欲望，不如說是來自我們上當受騙還樂在其中，以及我們想要受到誘惑的欲望。形象革命興起後形成了一種新的經驗，這種經驗不再能依據舊有辨別真假虛實的常識簡單歸類。

四

我們對廣告感到恐懼，瘋狂迫切地想要攻擊廣告，無法將廣告放入我們自己所熟悉舊有經驗的窠臼——這一切讓我們無法看清，廣告在我們認知的知識和現實等概念變遷中的全方位意義，它其實是前述概念的試金石。我們看待廣告的態度，就相當於十八世紀英國人和美國人看待瘋狂和精神失常的態度；由於無法理解精神失常者，正派體面、神智正常的倫敦人相信他們一宗是中邪著魔，於是將他們關入瘋人院，用鐵鍊拴住並施以鞭笞之刑。直到十九世紀晚期到二十世紀初期，在內科醫師、精神科醫師和精神分析學家的研究之下，終於讓我們了解「瘋子」其實是苦於精神疾病的患者，精神失常者終於不再被視為女巫兼罪犯。公眾理解的重大進展，正是當民眾開始了解所謂「發瘋」和變態症狀——例如歇斯底里症、妄想症、思覺失調症和同性性傾向等——其實只是我們每個「正常人」內在傾向的極端表現。[22]從這個角度來理解「精神失常」，我們每個人也得以藉此更了解自身。

廣告也是同理。我們大惑不解又覺得可疑，就嘲弄麥迪遜大道的廣告人全是「巫醫」。我們指稱，就是他們的混亂失調想像產生無數虛構假造事物，還想讓我們陷入其中。他們撒謊騙我們；是他們遊說我們，而我們身不由己。指控他們的同時，我們卻忽視了他們的作為其實能夠教我們如何自省。形象革命發生之後，形象的大量增生不僅顛覆了我們所有的想像，也改變了我們對於何為「逼真」的認知，以及日常經驗中何者可視為「真實」。

---

22 譯註：美國精神醫學學會（American Psychiatric Association）於一九五二年發行的《精神疾病診斷與統計手冊》（*Diagnostic and Statistical Manual of Mental Disorders*）第一版中將同性戀列為一種精神疾患，於一九七三年發行的第二版中刪除。

前述種種可以歸結為，日常經驗從注重何者「真實」，轉變為注重何者「可信」。我們所有人——不只是麥迪遜大道上那群「巫醫」，而是所有美國公民消費者（citizen-consumer）——對於一件事物是否真有其事逐漸失去興趣，我們更感興趣的是，它是否方便我們信以為真。現今掌握真實的大師，不再是掌握事實的大師，而是熟諳自證預言之藝的執業者。看似重要的不再是真實，而是逼真。在這個新世界，幾乎任何事物都可以是真的；而會獲得社會獎勵的，是讓事物看似真實的藝術。這不是一門發現的藝術，而是發明的藝術。找出事實很容易；讓事實被大眾「相信」的難度比較高。大費周章努力去實現的不是夢想，而是虛假幻象。上帝讓我們的夢想成真，手法高明的廣告人則帶給我們虛假幻象，然後讓它們看似成真。

美國的實用主義傳統整體而言呈現出對於事物外表的濃厚興趣——從班傑明．富蘭克林開始，他主張與其關注某個宗教信仰是否為真，宗教造成的結果是否有所裨益更為重要；一直到威廉．詹姆斯，他探究「信仰的意志」（Will to Believe）造成的結果，並將重點放在無論人相信或想要相信什麼，都遠比「真實」世界裡可能有什麼更為重要。

美國人為何對於什麼是可信的愈來愈感興趣，其中一種解釋是形象革命造成的單純矛盾。形象革命之後，形象固然繁衍增生、蓬勃發展，但我們所體驗到世上種種事物的可見輪廓，卻並未變得更加清晰分明。大量形象造成的結果剛好相反。我們為了讓世界納入掌握之中，使其不那麼難以捉摸而刻意模仿製造的世界摹製品，反而將我們自己送進一個充滿模糊形象的新世界，可說諷刺到了極點。想要讓我們的形象更加清晰，反倒我們所有的經驗變得模糊混沌。新的形象模糊了傳統的分界。

許多舊有的分界不再像以往那樣發揮作用，為我們效勞，其中最為寬廣的，就是「真」「假」之間的分界。立意良善的論者（包括多位廣告業人士）認為癥結在於不實廣告（false advertising），他們批判火力全開，砲口卻瞄錯對象。廣告人中，只有極少數是騙子。廣告業是蓬勃興盛的產業，自有要遵循的職業道德。明擺著的謊言要經由報刊雜誌、廣播電視傳播並不容易，大眾不會熱切採信。如果廣告都是謊話連篇，那要消除廣告的「邪惡」之處根本輕而易舉。更深入探究，就會發現大不相同的問題——從某些方面來說，是完全相反的問題。廣告會混淆我們的經驗，原因不是出在廣告人是騙子，反倒出在他們不是騙子。廣告讓我們的日常生活變得模糊混沌，利用的不是它編織的特定謊言，而是它說出的特定真話。形象革命的整體機制，為二十世紀美國的日常真實新加入了捉摸不定、虹彩光暈以及曖昧渾沌。

廣告業發展初期，從業人士於一九一三年召開大會，發表了「巴爾的摩求真宣言」（Baltimore Truth Declaration），矢志追求「真實廣告」（Truth in Advertising），這句話後來成為美國廣告協會（Advertising Federation of America）及各地分會的標語。該場大會具有重大歷史意義，廣告從業人員皆是座上嘉賓，當時在巴爾的摩最大的一面電子看板顯示著「TRUTH」字樣。整體而言，廣告業自此之後便以一種近乎危險的字面執著來依循這一信條。廣告這一行以「真實」為其基礎，然而廣告得以存續，就是因為它有能力賦予「真實」新的意義。

最成功的廣告陳述有一些共通特徵，就是具備不同的新奇吸引力。這些新奇吸引力既是我們的誇大期望造成的結果，也是其成因：是形象式思考的產品和副產品。它們最初是從廣告逐步發展，但已經擴散至我們全部的經驗。就如同自然開始模擬藝術，或如同黃石公園的間歇泉成了觀光景點，如今我們有愈來愈多的經驗都在模仿廣告。偽事件，或是看起來像偽事件者，幾乎所向披靡。

（一）**「非真也非假」的吸引力**。大多數廣告語句如今皆存活於這個全新的模糊地帶。現代經驗呈現一種新的曖昧渾沌，因此無法用舊有的知識論語法來加以拆解。新型製造流程的高度複雜性、可以設計成鮮活卻含糊籠統的形象，以及圖像與被呈現本體之間關係的不確定性（是一張實際存在的照片嗎？）——在在讓「這是真的嗎？」這個簡單的問題變得和馬車一樣過時。此時，曾經很單純的「原件」概念，也開始具備一種誘人但幾乎毫無意義可言的曖昧性。

廣告的藝術，基本上是一門提供具有說服力，但非真也非假之陳述的藝術。廣告人並未違反追求真實廣告的固有職業道德，他只是像新聞製造者一樣巧妙迴避。不僅僅是廣告成為謊言騙局和虛假幻象，而是整個世界。廣告的曖昧渾沌和虛假幻象只是更深層問題的徵兆。廣告事件的不實程度，絕不遜於其他任何偽事件，但也絕非更勝一籌。僅舉數個常見的例子，就能充分說明這一點。

其中一個耳熟能詳的例子是「更好喝的啤酒」——使用形容詞比較級，卻不指明比較的對象。只要不是全世界最難喝的啤酒，任何啤酒套用這句廣告詞都算是說真話。

美國廣告業先驅之一克勞德．霍普金斯（Claude C. Hopkins）接下施麗茲啤酒（Schlitz Beer）的委託案之後，最先做的功課是學習啤酒釀造相關知識。參觀施麗茲釀酒廠時，他注意到在裝填啤酒之前，會先用高溫蒸氣消毒空瓶。他靈機一動，企畫出施麗茲啤酒酒瓶經過蒸氣消毒、保證「純淨」為賣點的廣告。施麗茲啤酒原本全國銷量排名第五，很快躍升至坐二望一。霍普金斯的說詞千真萬確，這一點無庸置疑；只是消費者不太清楚啤酒釀造的流程，不知道其他正派經營的啤酒廠商同樣會用蒸氣消毒空瓶。施麗茲啤酒的酒瓶經過蒸氣消毒的事實，比其他競爭廠牌採用蒸氣消毒的事實更加鮮活生動。霍普金斯精心打造出他想要的偽事件，他製造了新聞。這個偽事件之後藉由在全國大打廣告而獲得崇高地位，而市面上其他正派經營廠牌的啤酒採用蒸氣消毒則只是平凡無奇的事實，雖然同樣「真實」，但相比之下便居於劣勢。其他啤酒廠牌不敢跟著宣傳會用蒸氣消毒空瓶，擔心看起來會像在仿冒，於是施麗茲啤酒名正言順成為**唯一**採用消毒空瓶的啤酒。如果真的有所謂事實，這是「事實」無誤；然而當這個「事實」被當成偽事件來宣傳吹捧，它只會是「近似真實」（quasi-truth）。而光是「近似真實」，就足以讓簡單的事實相形失色。

好彩香菸（Lucky Strike）因搶先以「烘烤製成」（It's Toasted）為宣傳賣點而熱賣。每根香菸都**經過烘烤！**美國其他牌子的香菸也一樣。好彩香菸的銷量飛速成長，很快就達到一年近六十億根。

持續成長的包裝食品、藥品和化妝品市場，成了一個「近似資訊」稱霸的世界。例如牙膏「添加銨鹽」（ammoniated），或如養髮液含有「羊毛脂」——某牌養髮液甚至宣稱含有「羊毛脂的核心成分膽固醇」，這些產品確實皆含有所宣稱的成分。廣告人非常誠實，為了要製作童叟無欺的廣告，甚至會特別配製出一種化學物質以便宣傳。

在製造成偽事件的過程中，廣告陳述被賦予了一種似是而非的特殊真實性，以及足以讓真實黯然失色的鮮活特質。這些廣告情境要召喚的，其實不是可驗證的事實，而是可信的陳述。沒有了「真實」，就不會有可信度可言；正因為有「虛假」成分，才會顯得誘人。當然，它們就如同偽事件，全都具有良好信譽。

（二）**自證預言的吸引力**。拜形象革命所賜，廣告人就跟新聞製造者、名人製造者、旅行社、電影導演、攝影愛好者，還有我們每個人一樣，獲得了前所未有的力量，能夠以成百上千種全新方式讓事物「成真」。如我先前所述，我們之所以困惑迷惘，主因是廣告人堅持只提供「真實」的陳述。他們無所不用其極，運用最巧妙的機制設計，確保我們的日常生活中的真實，全都由極具說服力的似真可信來混充替代。成功的廣告人是一門全新藝術的大師：一門宣稱它們是真的就能讓它們成真的藝術。廣告人是自證預言技巧的忠實信徒。

舉一個簡單的例子：於二十世紀發揚光大的名人代言廣告。即使在普通法[23]中，也將促銷用的陳述稱為「誇大吹捧之詞」（puff），並容許較大的自由。誇大吹捧之詞即使不完全真實，也不一定構成法律責任。現代廣告的許多花招噱頭，正源於廣告商一方面拒絕滿足於這種傳統上可容許的自由，另一方面又試圖創造出其他事實，以便讓某個不太可能的事實看似真實。

即便是「某人認可或使用某項產品」這種直截了當的陳述，如今也成了一種極為有趣的偽事件。只是簡單地宣布一項事實，卻成了讓原本的曖昧渾沌更加複雜難辨的公式。很久很久以前，如果說首任聯邦調查局局長（Director of the Federal Bureau of Investigation）約翰・愛德加・胡佛（J. Edgar Hoover）或其他人士曾使用過某個產品，有什麼陳述會比這樣一句話更清楚明確？但如今類似的陳述極具商業價值，加上各大廣告公司對於真實廣告的堅持，於是這樣平鋪直述的簡單句子也變得充滿暗示。從威廉・費里曼（William M. Freeman）所著《鼎鼎大名》（*Big Name*；一九五七）這本實用指南中，可以一窺要如何獲取可信的推薦，以及如何在廣告中加以運用。名人代言如今已成為一門有利可圖的特殊事業，在商人經營之下成了熱門生意。

朱爾・艾伯提（Jules Alberti）開設的代言經紀公司（Endorsements, Inc.）專門為廣告公司和代言人居中牽線，他認為廣告代言生意相當蓬勃。他分析在一九四五到一九五七年間：

23　編註：適用於全國一般地域、一般人民及一般事項的法律。

在電視和其他媒體，總共有大約八千位名人擔任代言人，代言產品約有四千五百種。產品種類五花八門，涵蓋服飾、家電、化妝品、飲料、食品、香菸、珠寶、汽車等等。經手的廣告公司總數約為一千四百家。這十二年間於所有媒體投放的代言廣告，其版面及時間成本總計超過七億美元。付給名人的代言費用，很可能只占前面總金額的百分之一。

很少有名人是因為以名字或肖像為產品代言而成名，但偶爾還是會發生這種現象（在名人的世界裡並不矛盾，因為名人就是以其名氣知名的人）：例如身穿海瑟威襯衫（Hathaway Shirt）的獨眼龍男士，為舒味思（Schweppes）通寧水代言的懷海德司令（Commander Whitehead），代言露華濃（Revlon）「冰火」（Fire and Ice）指甲油和口紅的迷人模特兒，以及啤酒商選拔出來的萊茵黃金小姐（Miss Rheingold）。一般能接到代言的，都是在某方面已有知名度的人士（即電影明星、知名運動員和選美皇后）。

企畫代言廣告所需的縝密心思，絲毫不亞於安排具有新聞價值的訪談，或是鋪排設計任何一種偽事件。如費里曼所述，挑對代言人某方面來說就像「選角成功」——成功將對的產品與對的名字配對。「當然了，名人不一定要是某個產品的實際使用者。像空氣芳香劑這樣的居家用品，最好由在知名人物家中服務的員工來提供推薦。廣告中就可以說『這是某對好萊塢明星夫妻家中會用的產品。』理論上名人不會知道自己的住所裡用了哪些產品，因此由員工來背書，可信度就會更高。」費里曼解釋道。

賓州艾倫鎮（Allentown）赫氏兄弟百貨公司（Hess Brothers Department Store）以促銷手法求新求變著稱，該百貨公司的行銷推廣經理愛德華・卡羅（Edward Carroll）分析，「選角錯誤」可能會帶來非常大的風險。他指出如果不管什麼產品都請美女來代言，就是一大謬誤。「鍋碗瓢盆的廣告不該找慵懶性感的女模特兒。瑪喬莉・梅恩[24]型的女模特兒就適合鍋碗瓢盆型廣告；瑪麗蓮・夢露型的女模特兒比較適合拍泳裝照。認真的廣告人絕不會想要打廣告宣傳一個烤盤一點九五美元，卻讓走進店裡的消費者看到烤盤標價二點九五美元……這是明目張膽的不實陳述。同理，廣告明明是在廚房裡拿著一條抹布的家常景象，不能放一個風情萬種的瑪麗蓮・夢露，也不能讓瑪琳・黛德麗在廚房流理台前忙得不可開交，或是讓艾娃・嘉娜[25]一般的人物用吸塵器吸地。選角時至少也得選個史普琳・拜恩頓[26]類型的模特兒。」如何選角才算適當，往往需要細膩拿捏。卡羅先生建議，舉例而言，雖然瑪麗蓮・夢露無疑是代言泳裝、露肩或露背晚禮服、性感

24 編註：瑪喬莉・梅恩（Marjorie Main，一八九〇—一九七五），美國電影和電視演員，最著名的角色是在系列電影中扮演「摩根夫人（Ma Kettle）」，該系列電影以家庭生活和喜劇元素為主題。

25 編註：艾娃・嘉娜（Ava Gardner，一九二二—一九九〇），美國著名女演員，被譽為當代最具魅力的女性之一。

26 編註：史普琳・拜恩頓（Spring Byington，一八八六—一九七一），美國女演員，經常在家庭劇和喜劇片中扮演母親或慈愛的女性角色。

睡衣、鑽石和皮草的最恰當人選，但絕不能接下任何貼身衣物代言。這麼做會損害廣告的可信度，因為瑪麗蓮・夢露曾公開表示她平常不穿任何貼身衣物。

要順利找到名人代言，需要善用經驗和專業訣竅。有些名人很難接觸得到，或只代言特定產品。例如馴獅人克萊德・比提（Clyde Beatty）絕不代言任何與酒有關的產品；曾在電視劇飾演外籍兵團嘉倫上校（Captain Gallant of the Foreign Legion）的巴斯特・克拉布（Buster Crabbe），絕不代言任何他認為不好或不健康的產品；金・奧崔[27]、羅伊・羅傑斯[28]等名人主要吸引青少年族群，對於香菸或任何青少年不宜的產品代言都敬謝不敏。

代言經紀公司手邊會有最熱門代言人選的名單，根據不同名人所屬領域，以及名人分別適合的產品類型整理排序。幾乎所有名人都能利用某個方面的名氣，與某個產品、某種服務或某個公司機構相互連結。如《名人錄》編者克里夫蘭・艾莫理所指出，隨著美國「社會名流」漸趨式微，當一名真正的社會名流成員率先提供第一份商品推薦證言，就昭示了新的時代已揭開序幕。地址在紐約塔克西多園區村（Tuxedo Park）的詹姆斯・布朗・波特夫人[29]，為哈麗葉・赫伯德・艾耶[30]的冷霜提供使用者推薦。不久之後，威廉・艾茨（William Esty）與智威湯遜（J. Walter Thompson）兩家廣告公司於一九二三年請來多位社會名流為產品背書——請來奧利佛・哈里曼夫人（Mrs. Oliver Harriman）與巴爾的摩的黎塞留公爵夫人（Duchess de Richelieu）代言哈德曼（Hardman）鋼琴；奧利佛・哈里曼夫人另外也和奧古斯特・貝爾蒙夫人（Mrs. August

Belmont）、華府家世顯赫的朗沃斯夫人（Mrs. Longworth of Washington）一起為旁氏（Pond's）冷霜代言。艾莫理指出，到了一九六〇年，「最熱門」代言人選清單不再列入貨真價實的社會名流，可能是因為某些社會名流（例如溫莎公爵伉儷〔Duke and Duchess of Windsor〕）因為商業氣息太濃而吸引力大減，也可能單純因為名人之中，真正的社會名流已經愈來愈稀少。

還有一種較淡化的代言，甚至不包含任何個人使用或認可廣告產品的陳述，也就是所謂「暗示型」代言（"implied" endorsement）。如果是採用這種代言技巧，代言的大人物不會用太多字句描述自己使用該項產品，而是讓自己的名字與該項產品有所連結，使其罩上一層他的名人光環。司馬鐘錶公司（Cyma Watch Company）推出的一系列廣告中，就在約翰・愛德加・胡佛的大張肖像下方標明胡佛獲贈「司馬榮譽腕錶」等字樣。

27 編註：金・奧崔（Gene Autry，一九〇七—一九九八），美國著名鄉村音樂歌手、演員、電視及體育企業家，被譽為「歌唱牛仔」（The Singing Cowboy）。

28 編註：羅伊・羅傑斯（Roy Rogers，一九一一—一九八八），美國著名的西部片演員、歌手和企業家，被譽為「牛仔之王」（King of the Cowboys）。

29 編註：詹姆斯・布朗・波特夫人（Mrs. James Brown Potter，一八五九—一九三六），是十九世紀末和二十世紀初的美國社交名流與舞台劇女演員。

30 編註：哈麗葉・赫伯德・艾耶（Harriet Hubbard Ayer，一八四九—一九〇三），美國企業家、記者及美容產品先驅，十九世紀美國最早成功創立化妝品品牌的女性之一。

製作代言廣告時，最重要的是企畫和選角。所有問題裡最不用費心的，就是如何讓廣告陳述成真。在許多案例中（例如暗示型代言），當廣告專案完成，只要公開建立名人姓名或肖像與產品之間的連結，偽事件也就製造完成。名人的特徵之一，往往是其名號比其勞務更有價值；一則廣告代言需要的，常常也只是運用代言人的名號。有一則關於李將軍的傳奇，也許不是事實，卻是貨真價值的寓言故事：據傳南北戰爭末期，一家保險公司開出一年五萬美元的高薪，聘請李將軍擔任他們的總裁。李將軍不明白對方為何開出天價薪酬，認為自己能提供的勞務並沒有那麼值錢。「我們想要的不是您的勞務，」對方告訴他，「只是想要您的名字。」據聞李將軍如此回答：「本人名姓恕不出售。」當然，有一些執著字面不知變通的名人不會輕易應允代言，有些名人如果並無使用某項產品的習慣，會拒絕說出自己使用該項產品。例如道格拉斯．麥克阿瑟將軍在一九五七年以前只為司馬鐘錶代言；曾為第一夫人的艾蓮娜．羅斯福（Mrs. Eleanor Roosevelt）則只代言司馬鐘錶和天頂電子公司（Zenith）的助聽器。

有時代言人會因為代言某項產品而成為使用者，而代言的酬勞就是由廠商供應大量產品。根據偽事件的法則，事件的鋪排設計無可避免會變得比事件本身更為有趣。大家都知道，大人物代言產品通常會收費。即使名人是有酬代言，精明的廣告公司甚至能藉由描述如何順利邀請他們代言，讓觀眾更感興趣。在為湯姆．麥坎公司（Thom McAn）製作的一系列平價男鞋廣告中，廣告公司只是巧妙安排代言人刻意說明自己是如何收取代言費用，就成功吸引更多人注意。

廣告中有每位代言人穿著湯姆．麥坎男鞋的照片，還附上他的宣言和簽名字樣。例如前海軍上將約瑟．「喬科」．克拉克（Admiral J. J. "Jocko" Clark）的代言廣告包括如下的一段自述：

我對湯姆．麥坎男鞋的偏見

個人買鞋有個原則，只買貴的鞋子──一雙二十五到三十美元。受邀加入湯姆．麥坎評審團時，老實說，我對他們的鞋子不怎麼有信心。要教一隻老海狗學會新把戲，總是不太容易。

但是湯姆．麥坎公司提議，要捐一筆善款給我最愛的慈善機構海軍救濟協會（Navy Relief），倒是一個強烈的誘因。再者，在海軍服役的經驗告訴我：活到老，學到老。於是我抱著開放心態參與評審團。

在現今的美國，熱門程度和名氣本身就是產品的寶貴特質，於是消費者本身也獲得了一個讓廣告中預言成真的誘人機會。在全國大打廣告的產品，堪稱消費世界裡的名人。它以其名氣為大眾所知，而名氣就是其中一項最吸引人的成分。你我都一樣，只要想到哪位影視圈明星或名人能夠走紅，自己也算是有一點功勞，就會更喜歡他們；看待商品也會抱持同樣態度。我們都知道，購買一項商品會讓它變得更熱賣，於是讓商品變得更有價值。我們每個人都具有讓某個商品領先群倫的力量，這種力量讓商品在幾乎所有人眼中，都變得更具有吸引力。我們每個人都有能力，讓「雪佛蘭（Chevrolet）是最熱賣的低價車款」這句話成真。

李伯曼家族的萊茵黃金啤酒廠（Liebmann Breweries）為了推廣萊茵黃金啤酒（Rheingold beer），委請芝加哥起家的博達華商廣告公司（Foote, Cone & Belding）以及知名攝影師保羅・赫賽（Paul Hesse）企畫行銷活動；這場經過精心設計的活動成效卓著，成功吸引更多女性購買啤酒（也連帶提高男性的購買意願）。他們的作法很簡單，就是舉辦萊茵黃金小姐票選活動，讓消費者來投票。獲選的迷人女模特兒會公開宣稱，萊茵黃金啤酒是她最愛喝的啤酒，藉此吸引投票給她的民眾選購啤酒。第一屆萊茵黃金小姐全國票選於一九四一年舉辦，獲勝者是露絲・歐彼（Ruth Ownby）。（第一位萊茵黃金小姐金克絲・法肯堡〔Jinx Falkenburg〕並非以民主方式投票選出，而是由廠商指定。）及至一九五七年的萊茵黃金小姐票選活動，民眾投下的總票數多達兩千萬票，成為美國國內除了總統大選之外最浩大的票選活動。參與投票的顧客可以投不只一票，反而讓整個活動更顯得逼真誘人。

這是一個由顧客參與製造出來的偽事件，但顧客不僅願意買單還樂在其中，甚至覺得這樣的活動更加令人信服。沒有人煩惱要如何製造出最關鍵的事實——如何說服該年度最受歡迎的模特兒，萊茵黃金啤酒是她的最愛。萊茵黃金小姐票選活動參賽者事先須簽署的合約中，完全沒有提到啤酒。一名尖酸的廣告人點出，喝啤酒容易發胖，所以能夠在票選活動中勝出的苗條模特兒，實際上不太可能是啤酒重度愛好者。據傳，早期選出的萊茵黃金小姐之中，只有一人常喝啤酒。但當萊茵黃金小姐說出「乾型不甜的萊茵黃金，就是我的啤酒」，難道不是真的嗎？無論哪一位模特兒，在票選活動勝出就能獲得價值五萬美元的酬勞和獎金，除非格外冷漠無情，否則誰不會把萊茵黃金啤酒當成最愛呢。要取得真實證言，最佳方法莫過於此。

在一個品牌名稱主宰市場的世界中，當消費者在日常生活中頻繁提及品牌名稱，甚至足以讓品牌名稱變成該種產品的同義詞。雖然在法律上有其風險（廠商的品牌名稱所有權可能受到影響），但廠商其實樂見其成。這種語文符號象徵消費者的力量，代表消費者能夠讓產品變得如其所宣稱的那麼成功。藉由每天使用產品和特定品牌名稱，消費者實際上將「柯達」變成照相機的同義詞，將「舒潔」變成面紙的同義詞。隨著經濟不斷擴張，商品本身的功能往往只是特定品牌所宣稱具備種種特質的其中一個面向（例如李施德霖〔Listerine〕漱口水，或是黛雅香皂〔Dial soap〕或盼〔Ban〕品牌的體香膏），而消費者藉由相信產品的功能，和發展出自己的使用「需求」，為該產品賦予了一種全新的真實。

（三）**似懂非懂的吸引力**。在日新月異、持續追求進步的美國，消費者期望進步飛快得令人頭暈目眩。廣告標語如果讓他一看就懂，他會大失所望。我們期待，甚至希望，看到最新產品語彙時覺得似懂非懂、一知半解，如此我們每個人才會覺得安心，相信一切是在進步，而進步的步調快到我們無法跟上。

誰想要生活在經濟停滯、科技發展落後到消費者竟然能完全理解產品的製造過程及真正優良特性的世界呢?廣告語言的隱晦難解，證明了製造者付出一切努力真的都是為我們好——研發全新工法，發現、改良和添加神祕的新成分，精益求精追求更複雜細微的產品新特色。消費者只有到了被唬得一楞一楞的時候，才會覺得心滿意足。

廣告是最流行的閱聽和觀看素材，這一點自不待言。原因正是在於廣告將我們送入另一個世界——在這裡，真實世界的種種僵固形式盡皆消解。當我們漫步於廣告的世界，所見、所讀和所聽到令人似懂非懂的一切，都在鼓勵我們相信自己的豪奢期望也許終將成真。

對於追求最新車款但不了解汽車的人來說，「V型引擎」、「液壓驅動」、「寬胎」和「強化焊接車體」等詞語格外誘人。這些都是貨真價實的事實陳述，而它們的吸引力就在於令人似懂非懂。

當全新製造的物品的原本功能遭到淡化，當汽車不再只是交通工具，而是成為供我們陶醉其中的配備，為我們提供「無憂無慮的感覺」和「難以言喻的尊榮感」；當原子筆不再只是記帳或寫支票的工具，而是拿來在奶油上或在水裡寫字似乎也非常好用；當肥皂不再只是用於洗滌清潔，而是帶給我們「二十四小時不間斷的保護」——我們就不會再因為任何物品的「功能」「上當受騙」。

一張可能讓女性有所投射的全頁全彩美女肖像，如此告訴女性讀者：

「最美」（ULTIMA）輕透薄彩

令人驚豔的全新彩妝學

露華濃獻給所有精力充沛、窮盡畢生之力發揮潛能的女士。這是第一次，您可以白皙如瓷，可以金光燦爛，可以呈現任何精緻妝容……卻絲毫感覺不到臉上帶妝。看似無妝卻有妝的祕訣？色調繽紛多樣、質地無比輕盈的輕透蜜粉、潤肌養顏粉底液及口紅。請務必洽詢露華濃的美妝顧問，為您打造最輕透自然的妝容。僅於特定頂級店面販售。

露華濃「最美」系列彩妝

紐約＊倫敦＊巴黎

在一個功能如此模糊不明，經過輾轉仿造和淡化的世界，我們閱聽平面和電視廣告，從中發現自己連作夢都不曾想過，也可能永遠不會知道的功能、需求、麻煩與風險。廣告發揮了淡化的作用，將一切變得更有趣、更新奇，也更加模糊難定。

（四）**鋪排設計的吸引力**。有人討我們歡心，我們就樂在其中。就好像小女孩看到最出色的追求者為了討好她而表演倒立，只覺得心花怒放，我們也喜歡看廣告人倒立和翻筋斗。我們樂在其中未必是因為特別愛看特技表演，或者表演非常精采，而是因為我們受寵若驚，竟然有人會為了討好我們大費周章。看到廣告裡擺放在草地上的鄧巴家具（Dunbar Furniture）品牌優雅客廳家具組；以「佩培勒家族（Pepperell family）於陽光下的夢幻小島『棉花島礁』（Cotton Cay）」為題，一組上中下三張吊床擺出愜意姿勢這樣不可思議的畫面；或一名男子手腕上繫著鐵鏈與一顆巨大雞蛋拴在一起，同時打獵、釣魚或玩撲克牌的場景（「管理養老金〔nest egg〕有更好的方法，請與大通曼哈頓銀行專員聯絡」），我們覺得滿意極了。我們很滿意，其實不是因為知道發生了什麼事或了解其中涵義，也絕不是因為廣告中的景象一點都不荒唐可笑，而是因為看到竟然有人專門為我們精心打造出如此繁複鋪張的偽事件，我們忍不住覺得大為滿足。

廣告偽事件的設計者精明無比，不擇手段利用我們的迷茫困惑。就連我們的疑慮和不信任，都成了新的偽事件主題。生產女用染髮劑的可麗柔公司（Clairol, Inc.）於一九六〇年推出的廣告，放了一張有著柔美秀髮的迷人模特兒照片，照片上方有個問句：「她有嗎……還是沒有？」（Does she... or doesn't she?）下方的字樣則是：「髮色這麼自然，只有她的美髮師知道答案！」接續刊登的廣告並沒有回答這個令人好奇的問題。有民眾投書可麗柔公司，想要得知事實真相。公司的公關主管於是利用回覆民眾投書製造了一則新聞，公司這方的回覆如下：

> 謹回覆您的來信，關於您的問題「她有嗎……還是沒有？」，答案是「有，一直都有。」我們可麗柔公司全體同仁一直都知道，在某個地方會有民眾非常聰慧，跟您一樣提出很有智慧的問題。因此，只要是向全國投放的廣告，我們絕對遵守一項鐵則，即本公司廣告中

現身的每一位模特兒都必須使用「可麗柔小姐」（Miss Clairol）染髮劑……未使用本公司產品染髮者的秀髮呈現不盡理想，無法反映本公司染髮劑的真實特質。

當然，懸而未決的的問題，是使用可麗柔染髮劑與擁有一頭柔美秀髮之間究竟有何關聯。呈現出來的事實是，靠著天生的柔美秀髮成為美髮品牌模特兒的女孩，並沒有因為使用了一次可麗柔染髮劑，而破壞了迷人的外表。顯然，廣告中真正讓大眾感興趣的，並不是產品的特質，而是廣告本身——偽事件的運作機制與奧妙神奇。

＊　＊　＊　＊　＊

當「可信」取代「真實」，當主宰我們生活的所有陳述一律以是否「可信」來加以檢驗，廣告人就不會再把精力放在發現更多事實，而是轉而將心思用在創造各種經過設計後看似真實的陳述。讓陳述看似真實，相對來說更加容易。在形象革命的機制大行其道之下，幾乎任何事物都可以設計成看似真實——尤其我們自己也想信以為真。廣告人與新聞工作者很像，而新聞工作者在某些方面可說是廣告人的原型。就如同新聞工作者巧妙發展出他的報導，廣告人也巧妙發展出他的廣告詞。記者利用電報傳送出報導，而報導中的事件往往是在誘使煽動之下發生，與廣告人為了製作廣告而產出「事實」，可說有異曲同工之妙。兩者的目標都是新聞價值和可信度。根據代言經紀公司所述，廣告公司為了一個代言廣告，可能會接洽多達五位大人物，最後才敲定其中一人；就如同認真盡責的華府記者寫新聞前會採訪七位參議員，最後從其中一人口中得到報導裡需要的那句陳述。廣告公司和記者都必須努力促成偽事件的實現。兩者都必須審慎行事，並遵守職業倫理：只有在某些限制之下創造出「近似事實」（quasi-fact），才能顯得逼真可信。但就多種商品的行銷而言（例如藥品、化妝品、汽車和家電），只有令人似懂非懂的廣告陳述，才能達到既迷人又可信，於是問題一方面變得更加複雜，另一方面又變得更加簡化。

廣告的閱聽大眾永遠在和自己玩遊戲。他們這一刻心滿意足，享受著豪奢期望獲得滿足的虛假幻象，下一刻又因為看穿了虛假幻象而樂在其中——原來從童話仙境走出來的公主根本就不是什麼公主，只是打扮成公主的金克絲．法肯堡。廣告人的「創意」獲得了充分發揮的空間。他的想像力就像詩人的想像力一樣，大幅擴張了我們的整個世界。廣告人的創意和想像力，一直在與讓閱聽大眾幻滅的資訊和老練智慧相互競爭，而成功的廣告人在這場競爭中總是技高一籌。他能讓我們「暫時自願擱置懷疑，（如柯立芝[31]所言）這構成了詩意的信仰。」在一個受到本身傳說原則所主宰的世界，他不斷為這個世界構思新的傳說，以取代那些已然幻滅的傳說。同時身為遭受蠱惑者、蠱惑人心者，以及疏離的惑術學徒，公民消費者個個心滿意足、樂在其中。

要治好我們抱持誇大豪奢期望的毛病無比困難，難處正在於現代的檢驗方式不是「是否真實」，而是「是否可信」。我們與廣告人共用同一套標準。於是，對所有人來說，某句陳述的可信度比其真實性更為重要。從萊茵黃金啤酒一系列大獲成功的廣告代言可見一斑，這些代言推薦當然都是由文案寫手配合代言的名人特質撰寫而成。「廣告公司固然下了點功夫，」費里曼在著作《鼎鼎大名》中解說道，「但代言本身仍舊相當真誠或有其可信度。代言人的推薦基礎在於他們都是知名人物，也以嗜飲啤酒聞名，且深受觀眾或影迷喜愛及信任。（例如：范・海夫林〔Van Heflin〕、維克多・博格〔Victor Borge〕、路易・阿姆斯壯[32]、歐尼斯・鮑寧〔Ernest Borgnine〕、納金高[33]、賽德里・哈威克爵士[34]、雷蒙德・洛威[35]、瓊安・杜魯〔Joanne Dru〕、

---

31 編註：塞繆爾・泰勒・柯立芝（Samuel Taylor Coleridge，一七七二—一八三四），英國浪漫主義詩人、哲學家和文學評論家，被視為英國浪漫主義的核心人物之一。

32 編註：路易・阿姆斯壯（Louis Armstrong，一九〇一—一九七一），美國的爵士樂小號手、歌手和作曲家，被譽為爵士樂歷史上最具影響力的音樂家之一。

33 編註：納金高（Nat King Cole，一九一九—一九六五），美國著名爵士樂和流行音樂歌手、鋼琴家及作曲家，為二十世紀最具影響力的音樂家之一。

34 編註：賽德里・哈威克爵士（Sir Cedric Hardwick，一八九三—一九六四），英國著名的戲劇及電影演員，以在舞台劇和電影中的出色表現而聞名。

35 編註：雷蒙德・洛威（Raymord Loewy，一八九三—一九八六），法國出生的美國工業設計師，作品涵蓋汽車、飛機、家電和商業包裝等領域，對現代設計的發展和商業形象塑造具有深遠影響。

畢翠絲・莉莉〔Beatrice Lillie〕、查爾斯・寇本〔Charles Coburn〕、桃樂絲・吉嘉林〔Dorothy Kilgallen〕和格魯喬・馬克思[36]。）閱聽大眾相信，如果是不實的廣告陳述，他們絕不會願意幫忙背書。所以只要能傳達他們對於萊茵黃金啤酒的認可，就算文案裡的字句實際上是由其他人操刀，根本不會有什麼影響。」

只要可信與否仍是檢驗標準，廣告的世界就永遠不會瓦解。即使每個舊的廣告公式都變得儀式化，且其運作機制大眾已司空見慣，充滿偽事件特質的機制本身仍然能夠引起大眾的興趣。當聯邦貿易委員會（Federal Trade Commission）指出，電視廣告宣稱某牌刮鬍膏具備在水中也能保持長效的特色，但拍攝時使用的其實是牙膏，但由於新聞大幅報導這起偽事件，廠商反而因被報導重複提及品牌名稱而受益。我們從新聞界的例子已經看到，當記者會已被儀式化、淪為某種形式的偽事件，就失去了其吸引力並喪失大部分的功能；當必須要以某種更具彈性、更加含糊籠統的形式傳遞消息，就發展出了體制化的洩漏消息之舉。在廣告界也是同理，當直白的名人背書代言流於形式，失去了吸引力，就可以藉由其他手法重新吸引大眾，例如開放民眾票選代言人（萊茵黃金小姐），或是將聘請代言人和提供報酬的過程公諸於世（湯姆・麥坎男鞋）。總是有某種新奇成分，能讓廣告變得可信。

巴納姆侃侃而談自己是如何成為頂尖表演家的片段，如今可以視為對於我們日常生活經驗的平淡描述。他形容這個世界的運作之道就是「用聳動海報激發大眾的好奇心，幾乎什麼都沒有也要向大家保證什麼都有。」

我得坦承，我並沒有努力成為我那些上進同胞的好榜樣。世界有其運作之道，我只是隨波逐流；如果說與隔壁幾家相比，我「自吹自擂」時更加鍥而不捨，我的廣告更加大膽不羈，我的海報更加招搖顯眼，我的圖畫更加浮誇賣弄，我的旗幟展現了更強烈的愛國主義，而我的幻燈片更加鮮豔亮麗。不是因為我比他們更肆無忌憚，而是因為我比他們付出了更多精力，投注的巧思遠遠超過他們，而且我所有的保證都比他們更有憑有據。

因為我們不斷增生的豪奢期望，美國經濟欣欣向榮、不斷擴張，配上如此張狂的格言可說再貼切不過。

36　編註：格魯喬・馬克思（Groucho Marx，一八九〇—一九七七），美國喜劇演員、作家、歌手和製片人，作為馬克思兄弟（Marx Brothers）喜劇團體的成員之一。

五

形象大行其道，我們取得了掌控世界的力量，卻造成現實的輪廓混淆不清，而非更加清晰——這個最核心的矛盾，瀰漫我們生活的各個領域和面向。在我們日常的行為中，幾乎找不到哪一個角落還保有昔日最單純的日常分界，沒有因為不斷增生的形象以及形象革命的產品與副產品而變得模糊混沌。

荷蘭歷史學家約翰．赫伊津哈（Johann Huizinga）在其經典論著《中世紀的衰落》（*Waning of the Middle Ages*；一九二四）中指出，中世紀生活裡，有各種清楚的邊界和鮮明的對比。無論一年中的不同季節，一天中的不同時段，或社會上不同的階級地位，都有著清楚的區隔。中世紀百姓在寒冬中靠近溫暖火堆，或在深夜聽見痲瘋病人搖鈴警告，或看到貴族身上的華美錦緞時，那種刻骨銘心的感覺，或許我們永遠無法感同身受。平等和經濟發達，讓人的感受也趨於平等。在富裕進步的美國，不同社會階級、時段和季節之間分界模糊不清的程度已是前所未有。我們有了暖氣，冬天時覺得太熱；有了冷氣，夏天時覺得太涼。日光燈讓室內比戶外更明亮，黑夜比白天更光明。此地和他方之間的分界消解。有了電影和電視，今天可以變成昨天；我們一直留在原地，同時也無所不在。事實上，當我們身在此地（在家裡或在旅館客房盯著電視時），要做到身在他方（例如參與全國黨代表大會）還比身在此地更加容易。

在二十世紀的美國，論起經驗的同質化，我們已經更進一步。我們不只是開始抹除自然的區隔分界，還讓我們的人造分界變得比自然的分界更醒目難忘。即使我們努力讓人造分界更加清楚分明，它們還是愈來愈模糊不清。以下數個例子就足以說明此點。

以我們所認知的時間和季節為例，當時間和季節皆以經濟來衡量，就成了偽事件。隨著生產製造機制愈來愈複雜，而「進步」愈來愈明確而且能夠預期，我們就必須精打細算，步步為營。下一年的全新車款（總是在這一年就推出）不會是現今科技所能達到最先進的程度，而是公關行銷偽事件在能夠獲利的情況容許之下，所能達到最進階的層級。新車款代表的往往不是科技的進步程度，而是方便宣告在此止步的程度。

無論何種產品，預先宣傳變得愈來愈重要。為了下一年的車款改款，我們必須在十八個月前就開始更換生產線設備，兩年前就必須開始籌備。在龐大的進步機制之下，每種產品展現出來的都是某種過時的想像。明年的夏季女裝必須在今年冬天上市販售，表示這批女裝的設計和風格選定，最晚也一定是在去年夏天就完成。今年的服裝還沒有開賣，明年的款式就已經設計完成。或以出版業為例，「秋季書單」是在夏天到來之前就公布。翻閱《出版人週刊》會看到，在七月四日美國獨立紀念日就可以看到耶誕老人跟各種耶誕禮物書。我們總是放眼未來，以至於廠商和店家永遠同時活在不同季節。不只是新聞，愈來愈多日常消費的事物，都是預先製作待之後發布。

在政治人物與利益團體（pressure group）的圈子，公共關係的地位漸形重要，甚至讓「會員」這樣單純的概念變得混淆模糊。民眾再也記不清楚自己所屬組織團體的名稱。利益團體的募款顧問和專業經理人不但必須擅長與人周旋，還要精通命名之道。每年都有數千張客製信紙被印刷出來，上面皆印有一長串「諮詢委員會」、「倡議委員會」等各種偽造的機構頭銜。一個又一個空殼組織成立復又解散，目的五花八門。

美國長久以來，一直是「志願」組織發展最為蓬勃的國度。就連美國的教會，也具有比世界上其他國家教會更濃厚的志願性質。但是到了二十世紀，美國卻成了「陣線」（front）組織林立的國度。美國有愈來愈多組織其實是「偽事件」，這些組織之所以成立，不是因為會員想要合作達成某個共同目標，而是為了配合某位人士的需求，讓該組織的成立和活動相關話題能夠登上新聞版面。這些組織是媒體的附屬物。它們是陣線組織，但此處的「陣線」指的並非為了達到顛覆目的而組成的陣線，而是指它們的會員、贊助者和領導者都經過縝密安排，目標不是要致力於某種事務，而是要製造出某種形象。所謂「同路人」（fellowtraveler）（也是我們這個時代的獨特產物）是一個容許自身與某個形象有所連結的人，政治立場不拘。

無論在教會、互助服務社團、職業協會、利益團體、慈善團體和政治團體，參加的壓力造成團體中有愈來愈多純粹掛名的會員。加入組織團體本身，成了最敷衍草率的偽事件。我們希望自己的會員身分登記在案，但一點都不想親自參與。這種個人的偽事件層出不窮，連帶混淆和淡化了個人的忠誠之心。會員的概念從此混淆不明，無可挽救。《讀者文摘》的自身定位不是供讀者訂閱的雜誌，而是開放民眾入會的「俱樂部」。我們有愛書人俱樂部、旅遊俱樂部和聖誕俱樂部，還有其他多不勝數的俱樂部、社團和協會。如今若說它們不算是俱樂部，還顯得迂腐不知變通。但如果它們稱得上是俱樂部，純粹是因為現今符合傳統社團定義的團體已經少之又少（鄉間、老派或傲慢勢利型團體除外，例如鄉村俱樂部、市區美食同好會、小型編織社團、小型讀書會等等）。「你到底是不是會員？」「我不記得了。」

歐文．白璧德[37]曾精闢分析，一個人是否受過良好教育，端看「知」與「不知」在他心中是否界線分明。當然，這只是一種理想。但時至今日，要達到這個理想變得更加困難。當學院裡研究的課題從史實變成「時事」（即報紙刊登的新聞事件），是否知曉報紙、雜誌和電視聯播網所傳播之消息（即是否「跟上」報紙、雜誌和電視報導的消息）這個知識標準的重要性，也就無可避免超越其他的知識標準。當知情意味著要熟知偽事件，知識和無知之間的界線就變得空前模糊。難怪我們是用機智問答來測驗有無知識，也難怪我們評判書籍、電影和電視節目的標準，就是看它們是否榮登暢銷榜或者獲頒獎項（普立茲獎、奧斯卡金像獎和艾美獎）。只因為它們很有名，我們就應該知道它們。製造出名人之後，我們還有崇拜他們的義務。藉由崇拜名人，我們

37　編註：歐文．白璧德（Irving Babbitt，一八六五—一九三三），美國文學評論家、哲學家和學者，新古典人文主義運動的主要倡導者之一。

讓名人得以存活，並保持他們的知名度。「知識」和「無知」之間的分界本身，已經顯得老派過時，取而代之的是細微到令人難以辨別的名氣高低之分。

六

大量增生且愈漸清晰的形象不僅混淆了知識，也讓我們的意圖和欲望變得模糊不明。行銷技巧推陳出新，難道不是讓廠商變得比我們自己還了解我們想要什麼嗎？「欲望」和「功能」裡出現了新的曖昧模糊。大眾真的想要新車款上的尾翼嗎？如果尾翼確實滿足了大眾的需求，那不是應該具備某種功能嗎？隨著經濟不斷擴張，新推出的產品卻與原始需求背道而馳，我們也對自己的欲望感到愈來愈困惑。

於是我們閱讀廣告，發現並放大自己的欲望。得知有新產品要上市的消息時，我們總是樂於——甚至渴望——發現自己原來一直都很想要這個新產品，只是沒有意識到。曖昧模糊的「欲望」與曖昧模糊的「功能」一起出現。「功能」曾經只是單純用於描述某個效用標準的字詞；相較之下，裝飾應該只是附加於物品功能。但如今無論何種產品，我們都愈來愈難確定它的確切用處。用處本身成了一種偽事件——為了上新聞而創造出來的功用。於是我們發現自己不再專心物色具備某個明確功能的產品，而是把心思放在我們以為自己想要的物品上，想要發現它的真正功能。只要住過現代「功能性」住宅的人都知道，尋找產品的功能，就跟尋找美一樣充滿不確定性。

不斷增生的形象讓我們的意圖和欲望變得模糊不明，症狀之一是大眾對於民意——尤其是民意調查結果——的興趣日益濃厚。雖然「民意」一詞的使用最早可追溯至十八世紀末（傑佛遜用過），但這個用法是到了形象革命發生以後才漸漸普及。大量新聞報導湧現之後，所謂民眾普遍意見的證據數量也隨之增長。報紙刊印出來並因此廣為流傳的「意見」，當然不是所有人的意見，而是所有人意見之中的少數徵象。但隨著識字率提高以及報紙發行量增加，開始形成把少數徵象當成事實的趨勢。《文學文摘》和《讀者文摘》等文摘讀物，以及其他雜誌和報紙上多種全新形式的意見報導，為民意賦予了一種似是而非的全新真實性。

在首開先河的傑出論著《民意》中，沃爾特．李普曼對於如何區分一般民意和特定的「民意」提出了可貴的洞見。「這些人腦海中的畫面——不論是他們自身、其他人，抑或他們的需求、目的和關係的畫面——都是一般的民意。那些由特定群體或打著某個群體名號的個人，基於某種理由加以利用的圖像，則是當成專有名詞、首字母大寫的『民意』（Public Opinion with capital letters）。」自從形象革命興起，就可以製造出首字母大寫「民意」的「形象」——具有先前分析過屬於形象的諸多特徵。「民意」如今具有人造、可信、被動、鮮活、具體、簡化和曖昧模糊特質，而且強烈程度更勝從前。如果想要知道民眾在想什麼，只要隨便拿起一份報紙就能讀到。報導每天一次或兩次記錄了變動的想法，新聞用語和照片將民眾意見表達得生動淋漓，在努力做新聞的認真新聞工作者強行推動之下，互相對立的各種想法意見持續生成。

首字母大寫的「民意」本身也就無可避免成為某種偽事件，只是基於新聞需要而被迫形成。民意的呈現，成了最為強大、有趣也最為神祕的偽事件。民意的虛構成分愈多，斧鑿痕跡愈重——忠於偽事件法則——相關新聞就愈能挑起觀眾興趣。「民主國家把民意變成一個難解的謎團。」李普曼的分析一針見血。「有一些經驗豐富的意見組織者，他們很熟悉這個謎團，甚至能夠在選舉日創造出多數。但在政治科學中，是將這些組織者視為卑劣小人或『問題』人物，而非掌握現有知識並深諳如何創造和操控民意的人。發聲表達民主思想的群眾——即使不曾採取任何民主行動，包括大學生、演說家和編輯——往往也如同其他社會的民眾一樣，傾向於將首字母大寫的『民意』視為某種神祕力量，將之視為事件走向的最終定論。」李普曼呼籲創建一個更優良有效且廣為民眾理解的新聞機制。他指出，現代社會新聞報導的品質即為此社會組織的一個指標：體制愈是健全良好，新聞就愈客觀，就能愈有效的釐清各種議題，「一項事務在新聞報導中的呈現就能更加完善。」但李普曼的詮釋並未充分考慮到，光是媒體的存在和不斷增加，就會形成製造新聞、將新聞複雜化和戲劇化的壓力，最後導致錯誤再現。此外也未考慮到，特別鋪排設計、令人興味盎然的敘述，通常會讓簡單明確的事實相形失色。

而民意同樣忠於偽事件法則，孕育出引起興趣的新穎手法。即使沒有任何自發表達的意見，仍然可以運用全新的繁複手法，將意見培育成各種表述，於是就能登上新聞、引發討論和製造對立。這些手法，如一名論者示警：「是在將民眾變成一隻龐然野獸，還沒有準備好就被要求大聲咆哮。」

民意調查就是一例。早在一八二四年七月二十四日，美國就有所謂的「模擬民調」（"straw poll"）[38]——《哈里斯堡賓州人報》（Harrisburg *Pennsylvanian*）派人前往德拉瓦州的威明頓（Wilmington）針對總統大選抽樣調查並寫成報導。民調結果為安德魯．傑克森三百三十五票，約翰．昆西．亞當斯（John Quincy Adams）一百六十九票，亨利．克萊（Henry Clay）十九票，威廉．克勞福（William H. Crawford）九票。自此之後就出現愈來愈多模擬民調，而且這些民調往往有助於刺激報紙和雜誌的銷量。二十世紀最著名的民調，就是《文學文摘》在一九一六到一九三六年間進行的民意調查。

然而，現代抽樣調查民意的技術，並非源自前述這種不夠嚴謹的早期民調，而是有其更加適切的源頭，即行銷和廣告相關研究。羅伊．伊士曼（Roy O. Eastman）為了查探刊登自家早餐穀片廣告的雜誌究竟都是哪些人在閱讀，在大約一九一二年設計出市場調查的方法。及至一九一九年，廣告公司開始設立市場調查部門，接著獨立的市場調查機構也陸續成立。直到晚近，意見調

38 譯註：「straw poll」也可譯為「非正式民調」或「意向調查」。

查已經成為具有相當規模的產業，郵寄發送的問卷多達數十萬份，成千上萬名經過培訓和受僱的訪查人員為了進行漫長深度訪談，所投入的時間和資金難以計算。市場調查技術也不斷演進、推陳出新，以確保受調查的對象能夠充分表達意見，並發掘意見背後的動機。前述這些調查，皆以消費者為主要對象。

到了一九三五年，開始有人將市場調查技術應用於政治和公共議題。《財星》雜誌首先公布此類調查的結果（調查是在艾爾摩・羅普[39]等人指導下進行），接著喬治・蓋洛普[40]也定期撰寫民調專題文章提供給多家報社刊登。從一九三六年開始，「民調結果」在全國選舉期間成了最吸引人的新聞，各家媒體爭相報導。

《文學文摘》在一九三六年之前向來以民調結果準確著稱，但於一九三六年的調查結果顯示阿爾夫・蘭登（Alf Landon）將在總統大選中大勝羅斯福，預估票數與最後實際開票結果的差距高達二十個百分點——這次民調嚴重失準，反而激發了各方對民調的興趣。《文學文摘》的重大失誤本身，成了選舉期間其中一則最大新聞。《文學文摘》此後一蹶不振，由《財星》雜誌、亞契伯德・克羅斯利（Archibald M. Crossley）、喬治・蓋洛普、全國民意研究中心（National Opinion Research Center）等民意調查專家和單位取而代之。某家全國民調機構於一九四四年的調查結果顯示，超過半數的受訪者都聽說過民意調查。一九四八年，民調失準再次發生，全國最著名的數個民調單位皆預測湯瑪斯・杜威（Thomas E. Dewey）將擊敗杜魯門，總統大選開票結果卻剛好相反。艾爾摩・羅普操盤的《財星》雜誌民調結果與開票結果相差十二個百分點；克羅斯利和蓋洛普則預測杜威的普選票得票率將小贏五個百分點。然而，出錯後不到六個月，市調機構和民調單位又活躍起來，一切運作如常。在之後的數次總統大選，隨著調查技術更加繁複完善，而選民也更習慣依從民調結果，民調結果於是成了政治版的《賽馬報》（*Racing Form*）。各方對於民調結果本身愈來愈感興趣。如今，政治人物和政論名嘴常常會被問到的不只有對議題的看法、候選人以及輿論民情，還有對於特定民調結果的解讀。民眾會去猜測，揭露這一組或那一組數字，對於選民意向可能造成何種影響。每次選舉結束後，大眾最關心的其中一種新聞，就是不同民調結果準確程度的報導。知名民調機構會接受媒體採訪，並在鼓動之下對自家調查結果加以推論、探討、辯護和揣想。

對於錯誤預測的民調依據，專家當然會努力解釋和辯駁。他們進行事後分析時，不會將重點放在實際蒐集到的意見（這些意見當然不會是在具有合法效力的投票時間和地點蒐集到的），而

39　編註：艾爾摩・羅普（Elmo Roper，一九〇〇—一九七一），美國民意調查專家和市場研究先驅，以在政治與市場調查領域的貢獻而聞名。最著名的成是成功預測美國總統羅斯福於一九三六年、一九四〇年和一九四四年總統選舉中的勝利。

40　編註：喬治・蓋洛普（George Gallup，一九〇一—一九八四），美國民意調查專家和統計學家，開創了科學抽樣調查的方法，被視為現代民意調查的先驅之一。

是將「人造」選舉（查訪者進行的意向調查）與真實選舉（實際開票）的結果相互比較。有些投入科學民調的專家如喬治．蓋洛普，迫切想要證明民調對於代議民主有所助益，而非帶來威脅。蓋洛普在著作《民主的脈動》（*Pulse of Democracy*；一九四〇）中的結論，可說無意之間一語成讖：「民調的局限和缺點，就是民意本身的局限和缺點。」然而，民調結果最根本的危險，並不在於民調不準，反而在於民調很準。要是民調非常科學，能夠精準預測我們投票時的意向，等到這一點實現時，民調就不再有趣；同時，投票過程也就毫無存在的必要。支持民調者如蓋洛普等人宣稱，民調對於如今他們所定義的代議政府來說非常可貴，甚至不可或缺：代議政府是「響應人民平均意見的政府。」

社會對於民意及民調結果愈來愈感興趣，由此衍生出更大的問題——即形象大行其道，以及形象主宰了我們對於自身的想法。我們期望民調具有預測我們將會做出何種決定的力量，並且滿懷希望將期望不斷誇大。民調機構愈是信心滿滿，自認為具有足夠的力量，能夠提供一個我們會真的去相信或選擇的形象，我們對於自己身為選民的真正偏好的認知，就變得愈模糊不清。

在此復又出現「經過精心設計、最為清晰的形象所產生的模糊混沌，卻最讓我們困惑迷茫」的現象。就如同新聞界中（隨著記者會、新聞稿、體制化的洩漏消息之舉等手段層出不窮），行為者和報導者的角色分界愈來愈模糊難辨；製造商和消費者、政治領袖和支持者、政治人物和公民的情況也如出一轍。消費者如今看著廣告，只看見他自己「真正」想要的（最優秀的製造商會生產的，全都是他們深信消費者真正需要的產品）。

時至今日，公民可以在民調結果這面鏡子裡看見自己。代表大眾接受意向訪查之後，他可以閱讀民調結果報導，看看自己的樣貌為何。民意調查愈來愈細膩，愈來愈講究科學方法，可以細分職業、居住地、收入高低、宗教派別等等，讀到報導裡與自己類似的群體所持的主流看法，公民會從中發現自身（以及自己「應該」或可能抱持的意見）。民意曾經是大眾的意向表態，卻愈來愈像是一個讓大眾去對號入座的形象。民意就如同民眾攬鏡自照，在鏡中所見僅剩原本就有的自身。

第六章
從美國夢到美國幻象？自我欺騙的聲望幻術

「眾神想要懲罰我們的時候，就讓我們看到自己做的廣告還信以為真。」王爾德[1]也許會這麼說。對於我們的祈求，掌管美國命運之神有求必應的程度之高，遠遠超出儒勒・凡爾納[2]所能想像。祂讓我們管理海裡的魚、空中的鳥，並地上所活動的一切生物。[3]但是得到任何力量，都要

1 編註：奧斯卡・王爾德（Oscar Wilde，一八五四—一九〇〇），愛爾蘭劇作家、詩人和小說家，以機智風趣的文風和批判維多利亞時代道德的作品聞名。

2 編註：儒勒・凡爾納（Jules Verne，一八二八—一九〇五），法國小說家，被譽為「科幻小說之父」之一，以充滿想像力和科學預見性的冒險小說聞名。著名的作品有《海底兩萬里》（*Twenty Thousand Leagues Under the Sea*；一八七〇）。

3 譯註：此句典出《創世紀》第一章第二十六節：「神說：『我們要照著我們的形象，按著我們的樣式造人，使他們管理海裡的魚、空中的鳥、地上的牲畜和全地，並地上所爬的一切昆蟲。』」

付出代價。

我們是不是注定會將夢想變成虛假幻象？

夢想是一種我們能夠將之與現實相互比較的願景或想望。夢想可能非常鮮活生動，但它的鮮活提醒了我們真實世界是如何截然不同。虛假幻象則不同，它是形象，卻被我們誤認為真實。我們無法企及、渴望虛假幻象，或為其感到振奮，因為我們就生活其中。虛假幻象平凡無奇，因為我們看不出來它不是事實。

美國曾是一個夢想之地。這個地方的人民，來自承載著豐富卻沉重繁瑣的貴族傳統與意識形態歷史包袱的國家，他們在此追求曾經看似永遠無法企及的願景想望。他們在這個地方，努力讓夢想成真。這些美國人民懷抱的希望，以「美國夢」來形容最為精準。美國夢令人慷慨激昂、啟發無限靈感，正因為它象徵著新美國的無限可能性與過去種種艱難現實之間的巨大差距。只有拖慢美國進步者，諸如清教僵固神權政治或南方蓄奴主義政權的先知，會將夢想誤認成現實。只有無益的空想家，諸如新和諧村（New Harmony）[4]和布魯克農場（Brook Farm）[5]之類的烏托邦主義者（utopian），才會認為自己可以將夢想打造成一個可以生活其中的仿擬模型。如果說美國是一個夢想成真之地，那也是因為世世代代的美國人吃盡苦頭，到頭來發現應當去追尋夢想，而不是生活在夢想之中。

美國人對於「不可能」的認知，是只比「困難」再稍微難達成一點；我們美國在這一點可說是惡名昭彰。美國的機會之多前所未有，從以前到現在都在誘惑我們混淆願景與真實。美國並未受到烏托邦主義所擾，正是因為在這片土地上，夢想終於讓人能夠努力追求並且付諸實現。

然而如今，在我們握有極大力量的形象革命時代，我們面臨了一股前所未見、僅限於美國的威脅。這股威脅不同於世界上大多數地區所受威脅（諸如階級鬥爭、意識形態、貧窮、疾病、教育不普及、惡意煽動或專制暴政），而是來自「非現實」。這種虛無的危機，正是美國夢可能被「美國幻象」（American illusion）取代的危機。理想可能遭到形象取代，願景想望可能淪為仿擬模型。我們這群人面臨的莫大風險，可能是有史以來首次能夠將自己的虛假幻象變得如此鮮活生動、逼真可信，「寫實」到我們能夠活在其中。我們是全世界身陷虛假幻象最為嚴重的一群人。但我們卻不敢讓幻象破滅，因為虛假幻象就是我們生活其中的屋宅——我們的新聞、我們的英雄、我們的冒險、我們的藝術形式，甚至我們的經驗本身，全是虛假幻象。

先前意識形態曾對我們造成威脅，但美國夢的難以捉摸和許諾拯救了我們。如今，我們用自己生活於其中的形象，取代了其他地方的人生活中遵從的法則。我們開始認為，我們主要的問題

4　編註：十九世紀初美國印第安納州的一個烏托邦社區，該社區嘗試建立無財產私有、平等共享的社會，並推動教育、科學與社會改革，但由於財政管理問題和缺乏一致的社會願景，在數年內解體。

5　編註：十九世紀美國麻薩諸塞州的一個超驗主義（Transcendentalism）社區實驗，旨在結合知識勞動與農業勞動，實現社會平等與個人精神成長。但由於財政困難和內部矛盾，最終在一八四七年解散。

在國外：要如何將我們的形象「投射」到全世界？然而，國外的問題只是我們國內更深沉問題所表現的一種症狀。我們開始全心全意相信我們自己的形象，執著於將我們自身的形象投射到全世界。

然而，國外的「問題」作為一種症狀，有其可貴之處。它能提醒我們，人不需要生活在形象的世界裡，而我們充滿形象的生活，其實是一種現代得很詭異的新世界生活。它也向我們示警，當我們如此成功地說服自己，其實潛藏著某些危險。

一

在世界各地皆可窺見，我們的思考方式逐漸由理想式思考轉變為形象式思考。在這場轉變中，我們無一例外地成了受害者。我們一心一意想打造美國的「有利形象」（favorable image），完全沒有考慮過後果。但我們這麼做，或許只是造成自身的潰敗。

如今，美國形象幾乎在所有地方都讓美國理想相形見絀。與美國的形象相比，美國的理想黯然失色。這種情況究竟如何發生？部分原因顯而易見。在先前闡述形象革命、偽事件興起、形象大量增生、製造與接收形象的設備改良，以及國內形象式思考蔚為風行的篇章中，已談到許多相關因素。就國外的情況而言，則牽涉到一些因緣際會下形成的特殊因素，包括美國的財富、美國的先進科技，特別是美國產製迷人電影的能力。拜前述種種因素所賜，我們得以對那些從來不曾聽過美國理想，甚至不知道美國有任何理想的人，灌輸鋪天蓋地的美國形象。

在世界上各個聽說過美國的地方，最重要的單一影響力來源就是廣為播映的美國電影。一九六〇年我去了南亞一趟，在當地親身體驗到這一點。例如在印度南部的邦加羅爾（Bangalore），有一間很棒的美國新聞總署（United States Information Agency）圖書館，館內收藏各式各樣的書籍，每天大約有兩百五十人造訪。訪客中有不少人是想要暫避外頭的風沙，或只是因為找不到其他地方念書寫作業，有些人則是來了解美國或其他西方國家的文化。同時在市區，有五、六家戲院固定會播映美國電影。在此，語言隔閡幾乎消失不存。到美國新聞總署圖書館看書的讀者寥寥可數。而任何一家戲院都在藉由電影向觀眾提供美國的形象，其傳播的速度遠遠超過傳播關於美國的想法觀念的圖書館，電影觀眾的人數也遠遠超過圖書館讀者。

電影之於真實的美國生活，就如同任何形象之於其所代表的商品或公司。國外觀眾看到的美國電影，當然是人造的，也很可信、被動且具體，經過簡化，而且曖昧混沌。於是美國形象的洪流漫溢，將全世界淹沒。把美國的形象銷往國外，是一門利潤豐厚的生意。

美國政府的運作也扮演要角，促進這些美國形象的傳播放送。我們的政治宣傳中有很大一部分，就是努力打造一個美國的形象（當然我們會堅稱是「真實」，但其實是指「有利」的形象）。不論是圖書館、行動電影院和展覽館，或世界博覽會的國家場館，都是我們展示摩大大樓、農場、工廠、俱樂部、郊區和教堂照片和模型的管道，我們也陳列各種農機農具、汽車和家電展示品。我們拍攝的紀錄片中，描繪鎮民大會、雜貨店、學校、教堂等無數美國的活動與文物。就算是在民眾不識字或識字不多的地方，他們對於美國生活的印象也因此比對於其他同樣遙遠國家生活的印象更加具體（我相信也更為精確）。

為了教導民眾（尤其是「低度開發」地方的民眾）認識美國，我們主要致力於提供鮮活具體的形象。一九六〇年冬天，我前往德里（Delhi）參加國際農業博覽會（International Agricultural Fair）。我們為了宣傳美國所投入的大量人力、物力和財力，在該場博覽會中可見一斑（依照傳統標準，該次算是大獲成功）。美國館的建築結構輕盈優雅，在陽光下熠熠生輝。館內整齊寬敞，一點都不顯擁擠。最讓參觀者印象深刻的展示區，是一間美國的農場廚房——陶瓷與不鏽鋼打造的廚房設備令人目眩神迷，冰箱、冷凍櫃、電爐、廚餘處理機、自動洗脫烘衣機一應俱全。一排來自農村的印度婦女緩緩走過。她們鼻上穿著環飾，戴著長長的垂墜耳環，臂腕和腳踝上套著鐲子——這些金飾全是寶貴積蓄，她們絕不敢交給銀行保管。她們懷裡還抱著光著屁股的嬰孩。印度婦女在展區旁停下腳步，看得目瞪口呆。這是什麼？這是美國的形象。

這正是形象是如何突顯「無關性」（irrelevance）的幾乎無懈可擊的例子。為觀看者量身打造的鮮活形象，能夠讓他迷失自己，想要讓自己完全符合這個形象。然而，一個無關的形象卻會提醒觀看者，形象的製造者和他不屬於同一群體。一根巨大的香蕉原本可以輕易讓人理解，豐饒、健康、營養或福祉的理想與這些人並非無關。他們渴望這種理想，也樂於接納。然而，一間美國廚房的形象對他們來說毫無意義，徒然形成他們和美國之間的隔閡。

在已成老生常談的「爭取人心之戰」（Battle for Men's Minds）中，或許我們面臨的問題並不在於外國民眾認為美國的「形象不佳」（unfavorable image），而對於我們的敵國擁有較正面的印象。我們碰到的困境可能非常單純，甚至過於顯而易見，以至於我們並未留意。我懷疑美國在國外之所以失利，單純是因為外國人民是透過形象來認識美國；而我們的敵國因此受益，因為外國人民對他們的認識主要或完全透過其理想，也就是他們宣稱要追求的完美目標，

形象是倫理道德界的偽事件，它們充其量只是偽理想。形象是為了登上新聞而製造並散布，是為了營造出「有利的印象」。形象並不優良，它們只是很有趣。

不知不覺間，我們因為自己推崇形象而吃盡苦頭。展現出來的形象愈多，民眾愈是覺得無關、不當或乏味無趣。原因何在？因為形象本身會迎來比較，而比較往往會使其顯得無關緊要。大多數的人都很明智，能夠看出這些形象與自己無關。我們的形象暗示了傲慢：美國試圖將自身的形象塑造成全世界的模範。就算是最好戰、最不切實際的共產主義理想，似乎也不會這麼做；相反地，他們向人民展現的，是人民應該要套用在自身的完美標準。

形象具體、過度簡化且有所局限，也就無可避免顯得狹隘，而且無法調適變通。形象是我們自身的投射，等於是在宣告我們很自大。與理想相比，形象總是顯得更加靜滯僵固。烏托邦

主義則具有令人歡快的流動性和曖昧不明。在動盪不安的亞洲和非洲，有自覺的人民想要的是流動性，是活力動態、絢爛多彩和變化多端。他們最不想要的，就是某個自己需要去符合的旁人形象。

為了讓全世界對於美國有比較好的印象，我們付出種種努力，但最後大多只帶來反效果。我們傳播到世界各地的視聽教材，主要功能卻變成在推廣美國是如何無關緊要、傲慢、僵固和自大。之所以會如此，不是因為這些教材設計不良，反而是因為它們設計得太精良，投射形象的方式無比鮮活生動。不是因為它們是有利或不利的形象，而是因為它們是形象。

這也能解釋為什麼全世界都覺得我們美國人似乎奉行「物質主義」。未來的歷史學家或許會覺得很古怪，在我們這個時代，竟然會以「理想主義」（idealistic）來形容共產主義這個明確奠基於物質主義的史上重大思想運動，而美國這樣一個明確奠基於理想的國家，卻以奉行物質主義的名聲著稱於世。任何一個富裕繁榮的國家，其物質主義無疑會受到其他較不富裕繁榮鄰國的譴責（和豔羨）。發現自己無法擁有別人的美德時，就稱之為罪惡。他們就是這樣指責我們。但除此之外，美國在全世界國家眼中尤其不討好，因為美國的富裕繁榮和科技進步，讓美國注定要藉由形象向全世界展現自身。

雖然我們可能會因為推崇形象而吃盡苦頭，但我認為我們並未因為物質主義而受苦——或者說並未因為對物質本身價值的過度重視而受苦。而全世界卻以此為由指控我們。物質主義是貧窮民族的典型罪惡，而我們擁有的財富，其實以某種方式讓我們對於物質主義免疫。全世界至今仍然不熟悉的，反而是美國獨有的對於形象的極盡推崇。其他國家既不夠富裕，也還未發展出先進科技，無法以鋪天蓋地的影子淹沒所有人的意識，或用自身的形象將全世界淹沒。我們全心推崇的對象不是物質，而是這些形象。也難怪困惑的世界會覺得這樣一點都不吸引人，更為其冠上自身老派罪惡之名。

大量增生的形象催生出多不勝數的豪奢期望，藉此刺激了我們的經濟發展，當然也讓我們成為全世界最富裕的國家。儘管仍會發生一些赤裸裸的不公不義，但美國的機會比起以往更為均等普遍。然而，無論形象具有何種魔力，我們不可能擴展美洲大陸的範圍，也不可能讓其他人納入我們美國的歷史。如果我們必須向其他民族發聲，也許應當以更簡單的方式來表達，而非使用那些我們也不確定自己是否真正想要的東西的形象來推銷自己，或依賴那種介於真實與虛假之間的全新修辭。

在世界上所有國家之中，唯有美國不是依照任何人的形象建造。美國這個國家乘載著意想不到的可能性、無盡的希望、崇高的理想，以及對未知完美的不斷追尋探求。但我們竟然以形象來展現自身，於是更顯得不恰當。而我們有意或無意製造出來的美國形象，本意是為了向全世界推銷美國，卻回過頭來成為陰魂不散、詛咒我們的幽靈。如果我們不再以自身的影子或崇拜的形象來宣傳自身，而是與其他國家分享美國是如何追尋探求才成為美國，或許我們的表現會好一點。

二

要做到這一點絕非易事。在形象革命發生，形象大行其道並改變我們的思考方式之後，更是困難重重。其中一個莫大的阻礙正是形象革命的產物：我們對「聲望」（prestige）深信不疑。為了追尋聲望，我們不遺餘力。以前的政治人物——華盛頓、亞當斯、傑弗遜、傑克森或林肯——可能會說，他們希望其他國家欽佩、熱愛或畏懼美國。他們為美國爭取其他國家的尊重，追尋美國理想。如今我們說話不再這麼直截了當。我們會說，希望在國外營造美國的「良好形象」，希望美國享有「聲望」。這是什麼意思？

意思是我們希望全世界會受到美國的形象吸引，為之目眩神迷！以前我們擔心美國的聲望時，擔心的是其他國家會怎麼看待美國或美國奮鬥的方式。如今我們擔心的，是其他國家會怎麼看待美國的形象。

雖然「聲望」一詞在二十世紀美國的主流用法起源較晚，但意思並未悖離原本的詞源。「prestige」很可能與「prestidigitate」有所關聯——後者意指表演雜耍或魔術。英文中的「prestige」一詞借自法文，最初則源自拉丁文的「praestigium」，意指幻象或幻覺，通常以複數形「praestigiae」出現，指的是雜耍戲法。這個詞近一步源於動詞「praestringere」，意思是捆綁或蒙住雙眼，因此延伸出「迷惑蒙蔽」的意思。「prestige」一詞在英文中原本的意思也是欺騙或虛假幻象；

「prestigious」（與名詞「prestidigitation」尤其相關的形容詞）直到晚近仍用以表示欺詐、瞞騙或虛幻。許久以來，「prestige」皆用於表達負面的意思，後來轉為正面意義，很可能是美國人首先採取的用法。在美國人的一般對話中，「聲望」一詞其實仍殘留些微從前負面不利的意涵。有聲望的人具有一種魅力，能夠短暫以其形象蒙蔽或迷惑他人。

在關於國內人事物的日常對話裡，當然很常出現「聲望」一詞，但當我們把目光投向國外時，「聲望」對我們所有人思想的重要性才更加清晰。在那裡，我們的思考所具備的間接迂迴特質變得再明顯不過。當我們談到在國外的聲望時，我們並不是在談論我們自己，而是我們可以用某種方式投射出去的自己的影子。因此，比較聲望就是在比較形象的吸引力。堅持維護我們的聲望，就是堅持維護我們的形象的吸引力。

一九六〇年七月二十六日，共和黨全國代表大會（Republican National Convention）於芝加哥召開，艾森豪總統在演講中指出：

> 蘇聯的獨裁者說，他已經在最近數趟出訪和演說中，成功地破壞了美國的聲望……關於國家聲望之間的比較，我在此向他下戰帖，邀請他接受以下考驗：他是否同意由聯合國來主辦自由選舉，容許世界上每一塊大陸上每一個國家的所有人民，針對一個簡單的問題進行投票？

這個問題是：你想要生活在共產政權統治之下，或是像美國這樣的自由體系？……

蘇聯人是否願意根據最後選舉結果來衡量自己在全世界的聲望？

但是美國會很樂意從命。

這個提議是由聯合國來主持一項全球市場調查專案，研究是美國還是蘇聯提供給全世界的形象包裝更為誘人。不需要多費心機推敲，立刻就能猜出提議本身就是一個高明包裝。諸如此類的「大膽提議」（當然不可能獲得採納），理論上有可能改善美國在國外的形象。在我們的偽事件世界，美國坦誠開放的戲劇化姿態，可說是極盡鋪排做作、虛情假意、欺詐矇騙之能事。

聲望「高」或「低」的概念，以及人民「接受」或「拒絕」所謂的「蘇俄生活方式」或「美國生活方式」的概念，本身就反映出一種對現實人群複雜而內在矛盾的反應缺乏關注的態度。由此可以窺見一種「全盤接受」或「全盤拒絕」的天真思維，這與我們思考自己和其他民族之間關係時，展現的過多心機和間接迂迴一致。在我們的名氣遊戲裡，我們向全世界提出的問題不是：「你喜歡我嗎？」而是「你喜歡我的影子嗎？」

美國一九六〇年總統大選期間，人們熱議艾森豪政府會不會（或是否應該）公開由美國新聞總署在國務院支持下執行的一項美國「聲望」調查。候選人甘迺迪嚴厲抨擊艾森豪政府未能公開相關數字——外界普遍認為，調查所得數據是單純的統計結果，並蘊含著明顯且具破壞性的道德啟示。政府並未公開調查結果，想來不予公開比較符合國家利益。如果別人不喜歡我們的形象，將這件事公諸於世或揭露原因，就不是好的公關作法。為了獲得較好的結果，最好還是以巧妙手法修復形象。

我們的思考變得如此渾沌，將形象與現實混為一談，甚至假定自己在世界上的地位取決於聲望——即取決於其他人對我們的形象的尊重程度。「更重要的是，」如李普曼於一九六〇年十二月所示警，「我們在世界上的聲望愈來愈低落。美國不再像是一個充滿活力和自信的國家。」

在聲望高低的比賽中，唯一明智的作法似乎是努力改善形象，而非改進自身。想要獲得預期的成效，改善形象似乎成了最直接、最經濟的方法。我們所生活的世界，充斥著偽事件、名人、消解的形式，以及只是影子卻讓現實失色之形象，但我們習以為常，甚至把自己的影子誤認成自身。對我們來說，形象看起來比現實更加真實。其他人對形象的想法，怎麼可能跟我們不一樣？我們的想法看似直接，只是因為在我們的日常生活中，偽事件似乎總是注定凌駕於自然發生的事實。我們甚至無法認知自己的想法很間接迂迴，也察覺不出我們全心全力經營的只是影子。我們可以生活在充滿虛假幻象的世界。雖然很難想像，但其他民族仍然生活在夢想的世界，我們卻生活在由我們自己製造出來的世界。我們能夠號召其他人也加入我們這個世界嗎？我們熱愛形象，深信不疑。但他們會跟我們一樣嗎？

三

在國外製造可信的形象似乎是個難題。很難說服其他人融入我們的模式，對我們的虛假幻象習以為常，將幻象誤認為他們的現實。我們在國內遇到的難題則正好相反。當所有人都接受形象，當形象將現實排擠到讓人根本看不見，該如何是好？

在美國，製造形象是日常事務。形象無所不在，從商業界、教育界到政治界，形象深入日常生活的每個角落。我們的教會、慈善機構、中小學、大學，全都在努力打造正面形象。他們希望大眾認為他們很好，採用的說法是他們希望留給大眾正面有利的形象。美國的國內政治已經成為一場爭取形象的競賽，而非理想之爭。以電視節目為競選活動的主要途徑，只是讓此一事實更顯戲劇化。一位有魄力的總統，必須一年比一年更注意自己投射出來的形象。我們的形象式思考日益混沌和僵化，為此要吃的苦頭與日俱增。

例子可說多不勝數。生活變得愈來愈虛幻。我們對於虛假幻象司空見慣，甚至覺得它們全是例行公事，不再像是利用任何特殊魔力製造而成。本書所探討的數股力量，與我們的日常經驗匯聚。幾乎我們做的每件事，我們眼見的每種物事，以及我們使用的每個字詞裡，都可以窺見這些力量的蹤跡。

有一個例子對我個人來說意義尤其重大。這個例子我是無意中碰上，卻能突顯許多書中討論過的問題。

一九六〇年初秋，我收到一本雪佛蘭汽車一九六一年新車款的彩色宣傳小冊，內容說明十分詳細。小冊裡只有一張賞心悅目的全頁插畫，畫面中有一名男子坐在豪華新款汽車的前座。他的硬頂敞篷車（廣告賣點是視野毫無遮蔽）看似停在大峽谷邊緣，背景是難以言喻的自然美景。然而，插畫中男子的動作，並不是隔著車窗觀賞風景，而是專心研究手中的巧妙裝置：他正準備窺看手中的「觀景大師」（Viewmaster），這是一種可以隨身攜帶的幻燈片播放機，用來放映嵌於圓形紙卡裡的小張彩色風景幻燈片。在他身旁的椅墊上，還放著額外的數張幻燈片紙卡。他的妻子和三個孩子站在車外。孩子的母親看向年紀最大的孩子，這個大約十歲的小女孩專心操作一台小小的盒式照相機，準備要拍一張父親坐在車裡的照片。

如果真有所謂二十世紀美國的縮影，就是這張插畫了。這幅縮影得以形成，要歸功於通用汽車（General Motor）、伊士曼柯達等公司的巧妙技術，福特、泛世通輪胎（Firestone）、愛迪生和後來繼起的其他公司推陳出新的科技、汽車工程發展五十年來累積的技術、製造業的專門訣竅和工業設計、全彩印刷的創意和技藝、年輕小主管和資深主管的努力，以及整個美國經濟無比龐大的全套用品裝備。一個男子（身旁就是大峽谷）凝視著某個影像，而他這麼做的當下還被拍下照片，我難得有機會留下如此深刻的印象！

這是一個極富象徵意義的絕佳範例，而類似例子其實在我們四周俯拾即是。幾乎每天晚上在自己家裡看電視，都可以看到由某個名人演出的滑稽短劇，少不了搭配罐頭笑聲和掌聲，短劇不外乎某部電影的電視改編版（電影則改編自小說）——整齣戲的贊助商不是某家鋼鐵廠或石油公司，就是某家宣稱化妝品可以治癒某種想像中病痛的廠商，或是產品與其他家幾無二致的酒廠或香菸公司，而所有戲碼只是為了打造一個更正面的企業形象。

一九五六年夏天，民主黨全國代表大會（Democratic National Convention）於芝加哥主要用於舉辦畜牧展會的國際劇場（International Amphitheatre）舉行，我好不容易取得數張觀眾席入場券，但時至今日，我仍記得那時的失望心情。那是我第一次參加政黨的全國代表大會，還帶了年紀尚小的兒子們。獲准進入並就座後，我們發現場上發生之事讓人大為困惑。我們跟其他「實際觀眾」坐在那裡，整場下來都在看籌備委員會貼心擺放的電視螢幕。電視螢幕上的畫面，跟我們在家裡客廳看電視會看到的畫面一模一樣。坐在底下會場的民主黨代表更可憐（那個年代還沒有掌上型電視），他們沒有電視螢幕可看，肯定比我們還困惑，搞不清楚發生了什麼事。

不久之前，我遇見一位公關顧問，他在某家頗具影響力的大型公關公司位居要職。他的專長是為公眾人物代筆，撰寫演講稿、文章和信件。我問他在工作中與客戶交流有多麼密切。他解釋說，他當然會和客戶見面、了解對方，以便在撰稿時模仿其語氣風格。但他也說，長時間為同樣一批客戶撰稿會帶來一個問題——如果代筆工作很成功，那麼隨著時間推移，他反而愈來愈難得知客戶的真實想法。他說，這些客戶有一個改不掉的毛病，他們往往會忘記演講稿其實不是他們親自執筆。當他在簡報時間詢問對方對某些事情的想法，他們很容易就會引用公關顧問在數週前提供給他們的演講稿。他說，這種情況真的很令人不安：當你聽到對方引用你的話，卻當成他自己的說法，你會開始懷疑，這到底是不是你自己的用語。

我的公關顧問朋友還聯想到另一個異曲同工的例子。某位客戶決定遷廠，打算改為和新廠址所在城市的另一間公關顧問公司合作。該位客戶致電我這位朋友，說明了情況，並詢問他能否代筆寫一封信給自家公關顧問公司負責人，在信中說明情況，表達遺憾之情，並且大致維持顧問公司在過去數年替廠商經營出來的形象。朋友寫好這封信。數天後，公關顧問公司負責人把負責代筆的朋友叫去，說有壞消息要告訴他，即某某老闆要遷廠，不得不中止所委託的公關顧問服務。負責人也交代，客戶態度相當誠懇（如他讀了那封解除委託通知信所感受），他要求我的朋友以公司負責人之名，草擬一封友善的回信，表示對於中止雙方合作一事深感遺憾。朋友表示，他大概是有史以來自己寫信給自己卻能領最多錢的人了。

有人稱我們所處的時代找不到方向，是一個「失去方向」的時代（“directionless” age）；然而，稱為「迂迴間接的時代」（age of indirection）或許更為適切。先前討論的一切，都大大助長了經驗的「二手化」。我們不斷創造、追求，最終享受的並非真正的體驗，而是經過精心設計與包裝的體驗。我們不是讓自己的生活充斥各種經驗，而是充斥各種經驗的形象。現代建築風格中最流行、「功能性」最強的，住起來未必最舒適，但在照片中一定最美觀上相。某家「友善親民」的私人借貸公司透過廣播向我們承諾，提供現金周轉、保證審核容易，輕輕鬆鬆解決煩人債務——「金錢就是為你改善財務狀況的神奇元素。」

日常生活種種拙劣不堪的可怕用語，洩露了我們看待一切的方式是如何二手化。我們不再談論某件事；我們「就此事而言」。組織中的重要人士不再重要；他屬於「決策圈」。我們被告知說，我們在尋求的不再是財富、榮耀或幸福，而是一種社會學上的混合產物：「地位」。我們不再單純「相信」，而是談論「我們所持的價值觀」。我們不能只是在閒暇時間做一些事，必須培養出「嗜好」。我們不再研究音樂、藝術或文學；我們研究「如何欣賞」音樂、藝術或文學。我們不休息；我們「追求放鬆」。我們不再受邀請去拜訪福特車商，而是「參觀在地經銷商」。我們不再做一份工作；我們扮演某個角色。我們不再學習做個好家長，而是受到提點要懂得如何「扮演家長的角色」。我們比較不常說自己喜歡某個人，或對某個人有好感；我們偏好指出某個人「讓自己留下很好的印象」。我們不再單純相約再次見面；我們必須「規畫安排」下一場聚會。我們不再去找某個人，而是和他「接洽聯絡」。我們不再討論某個問題，而是「從政策面探討」。

日常生活的相關科技，自然也替我們做好一切準備。如果是收到來自某人的一封信，信件內文不是由寄件人親自撰寫（除非寄件人是富蘭克林、華盛頓或傑弗遜），而是利用打字機繕打，或者蠟紙油印或熱感影印（Thermofaxed）而成的圖像。這封信往往不是出自寄件人的手筆，而是由寄件人對著速記錄音機口述，再由他未曾打過照面的祕書謄寫而成的文字。我們愈來愈常只聞其聲卻不見其人，聽到的只是電話聽筒、留聲機唱片、廣播或電視傳出來的人聲。

這是編造設計的時代。人造的變得如此普遍，就連自然的也開始像是假造的。自然的都得註明「無」、「非」或「未刪減」。這是「無濾嘴」香菸（濾嘴似乎變得比菸草還天然）、「未經刪節」小說（節本才是常態）、「一刀未減版」電影的時代。我們開始把木材視為「非合成」纖維素，整個大自然成了「非人造」世界，而事實本身成了「非虛構」。

但面對殘存的自然發生之現實即將遭到剝奪，就算是二十世紀的美國人，也會多少掙扎反抗。於是形成一種新的後遺症，凡是任何某方面來說堪稱未經編造設計之綠洲的事物，都會讓我們倍感興趣。美國人對犯罪新聞和體育新聞的熱情就是一例。這種現象不只是大眾品味敗壞，只注重輕鬆和瑣碎之事造成的結果，更重要的是，也呈現出我們是如何渴求自然發生的「非偽事件」。

當然，許多體育賽事也成了偽事件，有些賽事（例如職業摔角）不只以人為鋪排編造著稱，更靠著這樣的名聲蓬勃興旺。但還有許多領域（例如業餘體育賽事和職業棒球），我們得以在某種程度上，成功守護賽事神聖不容侵犯的真實性。發現某場拳擊賽是人為操縱，或某個業餘籃球隊收賄時，我們會勃然大怒，原因不只是覺得自己遵行的倫理道德遭到破壞。這些賽事是接觸未經編造設計之真實事物的機會，有人真的努力想要贏得比賽，不只是為了讓獲勝的新聞上報。寥寥可數的機會遭到剝奪時，我們在氣憤之餘更是大感挫折。

與體育界相比，作奸犯科的世界更像是最後的避難所，收容所有真實性未受汙染的自然發生事件。其中當然也有少數例外，例如為了爭取婦女參政權或其他政治目的而蓄意「違法者」，或較近年南方的「自由乘車者」（Freedom Riders）[6]。但一般而言，即使新聞媒體再怎麼不擇手段大肆報導犯罪，罪案不是偽事件。只有極少數犯罪者是為了上新聞而犯罪。犯下謀殺、強暴、搶銀行、侵占公款等罪行的人，反而一點都不會想要上新聞。

我們渴求更多犯罪新聞和體育新聞，絕不是表示我們已經失去現實感，實則顯示了即使在一個充斥各式各樣偽事件和形象的世界，當我們看到一個自然發生的事件，我們仍然認得出來（而且會深受吸引）。

我們也追求隨興自然的特質，這也能解釋為什麼我們病態般熱中於公眾人物的私生活、小道消息以及風流韻事。當政治人物和名人在公開場合的言行都變得愈來愈像是刻意鋪排，我們也更熱切尋求那些不是專門為我們設計的事件。偽事件特質之癌不斷蔓延，我們只能持續尋索生活中能夠逃過偽事件侵襲的領域。

四

現今這個「編造設計的時代」諸多特徵中，最深奧且鮮少有人提及的莫過於我所謂的「鏡像效應」。無論多麼擴展我們的世界，讓生活變得更有趣、多變、刺激、鮮活生動、「精采絕妙」、前景大好，我們所做的一切，幾乎長期來看都會出現反效果。我們的期望無比豪奢，力量日益強大，我們將捉摸不定的夢想轉換成可以掌握、供我們每個人對號入座的形象。我們在這麼做的同時，也在世界周圍豎立起一道由鏡子構成的邊界壁壘。我們想方設法、費盡心力想要擴展經驗，卻在無意間讓經驗變得更加狹隘。瘋狂尋找預期之外的事物，最終找到的卻只是我們為自己安排好的突發事件。我們遇見了回返的自身。李奧．羅斯敦[7]曾言，好萊塢三角戀是由一名男演員、他的妻子和他自己所形成。無論你我，如今都與自身糾纏不清。無論置身何處，我們看到

6　編註：一九六一年美國民權運動中的一群種族平權活動人士，他們挑戰南方州對聯邦巴士隔離法的違規執行。這些活動人士包括白人和非裔美國人，搭乘長途巴士穿越美國南部，以抗議公共交通的種族隔離政策。「自由乘車者」遭遇暴力攻擊與逮捕，但他們的行動引發全國關注，促使聯邦政府加強執行最高法院對巴士隔離的禁令，成為美國民權運動的重要里程碑。

7　編註：里奧．羅斯敦（Leo Rosten，一九〇八——一九九七），美國作家、幽默家、政治學家和語言學者，以其幽默作品和對意第緒語（Yiddish；一種主要使用者為猶太人的日耳曼語分支語言）文化的研究聞名。

的都是自己的鏡中倒影。

某些門派的哲學家許久以前就已經告訴我們，所有經驗都由我們腦海中的形象所構成。不同形式的新柏拉圖主義（Neoplatonism）[8]皆抱持此一主張，現代論述中最經典者，則是由喬治．柏克萊（George Berkeley，一六八五—一七五三）於十八世紀提出。柏克萊在著作《視覺新論》（*New Theory of Vision*；一七〇九）中申論，我們看到的不是單純銘印於心智的外在物體特徵，而是心智接收了片段視覺訊息之後，才加以重建成對心智而言具有意義的形象。他進一步闡述，只有這些心智形象是「真實的」——整個世界裡的萬事萬物，唯有經過心智經驗過某種存有之後加以統合，才會是真實的。根據柏克萊的理論，那個全知全感的存在就是神。我們不是哲學家，不過還是可以看出柏克萊的困擾與我們的困擾之間的差異。即使我們認同柏克萊的主張，相信無論何處的任何經驗，就某種特別的意義而言都是形象，別無他物；但年代較早哲學家所論證這個形象無所不在的世界，與我們所處的世界始終有一個極大的差異。差異在於，過去任何指稱經驗全由心智形象所構成的論調，從來沒有做到令人完全信服；我們生活其中的各種形象，由我們自己鋪排設計而成的比例反而高到令人難以置信。

我們的經驗之中有愈來愈大一部分不再是一種發現，而是成為一種發明。經驗愈是經過鋪排設計和預先打造，我們在其中納入「令人感興趣」的成分也愈多。於是我們就能更有效地排除超出自己理解範圍的陌異世界：但也是這個世界，既會為我們的經驗帶來擾動不安，也是我們迫切需要，能夠讓自己更有人性的世界。知名度的標準讓其他一切相形失色，因為知名的定義就是廣為大多數人所知。我們不斷在尋求名人，不只尋求有名的男人和女人，也尋求有名的書籍、戲劇、思想、電影和商品。我們將自己的整體經驗變成「讀者文摘」，只讀自己想讀的，不讀其他人想寫的。我們只聽自己想聽到的，不聽其他人想說的。我們自說自話，甚至沒有注意到跟自己對話的不是旁人。我們還跟自己說，自己應該要說什麼話。看到其他人這樣跟他們自己說話，我們才有樣學樣。「我所知的一切，」威爾．羅傑斯在形象革命興起初期時言道，「全都是我在報紙上讀到的。」如今他或許會將這句牢騷改得現代一點：「我在報紙上看到的一切，全都是我已經知道的。」

古希臘神話中納西瑟斯（Narcissus）的故事我們都聽過，山林仙女艾珂（Echo）對這名俊美少年一往情深，但納西瑟斯拒絕接受她的愛意，艾珂心碎殞命。眾神決定懲罰納西瑟斯，讓他逃不過愛上自己形象這個劫數。一名占卜師曾預言，納西瑟斯會在看見自己面容的那一刻死去。當然，那時是在還未發明攝影或電視的古代，唯一能讓納西瑟斯看到自己面容的方法，就是讓他某一天行經一處清澈泉水，在低頭望向水面時看到自己的倒影。納西瑟斯看到自己的倒影，當下就

8　編註：新柏拉圖主義是一種哲學與宗教思想，起源於三世紀的羅馬帝國，受到柏拉圖的理念影響，並融合了亞里斯多德、斯多亞學派與東方神祕主義的元素。

對這個虛影著迷不已難以自拔，甚至一步都不肯離開水邊。最後他在水邊憔悴委靡而亡。後人就以納西瑟斯之名為泉水旁長出的水仙花命名，據說水仙花的球根可以當成鎮定劑。納西瑟斯之名的詞源希臘文「narke」（即「narcotic」〔麻醉藥〕的字根），意指麻木無感或神智不清，而納西瑟斯所代表對自我形象的愛戀，與憔悴委靡、睏倦懶怠和失去活力有很密切的關係。

從你我個人到我們這個國家，如今都飽受「社會自戀」（social narcissism）之苦。原初的「貞女美利堅」（virgin America）就是遭到拋棄的艾珂。我們愛上自己的形象，愛上自己製造的形象，而製造出來的形象反而成了我們自身的形象。

我們要如何逃離這個自身形象？面對令人入迷的狂妄力量，如何讓自己保持免疫？逃離和自保變得愈來愈困難。我們自己製造出來的世界，已經愈來愈像鏡子。名人反映的是你我每個人；遠方「冒險」只是全在我們預料之中，還可以付費請其他人安排好之遭遇的投射。形象本身成了彼此模糊不明的鏡中倒影：一場專訪評論另一場專訪；一齣電視節目戲仿另一齣電視節目；小說、電視節目、廣播節目、電影、漫畫書，以及我們對自身的想法，全都融混成相互反映的倒影。在自己家裡，我們開始學著電視節目上搬演的美滿家庭劇情過日子，而這些美滿家庭本身不過是我們自己的逗趣縮影。

我們嶄新的新世界——是為了供我們逃離乏味現實而打造——開始具備一種可以預期的單調乏味，而且似乎讓人無從逃離。這種自我重複的單調乏味，源於我們自身。疲乏的味蕾，讓我們無法回到從前。想要尋找「天然」的味道，但永遠只能找到「非人造」味道。我們變得愈來愈像英國才子席德尼．史密斯筆下那個浪擲青春的角色：「把空桶子投入枯井再拉起來，徒然虛耗光陰」。一名兒少議題評論者曾說電視是「給眼睛的口香糖」。十九世紀晚期一名尖酸刻薄的評論者形容廉價小說是「文學版口香糖——沒滋沒味，也沒營養，唯一的益處是促進機械化的咀嚼動作。」但是口香糖（實物及詞語用法皆由美國人發明）本身可能具有某種象徵意義。如今我們或許可以說，口香糖是給嘴巴的電視。只要我們不認為嚼口香糖會獲得營養，就不會有任何危害。但是形象革命提供了將所有經驗變成某種心智口香糖的方法，可以不斷增加甜度，以便製造出我們獲得營養的虛假幻象。

我們愈來愈習慣以形象為依據測試現實，卻發現很難重新訓練自己改回來，以現實為依據測試形象。節制自己的期望，以及依據經驗形塑期望，都變得越來越困難；反過來卻不成立，形塑「現實」這種似是而非的能力，我們已經使用了太久。究竟要怎麼做，我們才能重新發現未經編造設計的世界？

五

欺騙和阻礙我們的，正是我們為了擴大視野，自己製造出來的機器。在較早的年代，是以溫馨的前門門廊這樣的建築符號，來代表發展中的小鎮美國。如今，代表美國生活的建築符號成了大面觀景窗。觀景窗既能從外面向裡面看，也能從裡面向外面看。透過觀景窗，我們向自己展示我們自身。從外面向裡面看時，看到的通常不是大家各自在做自己的事，而是一盞樣式華麗、毫無品味可言的大型電燈，亮晃晃的燈光讓自然光完全無法照入。透過我們自己的觀景窗從裡面向外面看時，看到的若不是鄰居的垃圾桶，很可能就是鄰居本人。但是鄰居會做的，很可能也只是透過他的觀景窗來觀看我們。

在一九三〇年代大蕭條那個比較單純的時期，威爾．羅傑斯曾言，美國可能是有史以來唯一一個有人去濟貧院是開車去的國家。當時我們還沒有發現，在我們的富饒深處，隱藏著更深層、科學提煉出來的貧困。如今要是威爾．羅傑斯尚在人世，他那句突顯矛盾的描述或許會再加上有人拿相機自拍——就連去濟貧院途中也在自拍。

如何逃離？如何擺脫透過觀景窗朝內和朝外觀看的生活？

此時會發現我們的病症，具備某種冥冥中已有定數的特性。在卡繆（Albert Camus）《鼠疫》（*Plague*）故事將近尾聲處，李厄醫師（Dr. Rieux）表示：「不可能同時替人治病又了解情況。」[9]李厄醫師說自己最緊要的工作不是了解情況，而是為人治病。我們染上的瘟疫，這種豪奢期望之症，則截然不同。了解我們的疾病、發現究竟是什麼讓我們受苦，本身也許就是唯一可能的解藥。

王爾德曾言：「不滿是人或國家邁向進步的第一步。」放在現今來看殆無疑義。由於國家為自身開出的處方，正好也是所染疾病的症狀，以致我們碰到的問題變得更形複雜。虛幻的解方無法破除我們的虛假幻象。我們的不滿始於發現那些假造作偽的惡人，指控他們欺騙我們開始。接著我們要找出的，是那些我們滿心期待可以解放我們的假英雄。最艱難也最令人不安的，莫過於發現我們每一個人都必須將自己解放。我們或許飽受集體幻象之苦，但要集體除魅卻沒有公式可循。依據偽事件的法則，所有為了達到集體除魅所做的努力，最後都只是為虛假幻象錦上添花。

雖然我們賦予其他人莫大力量，讓他們能夠欺騙我們，製造出偽事件、名人和無數形象，但只要我們不配合，他們就一籌莫展。現今如果在美國犯下所謂欺瞞矇騙的罪行，我們每個人都是主犯，其他人全都只是從犯。想要解決虛假幻象，卻只是把虛假幻象變得更複雜，這種處理方式很誘人，但風險也很高。例如為了解決廣告引發的種種問題，就為廣告打造一個比較正面的形象；利用「頂尖卓越」的平庸呼籲來安撫平庸；為了掩飾無知，就以無知的方式呼籲增進知識。為了隱藏個人的漫無目的空虛感，就由漫無目的的委員會製造一個國家目標的誘人形象。

我們每一個人都必須讓自己幻滅，必須調整自己的期望，必須準備好接收來自外頭的訊息。第一步就是開始懷疑，外面或許真的有一個世界，超越我們現在或未來所能造出的形象或想像的

9　譯註：引自卡繆著，顏湘如譯，《鼠疫》，第四部（麥田出版）。

極限之外。我們不應該煩惱如何出口更多我們自己生活其中的美國形象，也不應該企圖說服其他人接受我們的虛假幻象。而是應該努力從我們製造的形象跳脫出來，試圖尋找讓訊息觸及我們的全新方式，無論訊息是來自過往，來自上帝，或來自我們可能痛恨或自認為痛恨的世界。對於來自外頭的陌異觀念想法通通核發簽證。這些觀念，可能是我們或共產主義者連作夢都不曾想過，而我們也從不曾在自己的鏡子中見過。我們的其中一個宏大幻象就是相信有所謂「解方」。沒有解方。只有去發現的機會。新世界為此，已經給了我們一個極為宏大獨特的開始。

我們必須先覺醒，才能朝正確的方向前進。必須先發現自己眼前是虛假幻象，才有可能意識到自己一直在夢遊。我們所能懷抱最微渺也美好的希望，是每一個人都能洞悉每天生活其中那個未知的形象叢林，或許我們就能重新發現，夢想的終結點與虛假幻象的起始點所在。這樣就已足夠。然後你我或許就會知道自己身在何處，而我們每個人或許都能決定自己要朝什麼方向前進。

道格拉斯・洛西可夫代跋

收錄於雋永經典（Vintage Edition）二〇一一年版

布爾斯汀《幻象》一書初版於一九六二年，我在前一年才剛出生。那時約翰・甘迺迪還未遭到刺殺，LSD迷幻藥還未進入哈佛大學校園，法國後現代主義學者還未開始解構以電視為驅動力的美國文化。

說來或許有點諷刺，我跟現今首次接觸本書的大多數讀者一樣，對於六〇年代情懷的認知，主要來自影集《廣告狂人》（*Mad Men*），劇中的角色圓滑老練、菸不離手，對白尖酸憤世，描繪出的其實是一種天真爛漫：在我們的歷史上，麥迪遜大道（Madison Avenue）所產出形象超越現實以前的最後時刻。從我們當下置身鋪天蓋地襲來的推特貼文、狀態更新和社群行銷的迷亂混沌中的視角來看，廣告人關於行銷褲襪該用哪個廣告金句（slogan）的討論幾乎顯得優雅老派。雖然意圖不怎麼光明正大，但製造出能夠觸動尚待開發之幽微人心的形象，是一門藝術。這是一種一群人類精通之後，就可以用來影響另一群人類的技藝。

我們大家普遍對這個時代著迷不已，迷戀當時的風格、器物和價值觀，表示我們心有所感，覺得在那個時代之後，有些東西從此失落不存。確實，二戰後高奏凱歌的美國敘事，受到多起刺殺事件、越戰及肯特州立大學槍擊案（massacre at Kent State）的擾亂，造成的損害無可彌補。但我們如果再往前回溯一點，回到泛美航空（Pan Am）、世界博覽會和《迪克·范·戴克秀》（*Dick Van Dyke Show*）[1]的年代，會發現美國當時在文化上已經發生深沉激烈的轉變，從布爾斯汀所認為語言和文字的世界轉變為形象的世界。

本質上是保守派的布爾斯汀，認為這樣的轉變是從深思熟慮轉變為膚淺理解。語言文字的表述和聆聽需要時間，解讀意義需要投注心神，形象帶來的衝擊是立即的，其影響會令人墮落。在形象成為王道之前，無論是推銷員或廣告，都必須描述產品的特質以訴諸消費者的理性。進入形象至上的時代後，由心理學家在幕後精心打造的品牌神話風靡消費大眾。

同理，隨著形象在政壇蔚為風行，最重要的不再是總統候選人的政策綱領，而是候選人的形象能否傳達難以形諸文字或毫無關聯的價值觀。儘管布爾斯汀是從一九六〇年的總統大選電視辯論上，在鏡頭前很上相的甘迺迪贏得總統大選切入來闡述這個概念；但長遠來看，左派並未因為電視這個新媒體比右派獲得更大的助益。後來的隆納·雷根（Ronald Reagan）比甘迺迪更依賴對視覺形象的刻意操縱，而現代保守派人士也學會善用電視形象讓人停止思考的即時性，功力與自由派的民主黨人士不相上下。

然而，布爾斯汀最具有前瞻洞見，且與我們的時代息息相關的，在於他預言了人造形象取代現實本身的程度能夠達到多深。他指出，被創造出來的形象，以及用來傳播形象的媒體，都逐漸有了自己的生命；而這段歷程依他所見，是始於他所處的時代。這就是為什麼《廣告狂人》刻畫的時代在現今如此引人入勝，甚至顯得懷舊復古。當時仍有人類在運用創造力。「廣告狂人」熱情積極為銀行設計標誌，為肥皂打造品牌神話，構思早餐玉米片盒子上的角色形象。在背後推動所有文化生產和再製的，是富有創意的天真爛漫，以及對於新科技的潛力發自內心的興奮激動。彩色電視的神奇魔力，與太空競賽同樣令人驚奇。

但如布爾斯汀接下來的觀察，新奇的電視變得無所不在。這類令人如痴如醉的模擬現實，演變成不絕於耳的商用背景音樂，與連綿不斷的商店賣場。天真爛漫和驚奇敬畏退場，取而代之的是感官超載（sensory overload）和麻木無知。如後來的尚．布希亞[2]所闡釋，當媒體根據創意源頭呈現出來的擬像（simulation）成了新的現實，任何媒體的創意源頭與我們之間的連結也隨著斷裂。布爾斯汀認為這種文化脫節（cultural disconnect）只是初期症狀，更嚴重的病症是隨之而

1　編註：由卡爾．雷納（Carl Reiner）創作的美國經典情境喜劇，以機智幽默的對白、創新的敘事風格和出色的演員表現聞名，影響了後來許多美國情境喜劇，被視為美國電視史上最偉大的情境喜劇之一。

2　編註：尚．布希亞（Jean Baudrillard，一九二九—二〇〇七），法國著名的哲學家、社會學家和文化評論家，以其對現代社會、媒體、消費文化和技術影響的深刻分析而聞名。

來普遍蔓延的自我欺騙和難以滿足。後來的麥克魯漢[3]以「冷熱比」（hot and cool）、「淘汰與重拾」（obsolescence and retrieval）等詞語來討論這些轉變，批判意味並不濃厚；但布爾斯汀不同，對於美國經驗和其論述的發展方向，他毫不隱藏自己的擔憂和鄙視。

他提出的新詞語中以「偽事件」最為著稱，用來指稱由媒體公關策動、過度戲劇化的新聞事件。他指出有些事件和概念搶占新聞版面，吸引大眾注意，卻只是具備適合由追求煽情聳動的媒體來傳播的特性。這些人造事件不僅讓我們分神，難以專注在重要議題，更以形象的語言重塑一切。布爾斯汀擔心總統大選辯論會淪為益智問答節目，擔心新聞版面上從討論重要議題變成討論候選人在電視上的表現。偽事件只會突顯偽資格。

同樣令布爾斯汀憂心的，是好萊塢習於從小說回收故事再利用，製造出不同形式可以互換，只要看了改編電影就真的能掌握一本書精髓的虛假幻象。（如果知道現今大學生在提供文學作品重點解析的「SparkNotes.com」網站看了只有兩段的故事摘要，就自認掌握了《哈姆雷特》（*Hamlet*）的「精髓」，不知布爾斯汀會怎麼說？）電影雖然能夠再現壯闊全景和各式各樣的盛大場面，但在議題的探討上，因通常必須「說出來」而有所局限。但是小說藉由吸引個別讀者花比較久的時間沉浸其中，能夠「捫心自語」，處理更加深邃的內在戲劇。在形象而非文字當道的世界，內在人生讓位給外在演出。原始本體讓位給擬像。

偽事件繼而孕育出一種新的名人：以高知名度廣為大眾所知的人。布爾斯汀探討的是好萊塢的明星制度，此種制度如何將演員塑造「定型」，而塑造過程在某種程度上傳達了與角色有關的所有重點。但他至少也對現今電視上的「真人實境」節目隱約提出了警告：在電視上，任何一種才藝不只冗贅多餘，甚至會成為阻礙。以MTV電視台《真實世界》（MTV's *Real World*）為例，節目中的少年少女最超群出眾的，就是表現得像是《真實世界》演員的能力。《真實世界》節目就如同其他所有實境節目，本身就是一起偽事件，從頭到尾皆為人造，而且愈是堅持本身特質愈受歡迎。

在這樣的偽舞台，名人不只成為布爾斯汀所謂的「自證預言」，更成為自我指涉的空無。衡量和確認名人純度的標準，是他們證明自己沒有任何真本事，做什麼都一事無成的能力。例如芭黎絲・希爾頓（Paris Hilton）之所以有名，就是因為她除了名氣之外，做其他事全都力有未逮。她擔任熱門實境節目主持人，與好友遊遍美國各地，但她們因為懶惰抑或無能，連基本的任務都無法完成。無獨有偶，查理・辛（Charlie Sheen）的人氣會竄升至最高點，不是因為在情境喜劇中展現精湛演技，而是因為在社群平台上公開分享癲狂囈語。就連他在電視劇中的角色都不再像是表演，反而更像在反諷他的「偽事件」真實人生中淫逸放蕩之舉。

3　編註：馬歇爾・麥克魯漢（Marshall McLuhan，一九一一—一九八〇），加拿大著名媒體理論家和學者，因對媒體和通訊技術影響人類文化的分析而聞名。他最著名的主張是「媒體即訊息」（The Medium is the Message），意指媒體本身比它所傳遞的內容更能深刻地影響社會。

布爾斯汀撰寫本書時，網路時代還未來臨，但他確實預見了社會的發展方向，迫切希望向我們提出警告，要我們小心在冒然躍入形象世界時，注定要拋下人性和智識。然而，他或許沒有想到，新興的去中心化對等網路科技，可能終將挑戰令他戒慎恐懼的主流形象工廠。如今，我們每個人都可以製造形象提供給其他人，不再只是消費美國各大企業產製的形象，我們或許可以開始反轉布爾斯汀所謂我們遭到廣告「誘導」（programmed）的過程。

布爾斯汀似乎也忽視了一點，即市場經濟在形象製造和意義擇取的推動中扮演的角色。如現今我們所知，媒體運作無法自外於其他社會體制，而是多種力量和科技所構成更龐大環境中的一部分。導致偽事件產生的不是電視，就如同阿拉伯之春（Arab Spring）[4]也不是由臉書（Facebook）引致——雖然這些媒體類型造成的偏見，確實有推波助瀾之效，促成了某些結果。

而在一九六二年的美國，企業資本主義（corporate capitalism）堪稱預設前提。那個時代唯一要問的，是什麼才是向全美國推銷其價值觀和產品的最佳方法。麥迪遜大道上的廣告人相信，他們可以創造出一片神話之地，品牌和消費在這裡可以讓公司賺得盆滿缽滿，同時滿足我們的無意識欲望。布爾斯汀認為他們付出的努力不僅危險，也是認輸投降。若不是想要遮遮掩掩，我們為何會需要廣告業編織的謊言？向虛情假意的形象製造者屈服，我們這種表現就像很想掩人耳目。事後看來，或許真是如此。

無論廣告業的操弄是不是有可能實現更真實的美國夢，有一點幾無疑問，那就是無論如何，我們終究掉入夢裡。這個夢，是我們自己懷抱樂觀精神、相信無限可能而織就的夢，從底特律到萊維頓（Levittown），出現在每間擺放伊姆斯（Eames）和海伍德－韋克菲爾（Heywood-Wakefield）名牌家具的辦公室和臥室，在《飛歌電視劇場》（*Philco*）和其他美國國家廣播公司（NBC）播出的節目不斷放送。如果我們回望那個時代容易帶著渴望，為之神往不已，或許不全是為了二十世紀中葉的家具和風尚，而是想要理解昔日創造者和使用者所思所想。那是我們迷迷糊糊入眠之前，最後的美好時光。

本書是其中一封來自那個夢彼端的書信，寫得字字清楚。布爾斯汀看見我們在那個夢裡載浮載沉，他的殷切規勸是希望將我們自夢中喚醒。他分析了我們是如何被哄得沉沉入眠，藉由審慎看待他的分析，或許我們還有機會清醒振作，恢復有知有覺。

道格拉斯・洛西可夫

二〇一二年寫於哈德遜河畔黑斯廷斯（Hastings-on-Hudson）

4　編註：二〇一〇年底至二〇一二年間發生在阿拉伯世界的一系列反政府抗議、示威、暴動和革命，主要目的是推翻獨裁政權、爭取民主、自由與人權。臉書在該場示威活動中扮演了關鍵角色，成為抗議組織、訊息傳播與動員群眾的重要工具。

道格拉斯・洛西可夫是媒體理論學者，著有《程式還是被程式化》（*Program or Be Programmed*）、《生命股份有限公司》（*Life Inc*）、《媒體病毒》（*Media Virus*）及《大腦操縱：行銷不能說的祕密》（*Coercion*）等書。洛西可夫曾主持紀錄片《酷炫感商人》（*Merchants of Cool*）、《遊說者》（*The Persuaders*）及《數位國家》（*Digital Nation*），以其著作和專業成就獲得媒介環境協會（Media Ecology Association）頒發「媒介環境類麥克魯漢好書獎」及「波茲曼獎」（Marshall McLuhan and Neil Postman Awards）。

延伸閱讀（及寫作）參考書目

〔註：討論以下相關書籍的目的有三：（一）供讀者參考有哪些書籍的主題與本書的討論相關；（二）舉出我引用的書籍、文章及其他我覺得可能有幫助的參考資料；以及（三）指出一些尚待探究的領域。〕

本書旨在描述人類經驗中所發生種種較深層的劇烈變革，但通常要等到新的方式變成常態，對歷史學界正統可敬的觀念不再構成威脅以後，才會慢慢有歷史學書籍開始加以討論。歐洲的「文藝復興」覺醒運動早在十四世紀已見開端，一直延續到十七世紀末，但歷史學界卻直到十九世紀中葉才普遍採用「文藝復興」一說。工業革命於十七世紀初期興起，但直到十九世紀晚期到二十世紀初期，才開始有歷史學家積極探究相關主題。歷史學研究愈是趨於專業化且正統可敬，對於歷史學者來說，將流動的經驗放入政治史、經濟史、思想史等僵化分類框架的誘惑也變得愈大。前述每種類別都成為一門公認的專業領域，有自己領域的專業協會和學術期刊，並豎立起「不得擅入」的牌示阻絕外人。當劇烈變革橫跨不同領域，或發生在固有類別之外，自然就難以尋得一個正統可敬的容身之處。在傳統章節標題之下能夠輕鬆納入討論的事實，不易成為激進新奇的議題；放在哪個標題下都格格不入的事實，則很容易遭到略去不提。

過去數十年來，對於富蘭克林、傑佛遜、亞當斯、麥迪遜（James Madison）、漢米頓等美國建國之初的政治領袖，在整理他們書信文字這方面有了長足進展。從國家檔案庫、美國國會圖書館（Library of Congress）、各州檔案庫以至地方歷史社團，各個機構單位都持續蒐集匯整公眾人物的書信、草擬政府文件相關資料，以及其他許多傳統上相當重視的史料。這些都是國家傳統的里程碑，我們應該繼續蒐集匯整，也應該進一步改良用以保存、編目、建立年表和編纂的方法。但除了某幾本書（大多是在講報業和雜誌的歷史）和關於片段的商業史進程和其他主題的零星討論，以及哥倫比亞大學（Columbia University）口述史學系（Oral History Department）數項出色的研究計畫，在我們的一流歷史學研究中，關於形象革命相關之劇烈變化的討論可說付之闕如。

無論攝影、藝術品再製、旅行團、旅館及汽車旅館業、廣播或電視等的發展歷史，在史學研究領域仍被視為難登大雅之堂（或頂多算是邊緣的題目）。儘管在新興的美國研究（American Studies）相關計畫和美國研究學會的鼓勵之下，固有的分類已有些鬆動，但許多美國文明史上極為重要的研究主題仍然遭到學術界排斥。這些研究主題既無法劃歸任何既有的研究領域，也不適合作為博士學位論文題目，又或者必須充分結合科學與人文的知識學養，而這樣的能力相當罕見。要是教授們自己都不了解某個主題，那麼學生又何必了解？誰能來評判一篇論文是否「合格」？我們的史學研究，包括許多號稱「跨領域」的研究，其實幾乎仍是「舊瓶裝新酒」，盛裝用的「舊瓶」不外乎這部或那部關稅法案的歷史背景，或小黨發展的原史（proto-history），或某個政治或經濟主題於歷來文學作品中的呈現；即使是另闢蹊徑，也頂多是在傑克遜時代（Jacksonian era）勞動史、「地位」與進步運動（Progressive movement）等傳統的史學研究主題之下，想辦法找出新興社會科學統計結果與特定課題的關聯性。

本書的要旨無他，或許只是為新的美國荒野之中某些太少為人所知的地域繪出一張簡略地圖。地圖上或許指出了，我們仍所知的如此有限，而我們了解所處時代心靈發生劇變的速度又是何等緩慢。

撰寫本書的主要動力來自我的個人經驗：我看到的廣告招牌、讀到的報刊雜誌、聽到的廣播節目、看到的電視節目和電影、信箱裡每天收到的廣告信、走在商店裡注意到的商品，以我為目標的推銷員廣告詞、我聽到的談話內容，以及我在自身周遭感受到的所有欲望。我指出二十世紀美國的諸多傾向和弱點，都是我個人的看法。無論我能否說服與我身處同時代的美國人，我懷疑未來某位歷史學者會否過分尊崇鉛字，把我當成「一手史料」。我希望能讓現今其他美國人相信，他們自己也是一手史料。我們日常生活中種種微小瑣碎之事，就是生活中最重要問題的證明，也就是我們相信是真實的一切事物。

以下列出的書單並不完整，甚至稱不上是入門書單，只是我剛好讀到也認為最具啟發性，若當成相關主題的延伸讀物，或許能讓讀者覺得有些助益。

基於前述考量，以下列出數本關於口說和書面語言歷史的書籍（以及數本最不受歷史學者和業餘歷史愛好者重視的書），相信能讓讀者獲益匪淺。無論任何主題，對於投入研究的學者來說都是千苦萬苦，我們卻能很方便地運用語言學家的研究成果。關於一個字詞的用法最早出現在何時，任何武斷陳述都必須審慎看待，不過對於所有缺乏證據的陳述，凡是稱職的歷史學者都應該小心。學者在為我們的語言寫下歷史的同時，也留下了大量的寶貴資料，供我們探究特定的說法和想法可能是從何時開始傳播普及。

使用語言的紀錄，有其獨特的私密性及色彩，以及一種絕無僅有的細微差異。最根本的劃時代巨著當屬James A. H. Murray and others, *A New English Dictionary on Historical Principles* (10 vols. and a supplement, 1888-1933 and another in preparation)，即一般俗稱的《牛津英語詞典》。與其地位相當的美國詞典，則是承載了美式英語自一九〇〇年以來歷史的Sir William A. Craigie and James R. Hulbert (eds.), *A Dictionary of American English* (4 vols., 1938-1944)。若論二十世紀美國的語言，我們很幸運可以讀到承續前述辭典編纂者之功的Mitford M. Mathews (ed.), *A Dictionary of Americanisms* (2 vols., 1951)，此部詞典僅收錄「美國用語」，即源自美國的字詞、用語和用法，

並修訂了一些早期詞典所收錄詞條的釋義。此外還有探討美語的經典論著H. L. Mencken, *The American Language* (1937), *The American Language: Supplement One* (1945; Chs. 1-6) and *Supplement Two* (1948; Chs. 7-11)，由小瑞文．麥戴維（Raven I. McDavid, Jr.）增刪後重編的新版本將於近期出版，也值得推薦。關於二十世紀美語的口說用語歷史，Bergen Evans and Cornelia Evans, *Dictionary of Contemporary American Usage* (1957)（《當代美語用法大全》，書林，一九八 ）涵蓋範圍合理但不夠完整；Harold Wentworth and Stuart Berg Flexner, *Dictionary of American Slang* (1960)則提供了鉅細靡遺的精采紀錄，只要花數小時閱讀，就能了解美國人情感、習俗和社會態度的歷史，收穫將是閱讀其他任何我所知的美國社會史專書的兩倍。目前坊間的美語字典中，個人認為最實用者首推*Webster's New World Dictionary of the American Language* (1957)，另一部優良字典則是*American College Dictionary* (1959)。我們或許會明確拒絕表述自己內心深處的情感，但不管我們是否願意，用來隱藏情感的字詞都會記錄我們到底如何含蓄寡言。誰能充分掌握我們所用語言的歷史，就能讓我們面對自己。

關於我在書中所描述劇烈變化的歷史發展，實用指南如*Trademark Management: A Guide for Businessmen*, published by the United States Trademark Association, N.Y., 1955，業界刊物如《印刷油墨》、《出版人週刊》、*Advertising Age*、*Variety*、*Public Opinion Quarterly*、*Editor and Publisher*等，以及威廉．費里曼討論如何尋找和控管商業代言的重要著作《鼎鼎大名》，都是珍貴的資料來源。

關於相關行業從業者想要知道，以及討論或擔心的議題，前述讀物都是無可質疑的可靠來源。

第一章　從採集新聞到製造新聞：偽事件洪流

本章中觀察分析的資料來源，當然是以報刊雜誌及廣播和電視節目為主。目前對於美國人所認知之「新聞」的新聞通史，或是傳播或形象製造的通史，研究並不完備，不過已有一些寶貴的學術論著探究報紙和雜誌等傳統上可分類的研究素材。我所謂「形象革命」基本上還沒有詳盡的編年史，只有在一些熱門著作、專業工具書和教科書，及零星產業刊物和科技期刊裡留下紀錄。

要追溯美國經濟史上發生形象革命的時空背景絕非易事，原因在於即使我們（大多在無意之間）普遍採納經濟史觀，但美國經濟史仍有大半是尚待開發的未知疆域。全國各地的大學努力尋找符合資格的經濟史學者，卻是徒勞無功。經濟史學者極為稀有，因為偏向跨領域、非傳統的研究主題被新興社會科學（政治學、社會學、心理學和社會人類學）學者搶占，而當經濟學理論愈來愈像數學研究，在圖表和方程式的世界也能游刃有餘的歷史學者就愈來愈少。對一般讀者來說，無論探究什麼主題，美國商業部人口普查局（Bureau of the Census）的 *Historical Statistics of the United States, Colonial Times to 1957* (Government Printing Office, Washington, D.C., 1960) 是很寶貴的資料庫。瑞士歷史學家齊格飛・基提恩（Siegfried Giedion）的 *Space, Time and Architecture (1941)*（《空間・時間・建築》，臺隆，一九八六）及 *Mechanization Takes Command* (1948)，則是帶給我最多啟示的兩本書。

形象革命的先驅和原型之一，是美國的生產製造系統以及可互換零件的系統，兩種系統的起源參見：Jeannette Mirsky and Allan Nevins, *The World of Eli Whitney* (1952)，尤其第十三至十六章，以及極有說服力的Constance McL. Green, *Eli Whitney and the Birth of American Technology* (1956)。另外，Joseph W. Roe, *English and American Tool Builders* (1916)一書探討技術但不艱澀，對一般讀者來說也相當好懂。書中介紹了一流機械專家、製模匠和量度用機具發明者，如今美國的生活標準是由一套系統生成，而他們就在現今運作的系統設計中扮演要角。John A. Kouwenhoven, *Made in America* (1948)一書探討美國科技對藝術領域的影響等議題，論述獨到且筆調生動。與此議題相關且帶來啟發的概論，可參見以下數篇論文：John E. Sawyer, "The Social Basis of the American System of Manufacturing," *Journal of Economic History*, XIV (No. 4, 1954), 361-379和"Social Structure and Economic Progress," *American Economic Review*, XLI (May, 1951), 321-329；以及D. L. Burn, "The Genesis of American Engineering Competition," *Economic History*, II (1930-1933), 292-311。

現今要探討報業史，現代機器印刷技術的發展史，尤其是快速印刷和製紙新技術的詳盡歷史，是不可或缺的背景知識。我們何其有幸，能夠拜讀法蘭克・路德・莫特的三部經典巨作：討論一九〇五年以降雜誌的*A History of American Magazines*, (4 vols., 1938-1957)、*American*

Journalism (Revised ed., 1950)及*The News in America* (1952)。莫特的著作惠我良多，行文通暢易讀，舉證鉅細靡遺，而且極富創意，無論從什麼角度來讀都令人嘆服，美中不足之處是較缺乏一以貫之的通盤概念。在莫特之前則有一部專書著重探討社會背景，即Alfred M. Lee, *The Daily Newspaper in America* (1937)。較近期相關論著中篇幅較短者，首推Bernard A. Weisberger, *The American Newspaperman* (Chicago History of American Civilization Series, 1961)，此部著作主要探討報業本身及普遍的發展趨勢，最後的書目很值得參考，羅列的文獻相當豐富。另有一篇論文也提供了精采的文獻回顧：Allan Nevins, "American Journalism and Its Historical Treatment," *Journalism Quarterly*, XXXVI (Fall, 1959), 411-422, 519。Lyman H. Weeks, *A History of Paper-Manufacturing in the United States*, 1640-1916 (1916)雖有不盡完整之處，卻是了解紙業歷史梗概的最佳讀物。

從報業聞人林肯．史蒂芬斯的自傳、詹姆斯．戈登．貝內特的傳記等書中，可以進一步了解現代新聞業，如Lincoln Steffens, *Autobiography* (1931)，Don C. Seitz, *The James Gordon Bennetts Father and Son: Proprietors of the New York Herald* (1928)，Oliver Carlson, *The Man Who Made News: A Biography of James Gordon Bennett*, 1795-1872 (1942)，及Francis Brown, *Raymond of The Times* (1952)，或如查爾斯．達納宣揚信念之作*The Art of Newspaper Making* (1900)。現今仍在世的報業人士（無論是首創新聞採訪和新聞製造的技藝與專業的先驅，或其推動者），他們如果撰寫自傳記錄個人從業經歷，後人必將受益良多。

發言人和公共關係的歷史，尚未有人書寫。相關著作中最佳者，也只探討了片段歷史，如愛德華・柏奈斯一九二三年的《透視民意》及其後的著作和編作，包括 *Public Relations* (1952) 和主編的文集 *The Engineering of Consent* (1955)；又或者僅討論特定議題，如數篇散見各期《財星》雜誌的文章及 "Public Relations Today," *Business Week* (July 2, 1960), pp. 41-62。討論公共關係這個體制及行業的著作中，以柏奈斯的論著最為複雜，最富有哲學性的省思，文采也最為出眾，參見柏奈斯書目大全：*Public Relations, Edward L. Bernays and the American Scene: Annotated Bibliography... from 1917 to 1951* (1951; supplement, 1957)。柏奈斯的自傳已在籌備階段，出版後將成為研究美國社會史的重要文獻。公關顧問發展史概述可參見 Eric F. Goldman, *Two-Way Street* (1948)；在本書即將付梓時，我也注意到一篇相關的精闢短文：David Finn, "The Price of Corporate Vanity," *Harvard Business Review*, XXXIX (July-August, 1961), 135-143，此篇文章作者的公關顧問業資歷相當豐富，文中結論與我在本書中的主張很相近。

對於報紙興起與美國政治的關係，討論雖然還不夠全面，但算是頗受重視，或許正因為顯然與公眾利益有關。沃爾特・李普曼於本世紀稍早出版的《民意》（1922）及稍晚的 *The Phantom Public* (1925)，可說是言簡意賅的預言之作，設想了新聞採訪技藝的改變，將如何對政治理論和民主制度造成深遠的影響。道格拉斯・卡特的《政府第四部門》（1959）是涵義深遠的奠基之作，我曾多次援引，應該要有更多人閱讀此書。關於華府記者團以及其運作方法和常規如何發展，參見James E. Pollard, *The Presidents and the Press* (1947)，書中將多任總統與媒體的互動關係整理得很清楚，堪稱寶貴的資料庫；另見Leo C. Rosten, *The Washington Correspondents* (1937)，此書自一九三五年九月至一九三六年十二月之間曾擔任華府特派員的一百二十七名記者的統計和社會學數據，具有寶貴的參考價值。雜誌和報業界也不乏對本業的批判之聲：例如T. S. Matthews, *The Sugar Pill: An Essay on Newspapers* (1959)一書由前《時代雜誌》編輯執筆，針砭同行新聞從業者的作法如何讓新聞娛樂化，又如Carl E. Lindstrom, *The Fading American Newspaper* (1960)則指出科技、金融、社會等各個層面的力量可能如何造成報紙的影響力日益下滑。論文集Oswald Garrison Villard, *The Disappearing Daily* (1944)提出的一些看法發人深省，與論文集標題相同的論文尤其有意思。如想了解史上首次新聞採訪，見George Turnbull, "Some Notes on the History of the Interview," *Journalism Quarterly*, XIII (Sept., 1936), 272-279。

關於新聞採訪技藝的改變對於美國政治的影響，可參見我的期刊論文"Direct Democracy of Public Relations: Selling the President to the People," in *America and the Image of Europe* (1960), pp. 97-117，更全面的討論見Walter Johnson, *1600 Pennsylvania Avenue: Presidents and the People, 1929-1959* (1960)。另見Richard H. Rovere, *Senator Joe McCarthy* (1959)，作者是當世文筆數一數二的記者，書中的闡述演繹充分展現其敏銳眼光、獨到洞見、淵博知識及豐富的第一手實務經驗。從羅伯特・謝伍德所著*Roosevelt and Hopkins* (1948)、Samuel I. Rosenman, *Working With Roosevelt*

(1952)、小亞瑟・史列辛格所著 *The Age of Roosevelt (1957-1960)* 等，由曾為白宮效力者的回憶及歷史學家的精采著作中，我們得以一窺小羅斯福總統這位白宮第一個現代媒體公關大師的嫻熟技藝。

關於新聞採訪、製造和散播手法於總統大選中的運用，白修德所著《總統的誕生：一九六〇》為我們提供了一盞明燈；新聞媒體與電視辯論會之間的互動關係分析見第十一章。

就我所知，目前針對美國《國會記錄》的歷史書寫仍然不足。如要寫好美國《國會記錄》的歷史，拉伯雷式（Rabelaisian）幽默感與索福克里斯式（Sophoclear）悲劇感缺一不可。關於我在本書提到的一些問題，詳情參見 Clarence Cannon, *Cannon's Procedure in the House of Representatives* (4th ed., Washington, D.C., 1944)。我所述及試圖推動《國會記錄》改革的議員是密蘇里州參議員喬治・魏斯特（George Graham Vest），他在一八八四年十二月二十三日於參議院的整段發言都值得一讀（見美國《國會記錄》：Senate, Vol. 16, Pt. 1, 48th Congress, 2d Session, p. 422）。任何公民只要懷抱好奇心，也有時間和精力，不妨透過自己選區的參議員或眾議員申請訂閱《國會記錄》。不過在此之前，應該要做好承擔後果的準備。想要訂閱《國會記錄》的公民，要相信自己對民主制度的信心堅定不移，也要考量其他可能的風險。有些事情一旦開始，就會一發不可收拾。

針對不同媒體造成的影響及它們彼此之間的關係，已有一些社會學研究。最出色者首推芝加哥大學學者研究麥克阿瑟將軍凱旋遊行的成果：Kurt Lang and Gladys Engel Lang, "The Unique Perspective of Television and Its Effect: A Pilot Study," *American Sociological Review*, XVIII (1953), 3-12。集結研究成果精華的期刊論文獲頒一九五二年愛德華・柏奈斯基金會（Edward L. Bernays Foundation）傑出論文獎，詳盡的研究成果則發表為一部芝加哥大學社會學所博士論文（未出版：1953），研究細密周全且原創性極高。亦可參見：Reuben Mehling, "Attitude Changing Effect of News and Photo Combinations," *Journalism Quarterly*, XXXVI (Spring, 1959), 189-198；Elmer E. Cornwell, Jr., "Presidential News: The Expanding Public Image," at pp. 275-283。

形象革命發生背景的諸多變化，尚待史家追溯書寫。雖然已有數部可貴的重要發明家傳記如 Carleton Mabee, *The American Leonardo: The Life of Samuel F. B. Morse* (1943)和 Matthew Josephson, *Edison* (1959)，以及企業史如 Robert L. Thompson, *Wiring a Continent: The History of the Telegraph Industry in the United States, 1832-1886* (1947)，但電報、電話、留聲機、廣播和電視的社會史仍有很大一部分還無人講述。我們或許可以將希望寄託在賓州大學（University of Pennsylvania）的安納堡傳播學院（Annenberg School of Communications），冀望在吉伯特・賽德斯（Gilbert Seldes）的英明領導和派翠克・哈薩德（Patrick D. Hazard）等人的襄助之下，能夠填補相關歷史的部分空白。關於打字機的發展與其遍及美國生活各個層面的影響，參見精簡扼要的 Richard N. Current, *The Typewriter and The Men Who Made It* (1954)，以及 Bruce Bliven, Jr., *The Wonderful*

Writing Machine (1954)。從速記法的發展史，可以一窺我們生活中某些遭到忽視的面向；了解書法的歷史及手寫的式微，或許也能帶來啟發。至於蠟紙油印、影印（如熱感影印）、平版印刷（planograph）和照相膠版印刷（photo-offset printing）等影響深遠的複印技術，就我所知目前還沒有追溯相關歷史的論著。

關於新聞攝影，有一些可讀性高、值得推薦的專書如James D. Horan, *Matthew Brady, Historian with a Camera* (1955)，和Dorothy Norman, *Alfred Stieglitz* (1960)；也有照片中的南北戰爭史、西美戰爭史、一戰史、二戰史，以及從下水管道系統到歷任美國總統各種主題一應俱全的「從照片看歷史」。但美國攝影史是值得探究的宏大主題，我們需要更多關照更為全面且與時俱進的相關歷史書寫，安德烈．馬樂侯的巨著《寂靜之聲》（trans. by Stuart Gilbert, 1953）可說完整呈現了攝影的偉大之處及哲學上的重要性。讀者如想了解攝影的大概歷史和主要的發展趨勢，很遺憾的是目前僅有《大英百科全書》（第十四版）的「攝影」（Photography）條目可供參閱。

第二章　從英雄到名人：人類偽事件

許多文學巨著如《聖經》、《伊里亞德》（*Iliad*）、《奧德賽》（*Odyssey*）、《伊尼亞斯紀》（*Aeneid*），當然都是英雄與英雄崇拜的紀事。傳記這個文類直到相對晚近才形成，在英國則要到文藝復興晚期，即十七世紀，才開始出現屬於傳記這個文類的作品。批判性傳記直到更晚才問世，詹姆士．博斯韋爾（James Boswell）在種種因緣際會之下寫成的 *Life of Samuel Johnson* (1791) 堪稱英國文學史上的批判性傳記首開先河之作。直到一百多年前，開始出現有識之士有所自覺地去探究英雄現象及傳記本質，影響最為深遠的著作首推湯瑪斯．卡萊爾的《論英雄與英雄崇拜》（商周，二〇二三）。拉爾夫．沃爾多．愛默生的著作 *Representative Men* (1850) 很可能受到卡萊爾的啟發，書中收錄愛默生的多篇講稿，其中六篇分別以柏拉圖、史威登堡（Swedenborg）、蒙田、莎士比亞、拿破崙和歌德（Goethe）等迥然相異的人物為主題，是美國講述英雄具備「神授權利」（divine right）的理論中最廣為人知者。舊時的美國獨立紀念日演說內容，有多篇都是將開國元勳立下英雄偉業（即受到神啟）的主題重新演繹。這些作品通常會呼籲讀者或聽眾，與筆者或講者一起對其心目中英雄的偉業壯舉懷抱崇仰之情。從十九世紀晚期到二十世紀初期，隨著歷史研究更加重視科學方法和批判思考，社會學與人類學研究日漸茁壯，不同形式的經濟（「理性思考」）史觀興起，以及佛洛伊德學派和榮格心理學發展蓬勃，許多作家開始以不同的新方式，邀請讀者抽離出來，帶著懷疑的眼光去檢視過往所有英雄的「偉業壯舉」。人類偉大不凡的現象似乎從此不再是神性的展現（神性本身也成了人為虛構假造之物），而是集體的社會幻象。歐洲有數本重要著作闡述甚至進一步鞏固了前述的趨勢，影響遍及全世界（皆是通暢易讀且發人深省之作）：Ernest Renan, *Life of Jesus* (1863)、Sir James George Frazer, *The Golden Bough* (11 vols., 1890-1915)（《金枝：巫術與宗教之研究》，五南，二〇二三），及 Sigmund Freud, *Moses and*

Monotheism (1939)（《摩西與一神教》，商周，二〇二四）。

關於英雄崇拜這個美國歷史上的現象，目前尚無理想的參考書籍，簡要的概論可參見 Sidney Hook, *The Hero in History* (1943)。Dixon Wecter's *The Hero in America: A Chronicle of Hero-Worship* (1941) 一書描寫多位美國偉人和他們如何備受敬佩推崇，文風相當老派，全書旨在「看看幾位公共生活中的偉大人物……看看我們如何以他們為代表人物，為我們的政府象徵初建雛型，以及察知身為『美國人』最值得獎勵的特質。」另一本值得拜讀的大作所提出對於美國英雄的看法，則介於以他們為象徵的較舊觀點，以及具有批判意味的較新觀點：Richard Hofstadter, *The American Political Tradition and the Men Who Made it* (1948; Vintage paperback, 1954)。另外，John W. Ward, *Andrew Jackson: Symbol for an Age* (1955) 也值得一讀。關於殖民地時期英雄的發跡歷史，Wesley Frank Craven, *The Legend of the Founding Fathers* (1956) 一書提供了生動的再詮釋。至於高瞻遠矚且在美國政治傳統中有其特殊地位的美國英雄，我在 *Genius of American Politics* (1953; Phoenix paperback, 1958) 一書中提出了不同的見解。希特勒篤信「強者獨自一人時最為強大」，主張「結盟獲致的成功」不曾達到任何偉大建樹，於其自傳《我的奮鬥》第八章中闡述其信念。

學者對於心理學及人類學理論與批判史技藝的巧妙應用，參見拉格蘭爵士所著之 *The Hero: A Study in Tradition, Myth, and Drama* (1936; Vintage paperback, 1956)，以及喬瑟夫．坎伯《千面英雄》（漫遊者文化，二〇二四）。

如有更多美國人物傳記社會史相關研究，對於書寫美國理想的歷史將會是一股寶貴的助力。John A. Garraty, *The Nature of Biography* (1958) 一書主要討論傳記的一般定義，雖然不是以美國為重點，仍是實用的參考書籍。W. Burlie Brown, *The People's Choice: The Presidential Image in the Campaign Biography* (1960)則探討寫手在為各個總統候選人作傳時塑造的良好形象。Catherine Drinker Bowen, *Adventures of a Biographer* (1959) 一書指出了許多現今傳記作者的問題，讀來發人深省。Oscar Handlin and others, *The Harvard Guide to American History* (1954)是一條尋索美國傳記作品的捷徑，而Volume III, of Robert Spiller and others, *Literary History of the United States* (3 vols., 1948)裡的相關單元提供清楚索引，是絕佳的參考文獻書單。其他方便查找資料的實用參考書籍包括：Edward H. O'Neill, *A History of American Biography*, 1800-1935 (1935)、*Biography by Americans, 1658-1936* (a bibliography, 1939)，以及Marion Dargan, *Guide to American Biography, Part I: 1607-1815* (a classified bibliography, 1949)。如要查找對於美國英雄提出不同看法的原始資料，參見Louis Kaplan and others, *Bibliography of American Autobiographies* (1961)。關於美國民間傳說中的英雄，概論可參Richard Dorson, *American Folklore* (Chicago History of American Civilization Series, 1959)。

名人及名人崇拜之歷史的相關文獻非常有限。晚近少有作者具備敏銳眼光，能夠清楚察知變動中的社會認可標準，其中佼佼者當屬克里夫蘭．艾莫理。艾莫理與厄爾．布萊威爾合力編纂的

《名人錄》（1959），是我們這個時代最具代表性的文獻之一，可說是為美國社會的全新分類建立的一份索引。《名人錄》充分彰顯我們的社會偏好標準，地位等同英國古代的貴族和仕紳地主年鑑Burke's *Peerage* (1826)及Burke's *Landed Gentry* (1833-1838)。艾莫理的另一本著作*Who Killed Society* (1960)堪稱寶庫，蒐羅關於引起大眾欽羨之標準的繁雜資訊，並在書衣放上精闢扼要的宣傳語：「美國的名人與名門顯貴之爭——從『維吉尼亞元老名門』（First Families）到『紐約市四百名流』（Four Hundred）再到『打知名度的名人』（Publi-ciety）」。關於名人代言這門生意，見威廉．費里曼的著作《鼎鼎大名》。里歐．羅文塔的寶貴看法參見"Biographies in Popular Magazines," *American Social Patterns* (selected and edited by William Peterson; Anchor paperback, 1956)；另見Jerome Ellison and Franklin T. Gosser, "Non-Fiction Magazine Articles: A Content Analysis," *Journalism Quarterly*, XXXVI (Winter, 1959) 27-34。

如要探究白宮發言人及其在政壇和美國公共生活扮演的角色，足以寫出一部重要專書。目前帶給我最多啟發的書籍首推Leia Stiles, *The Man Behind Roosevelt: The Story of Louis McHenry Howe* (1954)；另有數篇相關文章散見於近年的雜誌，以艾森豪總統任內發言人詹姆斯．哈格提（James C. Hagerty）為主角的封面故事見*Time*, LXXI (Jan. 27, 1958), 16-20，甘迺迪時期的白宮發言人皮耶．沙林傑（Pierre Salinger）相關文章刊於*Time*, LXXVI (Dec. 5, 1960), p. 57。安納堡傳播學院的派翠克．哈薩德大方允許我閱讀他尚未發表的論文"The Entertainer as Hero: The Burden of an Anti-Intellectual Tradition”，我拜讀之後獲益良多。

我依據史實重建林白如何由英雄變為名人的敘事，相關史實主要參考肯尼斯．戴維斯執筆的林白傳記：*The Hero: Charles A. Lindbergh and the American Dream* (1959)，此書鉅細靡遺，情節鮮活且溫馨感人，作者在書寫精采小說之餘仍力求保持客觀。社會學家即使要施展技藝，未必要摒棄人文學者的優雅文采或戲劇天賦，此書堪為明證。戴維斯的著作可說為我們這個時代寫下的寓言，是認真研究二十世紀美國道德觀者不可不讀的作品。若以同等的洞見、同理心和客觀態度，研究艾爾．卡彭、魯道夫．范倫鐵諾、查理．卓別林、法蘭克．辛納屈（Frank Sinatra）、瑪麗蓮．夢露和貓王艾維斯．普里斯萊等人物，都有助於深入了解我們自身，收穫會勝過研讀許多研究政壇、文壇和學界傳統上視為具有「重要」意義但其實地位次要的冗長人物論著。Orrin E. Klapp, “Hero-Worship in America,” *American Sociological Review*, XIV (Feb., 1949), 53-62 一文中許多相關概念和細節皆發人深省，尤其是針對社會大眾對艾爾．卡彭等人物的看法分析，同主題的較長篇論述見芝加哥大學社會學所博士論文“The Hero as a Social Type”（未出版，1948）。如要探索我們這個時代尚待統整的社會史議題，《紐約時報索引》一直是相當實用的工具書。

本書付梓前，記錄林白之子綁架案大量細節的 George Waller, *Kidnap: The Story of the Lindbergh Case* (1961) 一書剛好上市。

第三章　從旅人到觀光客：失落的旅遊之藝

文學巨著不僅有很大一部分是英雄與英雄崇拜的紀事，也有很大一部分是旅行紀事，有多部偉大史詩作品則兩者皆是。其實如果將史詩定義為一名英雄旅人的冒險故事，那麼幾乎每部重要性歷久不衰的史詩都符合條件，這一點本身或許就能佐證本書第二、第三章的主要論點。英雄踏上旅程的故事，例如奧德修斯對抗獨眼巨人波利菲莫斯（Polyphemus），能夠讓傑出詩人吟詠時靈思泉湧，但是名人出遠門放鬆（即度假），例如鮑伯・霍伯來到棕櫚泉市（Palm Springs），頂多激發八卦專欄作家的寫作靈感。英雄沒落的同時，旅行也逐漸式微。千百年以來，除了宗教和戰爭之外，旅行一直是最能孕育英雄豪傑、激發英雄氣概的人類活動。宗教上的多位史詩英雄（佛陀、摩西、穆罕默德），都是著名的旅人。

旅行相關的文學作品無比豐富（即使僅限於美國國內旅行），回顧時幾乎不知道該從何起頭，其中含括了「美國文化」（Americana）之中最通順好讀、最精采刺激以及最不受重視的面向。我們或許可以將美國旅行文學分成三大類，這三類在分類邏輯和時間順序上互有重疊之處：（一）旅行史詩；（二）旅行見聞錄；（三）旅行心得（或觀光遊記）。

第一類是旅行史詩，主人公是一名英雄人物，他締造偉業，歷經劫難，探索奇景險境並沉浸其中。其中包括美國歷史中最基本史料的來源：例如約翰・史密斯船長（Captain John Smith）的著作*True Relation of Such Occurrences and Accidents of Note as hath hapned in Virginia since the first planting of that Colony (1608), True Travels, Adventures, and Observations of Captain John Smith in Europe, Asia, Africa, and America, from... 1593 to 1629* (1630)；寶嘉康蒂（Pocahontas）的故事則由史密斯船長於*General Historic of Virginia...* (1624)中親筆詳述，這則故事是典型的旅行事蹟。威廉．布拉福德的著作*History of Plymouth Plantation*基本上可視為一部旅行史詩。第一類也包括較晚問世的美國經典著作，如*History of the Expedition under the Command of Captains Lewis and Clark* (ed. Nicholas Biddle and Paul Allen, 2 vols., 1814); John Lloyd Stephens, *Incidents of Travel in Central America* (1841)及*Incidents of Travel in Yucatan* (1843); Francis Parkman, *Oregon Trail* (1849); Josiah Gregg, *Commerce of the Prairies* (2 vols., 1844); Mark Twain, *Roughing It* (1872), *A Tramp Abroad* (1880), and *Life on the Mississippi* (1883)；以及Charles Warren Stoddard, *South-Sea Idyls* (1873), *The Lepers of Molokai* (1885), *Hawaiian Life* (1894)及*The Island of Tranquil Delights* (1904)，這些書籍就如同往昔許多假經典著作，成了二手家具店裡的主要商品。

第二類是旅行見聞錄，其中有部分也可歸為第一類。這類書籍比較少記述英勇事蹟、刺激行動或驚險遭遇，主要羅列奇事異聞或整理實用資訊。歐洲作者於殖民地時期寫下的美洲見聞錄大多屬之。這類著作提供了關於新世界的實用資訊（或有趣的錯誤資訊），因此很受讀者歡迎。博物學於十八世紀至十九世紀初期興起之後，開始有相關著作問世，如*Observations on* *the Inhabitants, Climate, Soil, etc.... made by John Bartram in his travels from Pensilvania to... Lake Ontario* (1751)，以及William Bartram, *Travels through North and South Carolina, Georgia, East and West Florida, etc.* (1791); Thomas Jefferson, *Notes on the State of Virginia* (1784)；約翰．詹姆斯．奧杜邦著作*Birds of America* (1827-1838)及手記選輯*Delineations of American Scenery and Character* (1926)。Philip Rahv (ed.), *Discovery of Europe* (Anchor paperback, 1960)是一部絕佳文選，收錄美國作者記述自己到外國旅行經驗的文章（形式上大多是對於外國社會的概覽，或記錄與著名男士和女士會面的經歷）。

隨著社會科學發展日益蓬勃，也出現更多蒐集和分類整理遠方異地相關資訊的文獻。類似著作包括：傑佛遜專門為來自歐洲的讀者巴布瓦侯爵（Marquis de Barbois）撰寫的*Notes on the State of Virginia* (1784)，侯爵於法國駐費城公使館擔任祕書，此書即根據他所提出二十多個類似貝德克爾旅遊指南會列出的問題寫成；Alexis de Tocqueville, *Democracy in America* (2 vols., 1835; first American edition, 1838)，由作者於美國旅居不到一年後寫成；以及附有插圖的George Catlin, *Manners and Customs of the North American Indians* (2 vols., 1841)，集結了作者八年來從黃石公園到佛羅里達州的遊歷觀察所得。十八世紀美國作家William Byrd的旅行見聞錄鮮為人知，以機智風趣的筆調娓娓道來博物學、地理學和社會風俗相關知識和傳聞軼事，讀來十分暢快舒心，其著作包括*History of the Dividing Line* (1728), *Progress to the Mines* (1732)及*Journey to the Land of Eden*

(1733)，前述作品直到一八四一年才首次出版。

十九世紀最初數十年，美國南方與北方瀕臨正面衝突，催生了多部綜覽社會概況的旅行見聞錄傑作。重要作品包括Frederick Law Olmsted多部影響深遠的著作：*A Journey in the Seaboard Slave States* (1856)、*A Journey Through Texas* (1857)，及*A Journey in the Back Country*, abridged and revised as *The Cotton Kingdom* (2 vols., 1861; ed. by Arthur M. Schlesinger, 1953)。附帶分析的書目類書籍中也有令人激賞的佳作：Thomas D. Clark, *Travels in the Old South* (3 vols., 1956-1959)，及E. Merton Coulter, *Travels in the Confederate States* (1948)。Reuben G. Thwaites, *Early Western Travels*, 1748-1846 (32 vols., 1904-1907)則收錄了多部寫得最好的美國西部旅行見聞錄。

前兩類至今仍屢有優秀作品問世，第三類的旅行心得（或觀光遊記）特別具備現代性質，與前兩類相較之下顯得乏善可陳。這類作品的特色，不是在記述旅程中的行動或千鈞一髮的險境，或描繪社會風情和有趣風俗習慣，而是記錄觀光客自身的迷惘困惑和帶點興味的茫然錯亂，或是想要尋找冒險卻受挫失望的心情，重點是記述迷惑但有意識地去尋找「有趣事物」，而非旅程中無可避免的際遇。例如Tats Blain, *Mother-Sir!* (1951)講述的是「一名海軍官兵太太在日本的禍福無常、荒唐搞笑大冒險」；另一部較重要的著作是Herbert Kubly, *American in Italy* (1955)，其筆法巧妙、結構縝密，但也恰好曝露了這類旅行文學作品的局限。

關於旅行作為一種體制，我們需要優良的歷史論著。就我所知，將從前的旅行放進思想史、信仰史和情感史等更大框架去探討的論著中，以保羅・阿薩爾的 *The European Mind, 1680-1715* (1953)最佳。Seymour Dunbar, *History of Travel in America* (1915; 1937)一書內容豐富，蒐羅大量的龐雜資訊，主要在記錄不同交通運輸形式這個層面最具參考價值。Van Wyck Brooks, *The Dream of Arcadia: American Writers and Artists in Italy, 1760-1915* (1958)則專門探討美國人前往特定異國背後的各種動機。關於不同時代的交通工具背後的哲學與知識論意涵，見Harold A. Innis, *Empire and Communications* (1950)（《帝國與傳播》，遠流，一九九三）與 *Changing Concepts of Time* (1952)，兩本著作皆相當出色，篇幅不長但論述精闢。我曾針對不同的旅行景點風格與觀光名勝風格之間的關係提出探問，參見拙作"An American Style in Historical Monuments," *America and the Image of Europe* (1950), pp. 79-96。

目前關於旅遊觀光史的文獻仍很有限，還有很大的成長空間。F. W. Ogilvie, *The Tourist Movement: An Economic Study* (1933)主要從英國的視角出發，著重統計數字和匯率造成的效應。A. J. Norval, *The Tourist Industry* (1936)則採取較宏觀的視角，相關研究則是在南非聯邦政府主導之下進行。但前述兩本著作及其他我所知的專書，皆未探討旅行團、旅行社和中產階級旅遊陸續興起之後，整體而言對於民眾生活水準和社會態度的影響。探討旅行支票和信用卡發展歷史的論文能夠帶來不少啟發，美國的種種慣例習俗（商業及各種職業相關）如何形成，雖是涵義相當深遠的主題，卻有待進一步探究。Earl Pomeroy, *In Search of the Golden West: The Tourist in Western*

America (1957)一書可說是極佳的區域性研究成果，探究旅遊觀光史與整體社會史之間可能的多種關聯。

官方統計數字以及推廣旅遊觀光的委員會報告，都是很寶貴的資料。在此我要再次推薦不可或缺的資料來源：美國商業部人口普查局的*Historical Statistics of the United States, Colonial Times to 1957* (Government Printing Office, Washington, D.C., 1960)，尤其是其中提供與消費金額、交通、銷售和服務（例如飯店和汽車旅館）等有關的數字。還有其他報告也保留了大量史實資料：League of Nations (Economic Committee), *Survey of Tourist Traffic considered as An International Economic Factor* (Geneva, 1936); U.S. Department of Commerce, Bureau of Foreign Commerce, *Survey of International Travel* (Washington, D.C., 1956)及*United States Participation in International Travel, 1959 Supplement* (Washington, D.C., 1959); Clarence B. Randall, *International Travel: Report to the President of the United States* (Washington, D.C., April 17, 1958)。

探究出國旅行手續歷史的論著，尤其是追溯護照歷史的書籍，則以間接的方式處理相關主題。然而相關專書論文著重探討的，大多是政府法規和公家單位手續，或公共行政與政治理論的問題，例如如何管理護照的發放，對護照發放設限是否侵害人民自由遷徙或放棄國籍的權利等等。現行申辦及核發護照的相關法規，證明了出國旅行的本質已然改變，尤其是申辦護照的手續明顯簡化且加快（一九六一年時，美國公民於芝加哥申辦護照三天後即可領件）。閱覽世紀之交的官方文件如United States Department of State, *Passport Regulations of Foreign Countries* (Washington, 1897)及*The American Passport* (Washington, 1898)，有助於從歷史角度一窺相關手續。亦可參見芝加哥大學政治學所博士論文：Theodore M. Norton, "The Right to Leave the United States"（未出版，1960）。

特定旅行社的歷史參見John Pudney, *The Thomas Cook Story* (1953)及Alden Hatch, *American Express: A Century of Service* (1950)：前者風趣生動、文采斐然，展現創意且看法不失公允，後者篇幅較少，社會史觀點過於天真，充滿「授權」官方正史特有的狹隘觀念和矯揉造作。美國運通公司的歷史亦參見：Ralph T. Reed, "American Express: Its Origin and Growth," in *Publications of The Newcomen Society*, Vol. 15 (1952)，及"Uncle to the Tourists," *Fortune*, LXIII (June, 1961), 140-149。

現代美國旅館的興起是相當豐富多元的主題但研究難度較高，僅有個別學者進行探索，尚待更多史家投入研究，其中堪為表率者當屬：Doris Elizabeth King, "The First-Class Hotel and the Age of the Common Man," *Journal of Southern History*, XXIII (May, 1957), 173-188。希爾頓集團創辦人自傳Conrad N. Hilton, *Be My Guest* (1957)一書則充分展現美國文化的精髓，從中可一窺商業、宣傳、名人生活、婚姻和宗教等層面的社會風俗，其天真、自我揭露和無意中向讀者告解的坦白程度，晚近幾乎沒有其他著作可以與之匹敵；集團旗下飯店會提供此書給賓客閱讀。該部自傳顯然是由多名寫手協助撰寫而成，但這群寫手文采不凡且表現優異，他們讓「作者」以無疑屬於他自己的聲音，或娓娓道來，或侃侃而談，或自吹自擂，或以自己的獨特風格大講道理。

汽車旅館的歷史目前尚未有人書寫，只有在電影、小說和電視劇留下些許紀錄，必須經由政府機關的統計數字和專業協會的出版品加以追溯。建築相關圖冊是很寶貴的資料來源：*Motels, Hotels, Restaurants and Bars: An Architectural Record Book* (F. W. Dodge Corp., N.Y., 1953)。

如要了解博物館的歷史，從此篇專文讀起會很有幫助：George Brown Goode, "Museum History and Museums of History," in Smithsonian Institution, *Annual Report... 1897, Report of the U.S. National Museum*, Pt. II (Washington, D.C., 1901), pp. 65-81。另見Walter Pach, *The Art Museum in America* (1948)；Aline B. Saarinen, *The Proud Possessors* (1958)一書則探討富裕收藏家與博物館的關係，其中述及多則妙聞軼事，讀來相當愉快。關於博物館及攝影興起背後更深層的美學意涵，可再參見安德烈・馬樂侯於傑作《寂靜之聲》中的析探，尤其Part I, "Museum without Walls"和Part III, "The Creative Process"。關於世界博覽會的興起和意義，Merle Curti, "America at the World Fairs, 1851-1893," *American Historical Review*, LV (July, 1950), 833-856一文能夠帶來諸多啟發。目前推薦關於博物館簡史的參考資料，仍只有《大英百科全書》（第十四版）中的相關文章。

帆船、汽船、運河、收費道路、篷車隊路線和鐵路等主題吸引許多學者鑽研，但目前將汽車和飛機視為正式研究主題的學者仍相當稀少。John H. Morrison, *History of American Steam Navigation* (1903)及John L. Stover, *American Railroads* (Chicago History of American Civilization

Series, 1960) 皆提供出色的概論；George R. Taylor, *The Transportation Revolution, 1815-1860* (1951; Vol. IV in Rinehart Economic History of the United States) 一書探討早期各項發明的深遠意義，全系列專書皆是寶貴的參考資料。前述主題當然也吸引了許多愛好者投入研究，市面上有不少提供實用資訊的圖文書。

汽車堪稱史詩級主題，書寫一部汽車通史可能就是為現代美國寫下宏大的寓言。目前最有幫助的論著是企業家傳記和車廠發展史，如 Allan Nevins and Frank Ernest Hill, *Ford: The Times, the Man, the Company* (1954) 及 *Ford: Expansion and Challenge* (1957)，兩書皆連帶論及汽車對整個社會的影響。Roger Burlingame, *March of the Iron Men* (1938), *Engines of Democracy* (1940) 及 *Machines that Built America* (1948) 三部著作涵蓋的主題較廣，但也啟發了未來聚焦於特定主題的論著；社會學論著如 Robert S. and Helen M. Lynd, *Middletown* (1929) 及 *Middletown in Transition* (1937) 也深具啟發性。在史考特．費茲傑羅（F. Scott Fitzgerald）的 *The Great Gatsby* (1925)（《大亨小傳》）John Dos Passos, *U.S.A.* (1938) 及 John Steinbeck, *Grapes of Wrath* (1939)（《憤怒的葡萄》）等描寫二十世紀美國的社會史詩中，汽車無可避免扮演要角；對於未來的歷史學家而言，這些作品很可能會是了解汽車重要性的最佳示例。

高速公路與公路實務歷史極為重要，可說是一部駕駛人所見人造地景的編年史，也是我們所在的這片大陸趨向同質化過程中的重要篇章；簡介參見 United States Public Roads Administration,

Highway Practice in the United States of America (Washington, 1949)。

飛機與飛航的歷史亟待追溯和記錄。關於二戰時期美國空軍的歷史，已有許多出色的研究，但如有學者能把握相關領域先驅人物仍在世時，針對民航和搭機旅遊進行更細密深入的回溯和考察，相信我們將能受惠良多。關於空中小姐，見Joseph Kastner, "Joan Waitermire: Air Stewardess," *Life*, X (April 28, 1941), 102-112，及"Glamor Girls of the Air," *Life*, XLV (August 25, 1958), 68-77。關於民航客機的飛行速度持續提升，見George A. W. Boehm, "The SST: Next Step to Instant Travel," *Fortune*, LXIII (June, 1961), 159-164, 238-244。

將旅遊指南視為參考文獻，有助於了解民眾都獲得哪些旅遊指引，以及他們偏好認為哪些事物很重要。我遊覽法國和義大利時，就經常仰賴貝德克爾旅遊指南之助。在大型圖書館多半可找到全套貝德克爾旅遊指南，讀來收穫良多，兼有娛樂效果。如想辨認現代旅遊指南的典型特色，我發現*Japan: The Official Guide* (Japan Travel Bureau, Revised and Enlarged, Tokyo, 1957) 一書非常適合，不過此書在其他方面幾乎派不上任何用場。這本官方指南堪稱逗趣擬仿版的旅遊指南，呈現了不知變通套用旅遊指南固定模式之下，收錄大量瑣碎細節，卻忽略了意義最為重大的事物。書中告訴讀者有哪些「重要文化資產」，並詳列每座庭園、佛塔、宮殿、神社和寺廟的長寬面積，但對於社會風俗相關涵義或建築物用途卻幾乎隻字未提。討論貝德克爾旅遊指南的文章如Francis Watson, "The Education of Baedeker," *The Fortnightly*, CXLVI (Dec., 1936), 698-702; Arnold

Palmer, "The Baedeker Firmament," *The Fortnightly*, CLXXII (Sept., 1949), 200-205; W. G. Constable, "Three Stars for Baedeker," *Harper's*, CCVI (April, 1953), 76-83; Arthur J. Olsen, "A Tour of Baedeker," *The New York Times Magazine*, Nov. 29, 1959, pp. 92, 94；及"Peripatetics: Two-Star Civilization," *Time*, IV (Jan. 9, 1950), 15-16。就我所知，無論創始人卡爾．貝德克爾傳記或其旅遊指南出版事業的歷史，目前尚無可推薦的英文著作，另外關於旅遊指南的歷史，目前也還沒有令人滿意的論著。前述各個主題不僅趣味十足，也讓人獲益良多。關於看待旅行的態度，無所不在且永遠可靠的史料來源，自然是時下報刊雜誌中的文章和廣告、旅遊觀光海報、宣傳小冊和電視廣告，而我們比未來的歷史學家有更多機會接觸這些史料。

第四章　從形體到影子：消解的形式

無論學術界的批評家對於藝術創造過程的了解有多麼粗淺，他們仍然決定了哪些藝術形式應視為「嚴肅的藝術」，而且主要是出於教學目的或依據自身專業加以判定。學界那些「經久不變」的講課和研究主題，自然是那些一直最容易成為講課和研究主題的課題。如果沒有什麼其他的話好說，總是可以評論其他人對於同樣主題說過的話。在最為崇高可敬的學術機構中，這種情況最為嚴重。例如在英格蘭的牛津大學（Oxford University），是直到很晚期才將英國普通法和英國文學納入課程範圍，美國史在牛津大學則幾乎稱不上是正式的研究主題。類似學術機構的作法促成了一種專制模式：美國史書籍能夠吸引的英格蘭讀者人數少得令人驚愕。

在我們所處的時代，藝術形式流動不拘於一格，藝術與戲劇再製的技術日新月異，而學術社群慣例造成的隔絕效應卻比以往更加劇烈。藝術、文學和戲劇形式如今出現劇烈變動，而在這些慣例的引領之下，我們無可避免會忽略這些劇變帶來的深遠影響。就我所知，目前沒有一所主要大學的文學系會固定開設電影藝術課程，也可能已有大學提供類似課程。結果是，有許多學者明明精擅對照和評判當代與早期的戲劇形式，卻將我們這個時代首屈一指的藝術形式排除在學術討論之外。同時，卻有不少課程專門討論較不重要的劇作家，及其重要性不高的作品（以傳統形式寫成的劇本）。

分類僵固難以變通的症狀之一，就是印刷與出版史研究長久以來皆與文學史研究分離；結合兩者的絕佳入門書籍首推Hellmut Lehmann-Haupt and others, *The Book in America: A History of the Making and Selling of Books in the United States* (2d ed., 1952)。

一部綜觀全局的知識傳播史，能夠幫助我們了解自由主義與民主制度的興起，是如何影響我們思考萬事萬物的方式，以及影響我們所認知的「知識」和「藝術」概念本身。翻譯史是這段歷程中的重要篇章，見F. O. Matthiessen, *Translation, An Elizabethan Art* (1931)。《聖經》翻譯當然有很多段歷史可以追溯；如從更宏觀的視角探究近代新興的一群只讀方言作品的廣大讀者，是如何接觸以學術語言或外國語言寫成的作品，相信將能獲益良多。

Donald Sheehan, *This was Publishing: A Chronicle of the Book Trade in the Gilded Age* (1952) 一書參考Henry Holt and Company、Harper & Brothers、Dodd, Mead and Company、Charles Scribner's Sons等出版社文件紀錄（及《出版人週刊》檔案資料）寫成，為南北戰爭與一戰之間時期出版實務留下寶貴記述，考據詳實且不刻意美化；在本書論述中，這段時期具有關鍵地位。Malcolm Cowley, "How Writers Lived" 一文收於Robert E. Spiller and others (eds.), *Literary History of the United States* (3 vols., 1948), II, 1263-1272，探討一戰結束後到一九四〇年代中葉，新的印刷出版技術與專職寫作者出書機會之間的關係，充分展露著者的淵博學識和精闢見解。

關於美國通俗書籍和暢銷書的歷史，我們非常幸運，能夠讀到一些考據扎實又通暢好讀的傑出論著。法蘭克・路德・莫特的*Golden Multitudes: The Story of Best Sellers in the United States* (1947)是首開先河之作，為暢銷書這個涉及面向龐雜的主題提供了生動易讀的導論。「暢銷書」的定義是出版十年內銷量數字達到美國本土（或獨立以前的新英格蘭殖民地）人口百分之一的書籍，莫特的討論範圍從符合一六九〇年以前最低銷量達到千本的Michael Wigglesworth, *The Day of Doom* (1662)，到符合一九四〇至一九四九年間最低銷量為一百三十萬本的Kathleen Winsor, *Forever Amber* (1945)。

詹姆斯・哈特的著作*The Popular Book: A History of America's Literary Taste* (1950)處理大眾閱讀品味與社會壓力之間的關係，是一個涵蓋層面更廣，但更加微妙且較缺乏精確統計結果佐證的主題。哈特此書不僅匯整許多寶貴資料，也對書籍熱賣與其不朽文學價值之間的關係提出一針見血的洞見。關於藉由「重新創造符合當下時代的感覺」如何有助於讓一本書大為流行，他的見解尤其高明獨到，他證明了「通俗書籍」或「暢銷書」日益普遍如何增強了文壇的鏡像效應。哈特並不同意莫特提出的暢銷書標準：「莫特教授採用某個時期的人口統計數字，和另一個時期的銷量數字，據此主張馬克·吐溫的《密西西比河上》（*Life on the Mississippi*）是一八八〇至一八八九這十年間的暢銷書（當時全美人口約五千萬人），理由是此書改版後以二十五美分口袋書重印本系列第一本發售，於一九四六年的銷量達到五十萬本。莫特教授也將《草葉集》（*Leaves of Grass*）、《愛倫坡詩集》（Poe's *Poems*）、《白鯨記》（*Moby Dick*）等其他作品列為暢銷書，但這些作品在當年初版時其實只吸引了一小群讀者。」（見頁290）。哈特的結論是，從前各個年代最流行的書籍中，有很大一部分很快就遭到遺忘，並非歷久彌新的經典。Alice Payne Hackett, *Sixty Years of Best Sellers: 1895-1955* (1956) 一書也值得參考，其中羅列的歷年書單以及精裝本和平裝本實際銷量數字最為寶貴。

關於圖書出版的種種問題，尤其是業內人士的觀點，O. H. Cheney, *Economic Survey of the Book Industry, 1930-1931* (1931) 提供了不少寶貴資訊，此項調查由全國圖書出版協會（National Association of Book Publishers）委託執行，不過報告中對業界普遍作法毫不留情提出批判。較近期調查報告中對於外行人特別有幫助者，首推Chandler B. Grannis, *What Happens in Publishing* (1957)。《出版人週刊》（一八七二年創刊）則是不可或缺的資料來源，即使非業內人士也應多加參考。

對於讀書俱樂部現象的探析，見Charles Lee, *The Hidden Public: The Story of the Book-of-the-Month Club* (1958)，其中述及許多「每月一書俱樂部」（BOMC）鮮為人知的珍貴細節。不過此書無疑具備「授權」官方正史的特質；即使是無須提防他人抨擊的段落，字裡行間仍可讀出作者的戒備心態。

關於「每月一書俱樂部」及其他熱門讀書俱樂部如何加劇鏡像效應，見Charles Lee於此書附錄C（Appendix C）的結論：「從《出版人週刊》固定發布的每月暢銷書榜單，可以看出每月一書俱樂部的選書幾乎每次都名列前茅。在《出版人週刊》的年度十大暢銷虛構與非虛構作品榜單中，在一九二六至一九五三年間，每月一書俱樂部的選書就多達一百二十九本（俱樂部額外贈書不列入計算）。總共五百六十本書中，該俱樂部選書所占比例為百分之二十三；如將額外贈書也計入，比例則增加至百分之二十五點五。」另參Dorothy Canfield Fisher, "Book Clubs," (R. R. Bowker Memorial Lecture, 1947)，講者擔任每月一書俱樂部選書委員二十年，於演說中有條有理地為讀書俱樂部制度辯護，認為這是民主國家其中一種「保持閱讀習慣」的機制。如想了解各家讀書俱樂部及選書書單，參見Leo M. Hauptman (compiler), "Current Monthly Book Clubs: A Descriptive Review," compiled for the Research Division of the National Education Association (1944)（蠟紙油印複本）。

關於平裝書出版社興起及小說改編電影大行其道，對於出版業以及圖書內容造成的影響，艾伯特．凡．諾斯蘭的論著《變質的小說》（1960）分析透徹且筆調生動，此書帶給我諸多啟發。針對現今逐漸加劇的鏡像效應，凡．諾斯蘭也舉出許多事實並提供建言。關於不同藝術形式之間關係所涉及的美學和哲學議題，參見兩部經典論著：Gotthold E. Lessing, *Laokoon* (1766)與歐文．白璧德所著*The New Laokoon* (1910)。出版相關企業併購速度加快及公開發行股票對於圖書出版的影響，參見R. W. Apple, Jr., "The Gold Rush on Publishers' Row," *Saturday Review*, XLIII (Oct. 8, 1960), 13-15, 47-49，此篇應為所有修習當代美國文學學生的指定入門讀物。其他探討二十世紀中葉圖書出版發展的優秀篇章：Eleanor Blum, "Paperback Book Publishing: A Survey of Content," *Journalism Quarterly*, XXXVI (Fall, 1959), 447-454; William Dow Boutwell, "The Coming of the Compact Book," *Library Journal*, LXXXV (May 15, 1960), 1859-1862; Frank L. Schick, "The Future of Paperbacks," *Library Journal*, LXXXV (May 15, 1960), 1863-1865; Harvey Swados, "Must Writers be Characters?" *Saturday Review*, XLIII (Oct. 1, 1960), 12-14, 50。巴德．修爾柏〈影業不會買，又何必要寫？〉〔收於*Saturday Review*, XXXVIII (Sept. 3, 1955), 5-6, 27〕一文雄辯滔滔，作者以自身撰寫電影《岸上風雲》劇本（後來撰寫同主題的小說）的經驗為起點，探討寫作者在形式消解的年代面臨的特殊難題。對於類似問題的省思另見Malcolm Cowley, *The Literary Situation* (Compass paperback, 1954)，尤其Ch. 6, "Cheap Books for the Millions"及Ch. 7, "Hardbacks or Paperbacks?"：

亦參見"The Paperback Title Fight," *The Reporter*, XXIII (July 7, 1960), 44-47。關於所謂「非書」的興起，"The Era of Non-B," *Time*, LXXVI (Aug. 22, 1960), 70-71這篇報導相當巧妙詼諧。

節本的歷史是很重要的研究主題，尚待深入探究。目前確實有兩本關於《讀者文摘》的專書，兩者採取的視角可說位處光譜的兩端，但皆極富參考價值。James Playsted Wood, *Of Lasting Interest: The Story of The Reader's Digest* (1958)是「授權」官方正史，書中固然極盡吹捧美化之能事，但也額外提供許多在其他處難以查得，與《讀者文摘》運作、公司內部發展歷程有關的資訊，我讀了之後覺得頗有收穫。John Bainbridge, *Little Wonder or, The Reader's Digest and How It Grew* (1946)集結《紐約客》雜誌連載文章，對《讀者文摘》多所批判，且不乏諷刺挖苦之語，但包含許多有用的細節、統計數字及趣聞軼事，其中一章"Plant you now, dig you later"係關於《讀者文摘》「植入」文稿的作法，另一篇討論《讀者文摘》位於查帕夸之總部的文章則假託由子虛烏有的《迷你誌》（*Mini-mag*）神祕蘇聯編輯「尼古拉・波普科夫」（Nicolai Popkov）執筆，讀來令人興味盎然。

關於提倡新聞自由和反對圖書審查，已有不少相關著作，為推動改革投諸心力，例如新聞自由委員會（Commission on the Freedom of the Press；亦稱「霍金斯委員會」，名稱源自主席霍金斯〔Robert M. Hutchins〕之名）提出的 *A Free and Responsible Press* (1947)及其他報告。但在美國就如同許多西歐國家在國民教育程度提升之後的情況，圖書審查造成的影響有限，遠遠不及刪節本及編選文集蔚為風行帶來的全面影響。反對者嚴厲抨擊審查制度，認為將會阻礙大家了解生活中的事實，但節本、精華版、摘要和文集卻備受讚譽，被視為大家了解生活中事實的必要工具。關於這些作法如何風行及其後果的研究愈是審慎仔細，或許能讓我們對自己一直以來所做的更有自覺，也更加戒慎小心。有一則老笑話是說根據新聞報導，紐約一家經營有成的出版社正在籌備一部「世界上最棒的十誡中精選三誡」選集。

如安德烈・馬樂侯在其著作《寂靜之聲》中所指出，藝術品再製技術的歷史影響極其深遠，最好與特定技術的歷史分開成為獨立的研究主題，例如Gabor Peterdi, *Printmaking, Methods Old and New* (1959)。如有學者既熟知再製技術，也熟悉藝術史，相信能夠寫出一本重要著作，闡述我們的藝術經驗在現代科技影響下的轉變；Ernest Gombrich, *Art and Illusion* (1960) 一書就此層面提出的建議說服力十足。[1]

關於視覺藝術和文學之藝形式的相互關係，以及新興媒介及觀眾群擴大的重要性，參見吉伯特・賽德斯的著作：*The Seven Lively Arts* (1924)、*The Great Audience* (1950)及*The Public Arts* (1956)，他身為相關領域內行人，無論整體評述或批判觀點都很有意思。

關於電影的文學豐富龐大，但此一主題尚未吸引歷史學者投入同樣多的文采和精力，孜孜不倦書寫出豐富全面的電影史。理查・葛里菲斯與亞瑟・梅爾合著之*The Movies* (1957)是附有大量圖片的電影簡史，兩位作者對電影十分熟稔且歷練廣泛，讀來頗有助益。李奧・羅斯敦的

Hollywood (1941) 可說為仍在極盛時期的電影之都提供了絕佳的社會學研究。Ezra Goodman, *Fifty-Year Decline and Fall of Hollywood* (1961) 一書記錄大量趣聞軼事，巧妙呈現一九四〇及五〇年代好萊塢的氣氛和關注議題。另見更多專書，尤其是與我在第四章中討論的問題相關者：Margaret Farrand Thorp, *America at the Movies* (1939)，研究電影觀眾的見微知著之作，對於賣座大片票房收入、不同電影吸引哪些觀眾，以及看電影對於化妝品、服裝和道德觀的影響皆有詳實考據；Hortense Powdermaker, *Hollywood, the Dream Factory* (1950)，帶著強烈自覺的人類學研究，書中詮釋很有意思，但有時略嫌迂迴；Dore Schary (as told to Charles Palmer), *Case History of a Movie* (1950) 鉅細靡遺記述製作一部電影的過程；Frank Getlein and Harold C. Gardiner, S.J., *Movies, Morals, and Art* (1961) 從天主教徒的觀點提出理性批判。關於明星制度，見 Edgar Morin, *The Stars: An Account of the Star System in Motion Pictures* (translated from the French; Evergreen Profile Book #7, 1960)，此書風格殊異，記錄了許多寶貴細節，也對禮拜儀式、夢等有其珍貴之處的人造概念提出卓見。小說與電影的關係探討，見芝加哥大學圖書館學研究所博士論文 Lester E. Asheim, "From Book to Film: A Comparative Analysis of the Content of Selected Novels and the Motion Pictures Based

---

1 譯註：宮布利希（Ernest Gombrich）著作中已有中譯本者：《寫給年輕人的簡明世界史》（商周，二〇二〇）及《藝術的故事》（聯經，二〇二四）。

upon Them"（未出版，1949），考據細密，亦梳理出一些驚人結論；George Bluestone, *Novels into Films* (1957)的論述以六部小說改編電影的變化為例；另見精采短文：Erwin Panofsky, "Style and Medium in the Motion Pictures," *Transition*, XXVI (1937), 121-133。

關於過去百年以來持續發展的科技之於音樂經驗的意義，仍待進一步研究和書寫。保羅・卡本特的著作 *Music, An Art and a Business* (1950)主要探討音樂家和作曲家這兩種專業受到的影響。關於穆札克公司，Stanley Green, "Music to Hear but Not to Listen To," *Saturday Review*, XL (Sept. 28, 1957), 55-56, 118一文十分精采，"Omnipresent Music," *Musical America*, LXXVI (Jan. 15, 1956), 13一文很短但也值得一讀。Katherine Hamill, "The Record Business—'It's Murder,'" *Fortune*, LXIII (May, 1961), pp. 148-151, 178-187一文討論錄製大量發行的唱片在獲利方面特別會遇到的問題。紐約中央車站播放音樂一事，見 *Time*, LV (Jan. 2, 1950), p. 15, and (Jan. 9, 1950), p. 14.。

科學知識飛速發展及各種印刷品產製速度突飛猛進，對於知識這個概念本身所造成的劇烈衝擊，相關研究目前仍在起步階段。Jacques Barzun, *House of Intellect* (1959)筆鋒淋漓酣暢，展現真知灼見，提出的建議更是振奮人心。[2]另見著名科學史家德瑞克・狄索拉・普萊斯的著作《自巴比倫以來的科學》（1961），此書分析精闢、通暢好讀，屢有驚人的獨到見解，為有心研讀二十世紀思想史的學生指出最為驚險刺激的未知疆域。書中提出多個與教育和研究有關的大哉問，這些深奧且令人不安的問題，牽涉到所有能與科學沾上邊的領域。Francis Bello, "How to Cope with Information,” *Fortune*, LXII (Sept. 1, 1960), 162-167, 180-92 以清楚扼要的方式，對前面提到的一些問題提出解方。《紐約時報》特別副刊 *The New York Times* (April 30, 1961), “The Information Explosion” 由國際商業機器公司（IBM公司）撰稿，文中提供了一些與前述問題有關的寶貴提示，並討論一家富有冒險精神的公司要如何因應。另見相關的IBM公司新聞稿（資料保存於紐約市的分公司）：International Business Machines, “Language ‘Translator’ Publicly Demonstrated for First Time,” Press Release dated for May 27, 1960。如有一部完整的IBM公司歷史，對於了解二十世紀（或許還有二十一世紀！）的美國文明，將會是無比重大的貢獻。

第五章　從理想到形象：對自證預言的追尋

及

第六章　從美國夢到美國幻象？自我欺騙的聲望幻術

當思想模式出現重大轉變，由稍晚世代的人來回顧觀照，總是比身在那個時代的人更為容

2　譯註：巴森（Jacques Barzun）著作中已有中譯本者：《文化的衰頹》（橡實，二〇一六）及《從黎明到衰頹》（貓頭鷹，二〇二三）。

易。要以自身所擁有的語彙來描述自己的思考方式，往往跟透過紅色玻璃要看見紅色一樣困難。現今我們忍不住開口談論的，不是我們的所思所想，而是所思所想和我們自身的「形象」。聽到一名評論者指出現今的思考方式有哪些新穎之處時，一般人常有的回應是認為該論者不懂自家的歷史，因為一般人（或至少理性或睿智之人）的想法總是跟我們大家的想法一樣。這些熟悉事物的隨侍者抱持逃避心態，不願承認自己視而不見的後果，反而聲稱視而不見很正常。現今幾乎所有人都在談論形象，但極少人願意承認，這種現象昭示了我們的思考方式已經出現重大轉變：凱撒不是也很在意自己的公共形象嗎？是故，關於形象革命在知識論與哲學方面的深遠涵義，目前的研究仍乏善可陳。

但有一點很古怪，幾乎所有人都樂於相信，在廣告這個全世界歷史最為悠久的行業之一裡，自己也占有一席之地。於是廣告史的書寫大多從煞有其事的荒謬事蹟起頭，講述廣告的歷史如何源遠流長：據稱耶穌是有史以來第一個廣告人，據說古代就有逃亡奴隸的廣告云云。無獨有偶，對於新制度、新職業和新技術最常見的攻訐，都是指控它們如何展現了古老的罪惡。如我們常聽到的，「廣告業」違背了所有傳統上的誠信、藝術和生產力標準。如此一來，通俗作家很容易就能引誘社會大眾熱切關注，並且激發所有正派公民的反感不滿。他們撰文抨擊麥迪遜大道製作的廣告基於「非事實」（其實很少真正「不實」的廣告），藉此讓大眾分心，無暇注意更深層、更普遍（也更令人迷茫困惑）的一件事，即整個社會認知的「真實」概念本身，已經因為廣告業的興起而遭重新定義。

本書前四章的參考文獻中，有許多皆與第五、第六章的主題有關，也與形象興起的歷史相關。廣告之於美國經濟和我們的日常生活無比重要，投入研究此主題的歷史學者卻少得令人訝異。

James Playsted Wood, *The Story of Advertising* (1958)是很有幫助的入門教科書。要了解廣告業及所遭遇的問題發生了何種劇烈轉變，除了前述於較近年出版的教科書，亦可閱讀Frank Leroy Blanchard, *The Essentials of Advertising* (1921)，不過這本書到了現今已經過時，很像寫於十六世紀的物理學入門讀物。《紐約時報》商業版面的「廣告新聞」，是廣告業相關新聞的來源之一，方便一般讀者查考。Martin Mayer, *Madison Avenue, U.S.A.* (1958; Cardinal paperback, 1960)是討論客觀報導（objective reporting）的傑作，推薦給所有想要深入了解該主題的讀者。Vance Packard, *Hidden Persuaders* (1957)一書也討論同樣主題，但著重聳人聽聞的揭密曝實，Mayer的著作提供的資訊更加豐富，論述脈絡也更加完整。Packard的著作（及多本仿效者之作）大受歡迎，證明了美國消費大眾的一派天真，以及迫切想要找個對象來怪罪。

Otis Pease, *The Responsibilities of American Advertising* (1958)是重要的省思之作，探討廣告帶來的深遠影響。Rosser Reeves, *Reality in Advertising* (1961)以平實不加美化的筆法，記述廣告公司的職場現實。在關於名人代言的討論中，我多次援引威廉・費里曼《鼎鼎大名》（1957）一書。

商標在法律和商業實務中已有一段很長的歷史，從以下參考書籍開始研讀仍是最佳的選擇：

Clowry Chapman, *Trade-Marks* (1930)；I. E. Lambert, *The Public Accepts: Stories behind Famous Trade-Marks, Names and Slogans* (1941)，此書統整了一些關於美國商標和商品標語起源的史實，在其他處難以查得；Jessie V. Coles, *Standards and Labels for Consumers' Goods* (1949)。*Trademark Management: A Guide for Businessmen* (published by the United States Trademark Association, 1955)詳細記述商標保護所衍生的問題，以及「未經控管的」字詞如何由一般人使用的語言所吸納。

關於大眾看待廣告的態度如何轉變，從風格呈現強烈對比的兩本雜誌可見端倪：《巴俚唬》（*Ballyhoo*）是一九三〇年代的通俗雜誌，以戲仿反串方式諷刺廣告內容浮誇；《抓狂》（*Mad*）是一九五〇和六〇年代以廣告為導向的雜誌，其讀者群與前者大致相同，但戲仿諷刺的對象轉為現實本身。《抓狂》雜誌一九六一年十一月號是在總統大選結束後出刊，封面和封底都印了恭賀當選的圖片（除了候選人照片不同，其他設計都相同），上面寫著：「我們永遠挺你，迪克（Dick）！」另一張則將「迪克」換成「傑克」（Jack）[3]。

要了解現代廣告的發展，最認真且理想的方式，或許是研讀寫得極佳的特定企業歷史。其中通暢好讀且內容特別豐富者如：Boris Emmet and John E. Jeuck, *Catalogues and Counters: A History of Sears, Roebuck and Company* (1950)。類似著作清楚告訴我們，用於販售特定產品的那些技術是成功或失敗，具有深度且不失客觀，不流於說教這一點尤其令人讚賞。關於廣告在美國社會史上的地位，此部著作有稍微論及：Mark Sullivan, *Our Times: the United States, 1900-1925* (6 vols.,

1926-1936)，書中在細節的揀選呈現上十分精妙高明，讀起來相當愉快。目前也已有記述廣告公司歷史的專書，如 Ralph M. Hower, *The History of an Advertising Agency* (Rev. ed., 1949)。讀者若是想要潛心研究相關主題，不可錯過 Henrietta M. Larson, *Guide to Business History* (1948)。

關於廣播和電視的興起，以及兩者與廣告和其他議題的關係，可參見 Leo Bogart, *The Age of Television: A study of viewing habits and the impact of television on American life* (2d ed., 1958)，及 Sydney W. Head, *Broadcasting in America* (1956)，尤其後者在附錄中以列表方式，將廣播、電視、電影三個產業協會制定的倫理守則逐項對照比較，是令人驚奇的寶貴資料。另參相關文獻的書目指南：Joseph T. Klapper, *The Effects of Mass Communication: An Analysis of Research...* (1960)。專門的研究結果見 Everett C. Parker and others, *The Television-Radio Audience and Religion* (1955)，該項研究的指導單位為耶魯大學（Yale University）神學院。針對新媒體對於美國政治界的影響，Stimson Bullitt, *To Be a Politician* (1959) 一書提出了卓越見解，特別參見第五章。

前述無論任何主題，傳記一直是最貨真價實也帶來最大樂趣的資料來源。其中最精采者莫過於費尼爾司．巴納姆的自傳《奮鬥與勝利》（1854），此書曾多次改版重新發行，例如其中一個改名重出的版本為 *Barnum's Own Story: The Autobiography of P. T. Barnum, Combined & Condensed*

3 譯註：該次總統大選的候選人尼克森小名「迪克」，甘迺迪的小名則為「傑克」。

from the various Editions published during his lifetime (ed. Waldo R. Browne, 1927)。美國廣告史上還有其他地位重要的人物，但除了巴納姆自傳之外，並無其他傳記佳作。例如John Gunther, *Taken at the Flood: The Story of Albert D. Lasker* (1960)以廣告大師亞伯特·拉斯克為傳主，其人是現代美國社會史上一位極有意思的人物，但傳記篇幅極短，且從忠實信徒的視角撰寫，令人失望。關於大多數重要人物的生平事蹟，仍需查考廣博宏闊的*Dictionary of American Biography* (edited by Allen Johnson and Dumas Malone, 20 vols. and 2 supplements; 1928-1958)，第二本別冊中收錄在一九四一年元旦以前辭世的重要人物；另參出版年分在此之後迄今的*Who's Who in America*。

公共關係史及公關顧問這一門專業尤其難以爬梳，因為許多公關案例的相關資料目前仍未對外公開。就如同電影明星並不樂意坦承自己使用何種化妝品或接受何種整型手術，有些人士和公司也不願公開揭露使用的公關技巧。但就如我在本書中說明的種種原因，我們面對前述這些事務時愈來愈經驗老道——或至少愈來愈好奇。如想進一步閱讀相關文獻，參見第一章的延伸閱讀書單。

關於民意調查的歷史，相關著作多採取捍衛的立場，例如喬治·蓋洛普與Saul Forbes Rae合著之《民主的脈動》(*The Pulse of Democracy: The Public-Opinion Poll and How It Works*; 1940)。立場相反的著作則如Lindsay Rogers, *The Pollsters* (1949)。關於民調的興趣根源及民調帶來的影響，已有論者展現先見之明，見John Dewey, *The Public and its Problems* (1927)及他的其他論著，

亦見沃爾特・李普曼早期的著作《民意》（五南，二〇〇九）、*The Phantom Public* (1925)，以及較晚期的 *The Good Society* (1937)。Mildred Parten, *Surveys, Polls, and Samples* (1950) 一書雖然已經過時，仍能幫助外行人了解民調實務和技術相關問題。民調後來的發展見芝加哥大學社會學系博士論文 Leopold J. Shapiro, "The Opinion Poll"（未出版，1956），此研究將民調視為一種社會現象，並以實例為本探討實際發起、規畫和進行民意調查的方式，論文中也指出一些因受訪者的智識、天真程度或個人關懷不同而造成的影響。關於對民意調查所衍生問題的省思，見 Eric F. Goldman, "Poll on the Polls," *Public Opinion Quarterly*, VIII (Winter, 1944-1945), 461-467，民調研究期刊上還有其他多篇文章也值得一讀。

關於選舉報導和開票結果預測，Samuel Lubell, *The Future of American Politics* (1952; Anchor paperback 1956) 及 *The Revolt of the Moderates* (1956) 皆是口碑之作且實至名歸，因為在民調統計的年代，作者不只探究民意的形象和常模，也會探討真實存在的個別選民各自的動機、憂慮和實際關心的議題。

心理學在近期的發展歷史，尤其是專注於「智力」與「人格」測驗的心理學家研究重點的轉變，是十分引人入勝的主題，可惜我未能探究。我在本書中討論到大眾如何將注意力全都放在形象上，我猜想如有針對前兆轉變的研究，或許能夠揭露這種現象造成的深遠影響。如嘉納・林賽博士（Dr. Gardner Lindzey）指出：「二戰對於動機領域的影響，與一戰對於智力功能評估技巧發展的影響幾乎如出一轍」〔引自其編著之*Assessment of Human Motives* (1958; 1960), p. 5〕。心理學的「投射技巧」和類似的測試方法演變得愈趨繁複，但心理學家最感興趣的不是個人能否應對生活中的殘酷現實，而是個人如何讓自己去符合某個形象。「心理學家的研究重點從認知轉向，改為注重意圖（conative）或動機，」林賽博士接著指出：「過去十多年來，羅夏克墨漬測驗（Rorschach Test；利用對墨漬的不同解讀來測試）與無意識動機逐漸廣為大眾所知和討論，就好比社會大眾在大約二十五年前開始了解智力測驗和智商，就充分反映了這種轉變。」這種趨勢可以單純描述為對於「人類動機」的興趣日益濃厚，或許換個角度來看，也顯示了對於形象的興趣日益濃厚，有些後果就如本書第五、六章中的討論。心理學家、政治科學家及公共行政人員感興趣的主題如何出現轉變，從多本堂皇巨著皆可見一斑：*Studies in Social Psychology in World War II*: Vol. I, Samuel A. Stouffer and others, *The American Soldier: Adjustment During Army Life* (1949); Vol. II, Samuel A. Stouffer and others, *The American Soldier: Combat and its Aftermath* (1949)；以及Carl I. Hovland and others, *Experiments in Mass Communication* (1949)。探討特定主題的相關書籍如：Hermann Rorschach, *Psychodiagnostics* (Berne, 1942); Silvan Tomkins, *The Thematic Apperception Test* (1947); Claire H. Schiller (ed.), *Instinctive Behavior: The Development of a Modern Concept* (1957)。前述有一些概念的發展歷史參見Jay Wharton Fay, *American Psychology Before William James* (1939); J. C. Flugel, *A Hundred Years of Psychology* (2d ed., 1951); and A. A. Roback,

History of American Psychology (1952)。語言無疑也與前述的發展息息相關：邏輯實證論（logical positivism）歷史相關書籍或許能夠帶來一些啟發。班傑明・李・霍夫（Benjamin Lee Whorf）提出的一些精細深奧的問題可說是指路明燈，可直接參閱其文集：*Language, Thought, and Reality* (ed. John B. Carol, 1956)。

關於犯罪在美國生活（及美國新聞）中的地位，Daniel Bell, *The End of Ideology* (1960) 一書提出一些獨到看法，尤見第七章"Crime as an American Way of Life"和第八章"The Myth of Crime Waves"。至於美國人對待體育活動和體育新聞的態度演變，我們需要更多相關的歷史書寫。

如能書寫一部美國於國外努力製造自身形象的詳盡歷史，未來研究美國生活和道德觀的史家將會受用無窮。日前數本分析精闢的論著皆由外國作者所寫，例如義大利記者的著作：Luigi Barzini, *Americans Are Alone in the World* (1953)。William J. Lederer and Eugene Burdick, *The Ugly American* (1958) 一書在我看來，就舉例闡述的層面有其重要性，但針對美國與其他國家民族的關係究竟出了什麼問題，此書的批判力道不足。兩位作者對美國人提出批評，認為我們並未將試圖要做的事做得更好（但我認為連試圖去做都不應該），卻不去質疑美國人如果嘗試做一些別的事，是不是會比較好。

致謝

在我為撰寫本書進行研究期間，哈羅德・伍德曼（Harold D. Woodman）提供了極為寶貴的協助，他對每項事實的尊重充分展現歷史學家本色，更以極為敏銳的眼光察覺每個細節代表的重大意義。如果沒有他的無私協助，我恐怕無法順利完成本書。我也要感謝芝加哥大學的多位友人、同事和學生；尤其是艾伯特・羅瑪斯科（Albert U. Romasco），謝謝他鼓勵我提筆撰寫本書，以及閱讀全書初稿並不吝給予提點，還有羅傑・夏格（Roger Shugg），謝謝他慷慨提供絕佳的編修建議。撰寫本書的樂趣之一，是有機會與在雅典娜神殿出版社（Atheneum Publishers）工作的老友西蒙・貝西（Simon Michael Bessie）恢復聯絡，謝謝他耐心審閱初稿，並在每個階段大刀闊斧進行編修。我也想謝謝在雅典娜神殿出版社工作的其他友人，尤其是海勒姆・海頓（Hiram Haydn）和馬克・弗里蘭德（Marc Friedlaender），謝謝他們撥冗閱讀本書並仔細評論。本書初稿的謄繕整理等事宜由伊利諾州霍姆伍德（Homewood）的艾德・史泰克太太（Mrs. Ed

Stack）負責，她聰敏細心、效率極高，而且全心全意投入，我對她的謝意難以言表。本書大部分的內容，脫胎自我過去數年在不同的美國史領域研究所得。書中有些想法最早以研討會論文或演講的形式發表：一九六〇年十月二十八日於俄亥俄州立大學（Ohio State University）「流行／大眾文化：美國觀點」（Popular / Mass Culture: American Perspectives）研討會發表“Democracy and Culture in America”；一九六〇年十一月三十日向芝加哥大學公民委員會（Citizens’ Board）發表以“The American Image”為題的演講；以及在一九六〇年十二月二十九日於紐約市召開的美國歷史學會（American Historical Association）年會上發表論文“Varieties of Historical Experience”。書中有不少概念和例子，是我在全家一起吃晚餐時，與三個兒子保羅（Paul）、喬納森（Jonathan）和大衛（David）一起討論時發想而得。本書以及我先前所有著作的主要編輯，是我的太太露絲（Ruth F. Boorstin），她永遠是我的最高上訴法院兼首席顧問。

THE IMAGE: A GUIDE TO PSEUDO-EVENTS IN AMERICA(50TH ANNIVERSARY EDITION WITH AN AFTERWORD BY DOUGLAS RUSHKOFF) by DANIEL J. BOORSTIN

國家圖書館出版品預行編目（CIP）資料

幻象：偽真實的預製時代／丹尼爾．布爾斯汀（Daniel J. Boorstin）著；王翎譯. -- 一版. -- 臺北市：麥田出版：英屬蓋曼群島商家庭傳媒股份有限公司城邦分公司發行, 2025.04
面；　公分
譯自：The image
ISBN 978-626-310-851-6（平裝）
1.CST: 新聞業　2.CST: 大眾傳播
3.CST: 社會環境 4.CST: 美國
541.83　　114001187

幻象

偽真實的預製時代

The Image: A Guide to Pseudo-Events in America

作者	丹尼爾．布爾斯汀（Daniel J. Boorstin）
譯者	王翎
特約編輯	郭淳與
責任編輯	林虹汝
封面設計	覓蠹工作室　廖勁智
排版	李秀菊
印刷	漾格科技股份有限公司
國際版權	吳玲緯　楊靜
行銷	闕志勳　吳宇軒　余一霞
業務	李再星　李振東　陳美燕
總經理	巫維珍
編輯總監	劉麗真
事業群總經理	謝至平
發行人	何飛鵬
出版	麥田出版 115台北市南港區昆陽街16號4樓 電話：886-2-2500-0888　傳真：886-2-2500-1951
發行	英屬蓋曼群島商家庭傳媒股份有限公司城邦分公司 115台北市南港區昆陽街16號8樓 客服專線：02-25007718；02-25007719 24小時傳真專線：02-25001990；02-25001991 服務時間：週一至週五上午09:30-12:00；下午13:30-17:00 劃撥帳號：19863813　戶名：書虫股份有限公司 讀者服務信箱：service@readingclub.com.tw 城邦網址：http://www.cite.com.tw
香港發行所	城邦（香港）出版集團有限公司 香港九龍土瓜灣土瓜灣道86號順聯工業大廈6樓A室 電話：852-25086231　傳真：852-25789337 電子信箱：hkcite@biznetvigator.com
馬新發行所	城邦（馬新）出版集團 Cite（M）Sdn. Bhd.（458372U） 41, Jalan Radin Anum, Bandar Baru Seri Petaling, 57000 Kuala Lumpur, Malaysia. 電話：+6(03)-90563833　傳真：+6(03)-90576622　電子信箱：services@cite.my
一版一刷	2025年04月

ISBN 978-626-310-851-6（紙本書）　ISBN 978-626-310-850-9（電子書）